劉向本戰國策の文献学的研究

二劉校書研究序説

秋山陽一郎 著

朋友書店

目次

劉向本戰國策の文獻學的研究

二劉校書研究序説

序　論

一 《戰國策》の史料的価値

中国上古の戦国時代は、包山楚簡（湖北省荊門包山二号墓出土）や青川秦牘（四川省青川郝家坪《かくかへい》戦国秦墓出土）に代表されるような一次史料となる「文書」が少なく、《史記》や《戰國策》、先秦諸子といった二次史料となる「文献」に依存しているところが大きい（これには近出の出土文献も含まれる）。中でも、その中心史料となっているのは、前漢 司馬遷の《史記》である。その《史記》における戦国期を対象とした記事を考える上で《戰國策》は中核をなす史料といえる。後漢の班固は、司馬遷が《史記》を編纂するにあたって取材した史料を列挙して、

司馬遷、《左氏》《國語》に據り、《世本》《戰國策》を采り、《楚漢春秋》を述べ、其の後事を接《つ》ぎて、天漢（前一〇〇～前九七）に訖《いた》る。（《漢書・司馬遷傳》）

と、春秋時代は《左傳》と《國語》に、戦国時代は《世本》と《戰國策》に、楚漢の際は陸賈の《楚漢春秋》にそれぞれ依拠したと言っている。もっとも《戰國策》については、「戰國策」という書名と体裁が整ったのが前漢末の劉向らによる校書事業時である。したがって、これは唐の司馬貞が指摘しているように、班固の時点で《戰國策》と呼ばれていたものに相当する書物を司馬遷が見ていたと理解すべきである。

此れ是れ班固、其の後の名を取りて而して之れを書せり。遷の時、已に《戰國策》と名づくるに非ざるなり。（《史記集解序》索隱）

《史記》と《戰國策》に互見する記事について、原富男氏は次のように述べている。

現在本《戰國策》中に相応ずるところがある《史記》中の部分は、およそ二百四十四か所ある。この部分は、ほとんど現在本《戰國策》のほとんどすべてに渉っている。しかし一つもその依拠するところないし引用母体あるいは書名の題出がない1。

《史記》において《戰國策》と対応する場所が実に二四四ヶ所にも上るというのは、《史記》の戦国記事を評価する上で、《戰國策》の評価が重要な意味を持ってくることを裏づけるものであろう。《戰國策》の史料的信頼性が、そのまま《史記》戦国部分の信頼性に直結すると言っても過言ではないことになる。だが、それとほぼ同じくらい留意すべきは、「一つも依拠するところないし引用母体あるいは書名の題出がない」という点である。

二　劉向以前の《戦國策》の伝本

班固は、司馬遷が依拠した戦国記事の母体として、ただ《戦國策》一書のみを名指しで挙げているが、司馬遷当時の《戦國策》の原本が一本であったということはありえない。司馬遷が《戦國策》の先行本の書名を題出していない以上、彼が何種類の、またどのような体裁の本に依拠したのかを明らかにすることは極めて困難である。瀧川龜太郎「史記資材」を見てみると、《史記》が《戦國策》に取材したのか、《戦國策》が《史記》に取材したのかに関する議論がある[2]。しかし、司馬遷所見本と劉向所見本、あるいは一九七三年に湖南省長沙馬王堆三号漢墓から出土した帛書《戦國縱横家書》（※詳細は第三章を参照）も含め、これらの伝本の間で、必ずしも直接的な親子関係を想定する必要は全くない。司馬遷が劉向に先行する、いずれかの《戦國策》系史料に依拠して、《史記》の戦国世家や列伝の記事を撰述していることは疑いないものの、それが帛書本や劉向所見本と同一系統の本であった可能性はむしろ低いと見なすべきである。その理由は三つ。第一に、三者が内包している記事に出入があって、各々が他者に未収録の独自の説話を保有していること。また第二に重複している記事についても、間々内容に関わる異同が見られることが挙げられる。この第二点について、これを一方を真、他方を偽と区別してしまうことは簡単だが、それはあまりにも安易である。このような齟齬が、前漢以前の古文献において頻繁に見られる事象だからである。第三として、劉向の《戰國策序錄》中に、司馬遷が見たであろう、太史官府の蔵本が挙げられていないことが指摘できる[3]。同じ劉向の編纂にかかる古文献でも《新序》や《說苑》の文の方が、しばしば《史記》の文に近似していることがあり、この点からも司馬遷所見本と劉向所見本の親子関係が必ずしも成立しないことが推察し得る。むしろ、《戰國策》と部分的に内容が重なりながら、内容に異同があるものを、《新序》・《說苑》・《世說》や《蘇子》・《張子》といった受け皿に、積極的に収録・保存していったことが想像されよう。

　そもそも劉向が整理した《戰國策》は、先秦諸子などに比べると、よほど複雑な編集過程を経ていると考えられる。

　護左都水使者光祿大夫臣向言《まう》す、校する所の中《戰國策》の書は、中書の餘巻にして、錯亂して相糅莒（?・）す。又た國別の者八篇有れども、少《か》きて足らず。臣向、國別の者に因りて、略《ほ》ぼ時を以て之れを次し、序を以てせざる者を分別して以て相補ひ、復重を除き、三十三篇を得たり。（劉向《戰國策序錄》）

　右の劉向の《戰國策序録》によれば、劉向は《戰國策》を整理するにあたって、①中書（宮中祕府の蔵本）の雑然とした残巻と、②国別に分類された八篇の本をもとにしている。そして、②の国別の本をベースとして、その内容を概ね時系列に再編し、その欠けている部分を①の残巻によって補填したとしている。①・②の本にそれぞれ何種類の異本があったかなどの細かい記述はないが、この劉向の《戰國策序錄》の後文には、

中書は本號《もと》して、或ひは「國策」と曰ひ、或ひは「國事」と曰ひ、或ひは「短長」と曰ひ、或ひは「事語」と曰ひ、或ひは「長書」と曰ひ、或ひは「脩書」と曰ふ。臣向 以爲らく、戰國の時、游士の用ひらるる所の國を輔けて、之れが爲めに策謀したれば、宜しく「戰國策」と爲すべし。

とあって、劉向以前の《戰國策》の原本が複数の異称をもって別行していたことが記されている。これらの記述を見る限りにおいては、劉向所見本は相当雜然としていて分類困難な本であったことが想像されよう。

三 《戰國策》の資料的性格の問題

前述したように、《戰國策》を戦国時代の各国の記録――すなわち一次史料とみなすか、縦横家の説話――すなわち二次史料（もしくは説得文芸作品）とみなすかの問題は、《史記》の戦国記事の史料的信頼性にも直結する重大な問題であるが、結論から言ってしまえば、筆者はこれを二次史料で

ある説話と見なしている。古くは、H《アンリ》・マスペロが《史記》や《戰國策》に見える蘇秦の話を、その年代や内容の矛盾の多さなどから「蘇秦的小説」と表現しているが[4]、近人何晉《かしん》氏も《戰國策》には、①年代上の錯誤があること、②人物上の錯誤があること、③前後史実の混乱が認められることなどから、《戰國策》は史著ではないと結論づけている[5]。

そもそも中国上古の説話は「語《ぎょ》」・「說《ぜい》」・「寓言」など様々な呼称があるが、その特性については《莊子》に、

寓言は十の九、重言は十の七、卮言《しげん》は日々出だし、和するに天倪《てんげい》を以てす。寓言 十の九は、外に藉《か》りて之れを論ず。親父の其の子の爲めに媒せざるは、親父の之れを譽むること、其の父に非ざる者に若かざればなり。吾が罪に非ざるなり。人の罪なり。（《莊子・雜篇・寓言》）

と説明されていることに尽きる。ここで《莊子》は、はっきりと「寓言」が外より借りて物事を論じることだとし、実に言説の九割がこの「寓言」であると述懐する。もちろん、この「寓言」の中身は必ずしも徹頭徹尾虚構とは限らない。物事を説得するのに、歴史上の人物に仮託しただけの場合もあれば、歴史上の事件に仮託する場合もあろう。たとえば、《戰國策・秦策一》の張儀の連衡策とほぼ同内容が、換骨奪胎して《韓非子・初見秦》に韓非の言として現れている。また、《商君書・更法》《史記・商君列傳》《新序・善謀》に見える商鞅の変法論争が、これまた換骨奪胎して《戰國策・趙策二》《史記・趙世家》に趙の武靈王時の胡服騎射論争として見えている。程度の差こそあれ、説話の中に歴史

的事実が入り込んでいることは確かにある。まがりなりにも《史記》や《戰國策》中の説話が史料として活用できていることが、そのことを示唆しているが、しかし寓言が他事にかこつけた説話であることとも、我々はまた真摯に向き合わねばならない。

《論語》や《國語》を通して「語」が盲目の瞽史による古史の口承であるとした貝塚茂樹説を承け、小南一郎氏は、元来は瞽史による古史の口承であった「語」が、やがて訓戒の要素に重点が置かれるようになって「語」本来の姿が失われていき、戦国中期頃になって「説《せつ(ぜい)》」として、説得を目的とした游士の弁論へとその形態を変えていったと論じている[6]。ここで小南氏のいう「説」の目的、あるいは前の《莊子》における「寓言」の目的が、あくまで説得にあることを忘れてはならない。説得を目的としていればこそ、正確な年代や正確な歴史的事実は必ずしも必要とされず、曖昧な記憶を頼りにすることもあれば、また時として目的のために歴史事実を歪曲することすらある。これこそが先秦古文献中の各所の説話が抱える矛盾の根本的な要因である。

では、そのことを踏まえつつ、《戰國策》をどのように史料として扱えば良いのだろうか。孟子は、「其の詩を頌し、其の書を讀めども、其の人を知らざること可ならんや」（《孟子・萬章下》）と言っているが、説話を史料たらしめるには、当該史料の書かれた時期・場所・人物・目的などを、可能な限り知ることが重要である[7]。先秦古文献は、一手一時に成らずとされ、その真偽問題も陸続と議論されてきたが、もし《戰國策》中の記事を、書かれた時期・場所・人物・目的ごとに分類できるとすれば、史料批判のしやすさという点で《史記》と較べても大きく優位に立つ史料となる。冒頭でも述べたように、戦国史は二次史料の依存度が高い。多くの場合、同時代の記録である一次史料は、信頼性の点で二次史料に対して優位性がある反面、局所的な点の情報しか得られない欠点がある。一方、後代になって撰述される二次史料は、信頼性で一次史料に劣る反面、時代を俯瞰的な面で捉えることができる利点がある。この二次史料の特性に、史料批判のしやすさが加わった史料があれば、史料的な制約の多い戦国史の研究に大きく裨益するであろう。

本書は、《戰國策》の劉向本の旧貌を考え、それによって、史料批判の見通しを立てやすくすることを目標とする。

注釈

1　原富男《補史記藝文志》（春秋社、一九八〇）。

2　瀧川龜太郎《史記會注考證》（史記會注考證考補刊行會、一九七〇）。

3　現存する劉向の序錄のうち、《管子序錄》《晏子序錄》《列子序錄》《老子》別錄佚文などに「太史書」、すなわち太史官府の蔵本が挙がっている。なお、劉向校書時の太史令は数術書の校定責任者も務めている尹咸で、彼は劉向の末子劉歆に《左傳》を伝授した人物としても知られている。

4　馬司帛洛（Henri Maspero）著・馮承鈞訳「蘇秦的小說」（《國立北平圖書館館刊》七－六、一九三三）。ほか《戰國策》の説得文芸としての性格やフィクション性を論じたものに、J. I. Crump Jr. *"Intrigues, studies of the Chan-kuo Ts'e"*, (The University of Michigan Press, 1964) がある。

5 何晉《戰國策研究》（北京大學出版社、二〇〇一）。このほか齊思和「《戰國策》著作時代考」（中華書局刊《中國史探研》所収、一九四八）・鄭良樹《戰國策研究》（學生書局、一九七五）も《戰國策》の記述の信頼性を疑っている。一方で繆文遠《戰國策考辨》（中華書局、一九八四）のように、積極的に繋年を試みる研究もある。

6 貝塚茂樹「國語に現れた説話の形式」（《東方學》一四、一九五七。のち《貝塚茂樹著作集》、中央公論社、一九七六に再収）、小南一郎「語から説へ――中國における『小説』の起源をめぐって」（《中國文學報》五〇、一九九五）、廣瀬玲子「反復される語り――古代中國における『説』と『小説』」（《專修人文論集》七七、二〇〇五）。なお、小南氏は「説」を「セツ」と音読しているが、「遊説」など他者を説得する意では「説苑《ぜいえん》」「説難《ぜいなん》」「説林《ぜいりん》」のように「ゼイ」と音読し、言説・解説の意と区別すべきであろう。

7 なお、この「史料の書かれた時期・場所・人物・目的」を後発的に叙述したものが「序」である。書序・詩序がその嚆矢となり、《周易・序卦》《莊子・天下》《呂氏春秋・季冬紀・序意》《淮南子・要略》《史記・太史公自序》などを経て、前漢末には劉向・劉歆の序錄へと発展する。戦国・秦・漢期の序については、嘉瀬達男「《漢書》揚雄傳所收《揚雄自序》をめぐって」（《學林》二八・二九、一九九八）、「序からみた秦漢期の著作」（《學林》三一、一九九九）、「秦漢期の著作のあり方」（《樟蔭女子短期大学紀要・文化研究》一三、一九九九）、内山直樹「序文、日付、署名――『呂氏春秋』序意篇について」（《中國哲學研究》一三、一九九九）、「『淮南子』要略篇と書物」、（《二松》一四、二〇〇〇）、「漢代における序文の體例」（《日本中國學會報》五三、二〇〇一）、「序卦傳と雜卦傳――『周易』の二序目」（《中國》二二、二〇〇七）、古勝隆一「後漢魏晉注釋書の序文」（《東方學報（京都）》七三、二〇〇一。のち《中國中古の學術》研文出版、二〇〇六に再収）、池田秀三「《序在書後》説の再検討」（《東方學報（京都）》七三、二〇〇一）、などの専論がある。

第一章　劉向校書以前における書物の通行形態

はじめに

中国上古史研究、特に戦国時代の研究において、諸子百家の書をはじめとする先秦古文献は、同時代もしくはそれに準ずる資料として必要不可欠な存在でありながら、内容や登場人物に齟齬を抱えていたり、個々の記事の相対的な時系列が異なっていたりで史料批判が難しく、今なお、史料として充分に活用されているとは言いがたい[1]。その最大の要因は、一時一手に成るとされることが稀な古文献の成立事情の複雑さにあると言えよう。通常、複数人物の著作の集積として理解されることの多い、こうした古文献の構造的な解明が行われない限り、史料としての活用は困難を極める。

構造の複雑さがほとんどの古文献で共有される問題である以上、それらには本来包括的な説明を要するはずである。ところが従来の研究では、各々の個別的な文献に執着していることが多く、近年の出土文献研究にしても、かえって研究対象の細分化を招いており、こうした現状下では古文献全般における構造問題の包括的・根本的な解決は望みがたい。

そこで注目されるのが、前漢末の劉向（前七八～前七）らによる校書事業である。劉向以前に書かれた現存する古文献のほとんどが彼の手を経ていることを想起すれば、古文献が共有する複雑な構造の手掛かりが、彼の大規模な校書事業にあるという可能性に容易にたどりつくはずである。

本章では、伝世文献や出土文献に見られる種々の共通項を手掛かりに、劉向校書以前の書物の多くが、今日の文献より遥かに断片的かつ不安定で、それゆえに劉向以前の古本の批判には、劉向校書本の批判が有効であることを論じる。

第一節　問題の所在

中国の文献は、「一たび眞僞を分たば、古書は其の半ばを去《のぞ》き、一たびを瑕瑜を分たば、列朝の書は其の十の八九を去かん」（清・張之洞《輶軒語《ゆうけんご》・語學第二》）[2]と言われるほど偽作の書物が多いとされ、特に古文献を読むに当たっては、「學者 此に於て、眞僞もて辨ずること莫くして、尚ほ之れを讀書と謂ふべけんや。是れ必ずや取りて之れを明辨せよ」（清・姚際恆《古今僞書考序》）[3]と、書物の真偽を明らかにすることをもって、「讀書の第一義」とされてきた。偽作説の絶えない先秦諸子文献などはその最たる例とされる。

一般に「偽書」と言えば、通常は後人が先人に仮託して偽造した書物のことをいうが、こうした仮託が戦国時代において日常的に行われていたことは、「寓言は十の九、…外より藉《か》りて之れを論ず」

《莊子・雜篇・寓言》）といわれることによっても分かる。それゆえ、出自の定かでない著作が「後人の附託や竄入」などと一蹴されてしまうことが間々ある。しかし、先秦古文献を利用する上で本質的に重要なのは、個々の著作に関する基本的な情報――すなわち、いつ・どこの・だれが・どこまでを・どんな目的で書いたのかを知ることである。だが実際は周知の通り、先秦古文献においてこの撰者を知るというのは容易なことではない[4]。先秦諸子をはじめとする古文献の成書は、一般に「一時一手に成らず」と説明されることが多いからである。たとえば、南宋の葉適は《管子》について、

一人の筆に非ず、亦た一時の書に非ずして、誰れの爲る所かを知らず。（《習學記言序目・巻四十五・管子》）5

と言い、また同じく宋の范浚が《呂氏春秋》に対して、

疑ふらくは盡くは呂氏の時に爲りし書ならざるなり。…予、詳かに其の説を求むるに、蓋し以爲《おもへ》らく、呂氏の其の客人をして人の聞く所を著して論を集めしめ、以て十二紀と爲さば、初めは一手に出づるに非ざらん。（《范香溪先生文集・巻二・月令論》）6

と言っているが、こうした例は先秦諸子諸書について異口同音に論じられていることである。

このような先秦古文献に特徴的に見られる事象は、これまで「某子学派の文集」という形で説明

されてきた。同様の思想傾向を持ち、同じ学祖を奉ずる弟子や学徒たちが後世になって蓄積した文集であろう、という訳である。確かにこの捉え方には一定の根拠がある。たとえば戰國末の《呂氏春秋》では、

老耽（老子）は柔を貴び、孔子は仁を貴び、墨翟（墨子）は廉を貴び、關尹（關尹子）は清を貴び、子列子（列子）は虚を貴び、陳駢（田駢）は齊を貴び、陽生（楊朱）は己を貴び、孫臏は勢を貴び、王廖は先を貴び、兒良《げいりょう》は後を貴ぶ。（《呂氏春秋・審分覽・不二》）

と、老子・孔子・墨子・關尹子・列子・田子・楊子・孫臏・王廖・兒良らの学派が各々貴ぶところを異にしたと記されており、中でも孔子と墨子を祖とする儒・墨二学派については《韓非子》に、

世の顯學は儒・墨なり。儒の至る所は孔丘（孔子）なり。墨の至る所は墨翟（墨子）なり。孔子の死して自り、子張の儒有り、子思の儒有り、顏氏（顏回？）の儒有り、孟氏（孟子？）の儒有り、漆雕氏（漆雕啓）の儒有り、仲良氏（仲梁？）の儒有り、孫氏（荀子）之儒有り、樂正氏（樂正子春）の儒有り。墨子の死して自り、相里氏（相里勤）の墨有り、相夫氏（未詳）の墨有り、鄧陵氏の墨有り。故に孔・墨の後、儒 分れて八と爲り、墨 離れて三と爲る。（《韓非子・顯學》）

と、儒家が子張・子思・顏氏・孟氏・漆雕氏・仲良氏・孫氏・樂正氏の八家に分かれ、墨家も相里氏・

相夫氏・鄧陵氏の三家に分かれていたことが述べられている。このほかにも、《荀子・非十二子》・《荘子・天下》・《淮南子・要略》・《史記・太史公自序・司馬談六家要旨》などに、学派間の抗争を窺わせる記述や、個々の学派の特徴や長短を整理した記述が見出せる。

しかしその一方で釈然としない点もある。第一に、ひとくちに「某子学派」と言っても、その活動実態や背景に不明な点が多いこと。齊の稷下の学士や、戰國四君の客舎など、具体的な活動拠点をいくつか見出すことは出来るが、肝心の先秦諸子の内容に、その様子を裏づけるような記述が乏しく、今のところ数少ない手掛かりを基にした想像の域を出ない。第二に、劉向序錄中に見える、異本間の篇章数のばらつきである[7]。

校讐する所の中《管子》の書三百八十九篇、太中大夫 卜圭の書 二十七篇、臣富參の書 四十一篇、射聲校尉 立の書 十一篇、太史の書 九十六篇、凡て中外の書 五百六十四、以て復重するもの四百八十四篇を校除して、八十六篇に定著す。（《管子序錄》）

校する所の中書《晏子》十一篇、臣向 謹んで長社尉 臣參と、太史の書 五篇、臣向の書 一篇、參の書 十三篇、凡て中外の書 三十篇 八百三十八章と爲したるを校讐し、復重するもの二十二篇 六百三十八章を除きて、八篇 二百一十五章に定著す。外書に三十八章有ること無く、中書に七十一章有ること無し。中外、皆く有《たも》ちて以て相定む。（《晏子序錄》）

校する所の中書《列子》五篇、臣向 謹んで長社尉 臣參と、太常の書 三篇、太史の書 四篇、臣向の書 六篇、臣參の書 二篇、内外の書 凡て二十篇を校讐し、以て復重十二篇を校除し、八篇に定著す。中書多く、外書少し。章 亂れて諸篇の中に布在す。（《列子序錄》）

劉向 中《老子》の書 二篇、太史の書 一篇、臣向の書 二篇、凡て中外の書 五篇 一百四十二章を讐校し、複重 三篇 六十二章を除き、二篇 八十一章、上經第一 三十七章、下經第二 四十四章に定著す。（正統道藏與字號本 宋 謝守灝《しゃしゅこう》《混元聖紀・巻三》所引《老子》別錄？）

右に挙げたように、前漢末劉向校書時の記録である序錄を参照すると、所蔵者によって本の篇章の数にかなりのばらつきが見られる。そのことを確認した上で、一体、「某氏学派」による著作の蓄積・集成という前提に立った先秦諸子の成書時期は、いかにして「戰國」や「漢初」などに設定できるのだろうか。《晏子序錄》の「外書に三十八章有ること無く、中書に七十一章有ること無し」などは、中書（宮中の祕府に収められている本）と外書（官府や官僚個人、民間の本）の間で没交渉な篇章が少なからずあったことを示唆している。《韓非子・五蠹《ごと》》に、

今、境内の民、皆治を言ひ、商・管の法を藏するもの家々に之れ有り。

とあるが、ここでいう「家々」にある「商・管の法」はいかなる体裁だったのだろうか。《管子序錄》

を参照する限り、とても現行の《管子》や《商君書》の「完本」「定本」といったようなものを想像できないのである。

このように先秦古文献に真偽や学派の問題が絶えないのは、ひとえに各々の先秦古文献の書き手が明示されていないことに起因している。余嘉錫は、「周・秦の古書は、皆な撰人を題せず。俗本に題有る者は、蓋し後人の妄りに増す所ならん」（《古書通例・案著録第一・古書不題撰人》）と看破する。たとえば、秦の始皇帝がいまだ六国を併合していなかった頃、《韓非子》の孤憤篇と五蠹篇とを見て「嗟乎、寡人此の人に見へて之れと游ぶを得れば、死すれども恨みず」と嘆じていたところ、李斯が「此れ韓非の著す所の書なり」とその著者が韓非であることを始皇帝に明かしている（《史記・老子韓非列傳》）。これはつまるところ、始皇帝が見た孤憤篇・五蠹篇には「韓子」（韓非子）という今日使用されている書題も、またその撰者である韓非の名も明記されていなかったことを示している。

本稿では以上のような問題意識に立脚し、伝世文献と出土文献に看取される共通の特徴を相互に照らし合わせることによって、まずは劉向校書前の本の実像や特徴を明らかにしたい。

第二節　篇章の混乱

最初に出土文献を通して、劉向校書以前の書物が、異本ごとに体裁を大幅に異にすることを確認しておく必要がある。これまでに発見されている出土文献と伝世文献の中で同一内容を持ったもの同士を比較してみると、篇章の分量や序次について看過できない差違が見られる。

まず一九七三年に湖南省長沙馬王堆三号漢墓から二種類の帛書《老子》が出土した時は、現行本における道經（上篇）と德經（下篇）の順序が逆転しているということで注目を浴びたが、より細かな点に目を配ると、今本とは（一）第四十章と第四十一章の序次が逆転し、（二）第六十六・六十七章の間に第八十・八十一章が入り、（三）第二十一・二十二章の間に第二十四章が入っているなど、章次の相違も見られた。しかもこの章次の異同は焚書以前の出土文献において一層顕著にあらわれている。

一九九三年に「戰國後期偏早」（前三〇〇頃）[8]の墓と見られる湖北省荊門郭店楚墓より三種類の《老子》の本が発見されたが、これら三種の《老子》の分章や章次は、馬王堆帛書本のそれより遥かに異同幅が大きい。一般に抄録本と捉えられているものではあるが、その章次と分章を以下に掲げる[9]。

- **郭店《老子》甲本**（※数字は通行する河上公章句に拠る。）：19↓66↓46中下↓30上・中↓15↓64下↓37↓63↓2↓32↓25↓5中↓16下↓64上↓56↓57↓55↓44↓40↓9
- **郭店《老子》乙本**：59↓48上↓20上↓13↓41↓52中↓45↓54
- **郭店《老子》丙本**：17↓18↓35↓31中下↓64下

また、今本《禮記・緇衣》の古本の一種と考えられる、郭店楚簡《緇衣》も今本と章次が大きく入れ替わっているが、それだけに止まらず、今本の第一・十五・十七（上）章の三章が欠落している。

・郭店本《緇衣》（※数字は《禮記・緇衣》の章次。上博簡の章次も郭店簡と同じ。）
2→10→9→11→16→5→4下→4上→8→14→13→3→12→6→7→22→17下→21→20→18→19→23

さらに、馬王堆帛書《老子》乙本巻前古佚書《五行》は、内容を経（本文）・説（解説）に分類することができるが、郭店楚墓から経のみの竹簡本が出土している。この郭店楚簡本《五行》の章次も、馬王堆帛書本のそれとは異なり、以下のような順序となっている[10]。

・郭店《五行》章次：1→2→3→4→5→6→7→8→9→13→10→11→12→17→18→19→14→15→16→20→21→22→23→25→24→26→27→28

ここまでくると、もはや錯簡などという説明で済ますことのできない状況である。従来、焚書によって先秦古文献の混乱を招いたとされるはずが、奇妙なことに今日の我々から見ると、全く逆の様相――すなわち焚書以前本の方が揺れの度合いが大きいかのようにさえ感じられるのである。しかしながら、この郭店本《緇衣》や《五行》のような章句の揺れは、何も先秦の出土文献の発見によって初めて明らかになった訳ではなく、実はすでに伝世文献中においても指摘されてきた現象である。

たとえば、劉向新定本「樂記二十三篇」（《漢書・藝文志》（※以下《漢志》）・六藝略・樂類》）の前半十一篇にほぼ相当すると言われている《禮記・樂記》は、同様の内容が《史記・樂書》中に章次を異にして現れている。今、《史記・樂書》を《禮記・樂記》の分章に照らしてみると次のような章次になる。

- **《史記・樂書》章次**（※数字は《禮記・樂記》の章次。章節の区分は正義、章名は鄭玄《三禮目錄》に拠る。）
  1樂本→2樂論→3樂禮→4樂施（上）→6樂象（下）→7樂情→4樂施（下）→5樂言→6樂象（上）→10樂化→8魏文侯→9賓牟賈→11師乙

この《史記・樂書》が褚少孫の補筆であるか否かはこの際問題ではない。重要なのは、劉向校書前本には章次や分章までもが異なる複数の異本が存在し得たと考えられることである。《禮記・樂記》や《史記・樂書》は、各々が別系統の本を参照・収録したに過ぎない。

以上で見てきたように、劉向校書前は、章次がしばしば伝本によって揺れうることが分かった。

第三節　書題・篇題の問題

劉向校書以前の書物の混乱状況は、まずその書名や篇名の混乱からも端的に察することができる。

劉向の《戰國策序錄》に、

中書、本號《もと》して、或ひは「國策」と曰ひ、或ひは「國事」と曰ひ、或ひは「短長」と曰ひ、或ひは「事語」と曰ひ、或ひは「長書」と曰ひ、或ひは「脩書」と曰ふ。臣向 以爲らく、戰國の時、游士の用ゐらるる所の國を輔け、之れが爲めに策謀したれば、宜しく「戰國策」と爲すべし。

とあり、《戰國策》の原本に「國策」「國事」「短長」「事語」「長書」「脩書」といった様々な呼称があって、これらを整理校定した本に、劉向が新たに「戰國策」と名付けたことは、すでに知られている通りである。また《西京雜記・巻三》には、

淮南王安、《鴻烈》二十一篇を著す。鴻は大なり。烈は明なり。言ふこころは大ひに禮敎を明らかにするなり。號して《淮南子》と爲し、一に《劉安子》と曰ふ。

と見え、漢代の《淮南子》には劉向の定めた「淮南」（《漢志・諸子略・雜家者流》）の称のほかにも「鴻烈」「劉安子」という異称があったという[11]。以上の文を見る限り、劉向以前の書物には定まった書名がなく、様々な呼称が同時並行的に行われていたことが窺われるが、実際はどのような状況であったのだろうか。まず出土文献の状況から見てみよう。

ここで特に注視したいのは、出土した書物に書題ないし篇題が標眉されているか否かである。意外にも出土文献中で書題を標眉した例は多くない。

確実な書題の例としては、戦国中期頃の鈔写とされる上海博物館所蔵戰國楚簡（以下、上博楚簡《しゃんはく》）《容

成氏》・《子羔《しこう》》などの例があるが、先秦期の書題については、まだまだ実見できる例が少ない（※章末の追記参照）。降って前漢に入ってからの例では湖北省江陵張家山二四七号漢墓の竹簡（以下、張家山漢簡）群では、《算數書》《引書》《脈書》《盍廬《こうりょ》》にいずれも書題と目される簡があるほか[12]、前漢成帝期頃の墓とされる江蘇省連雲港尹灣漢墓（以下、尹灣漢墓）から出土した遺策（副葬品リスト）も忘れるわけにはいかない。残念ながら書物本編そのものはすでに亡くなってしまったようだが、この遺策には《列女傅》や《弟子職》といった書名が明記されている。この遺策中に「烏傅」とある《神烏賦》は、比較的状態の良い賦の本篇とその題を記した簡が出土している。あるいはこのような書題を標した簡が《列女傅》や《弟子職》にもあったのかも知れない[13]。

以上のほかにも書題と疑うことのできる例が幾つかある。比較的古いものでは馬王堆帛書《老子》乙本の巻前古佚書群、特に《經法》《十六經》の二書であろう[14]。馬王堆三号漢墓から出土した帛書には、甲乙両本《老子》や《周易》《戰國縱横家書》などのように、一枚の帛に内容上関連性のある複数の書物が鈔写されている例がしばしば見られる。このうち乙本《老子》の帛の、《老子》の前に四篇の古佚書が並んでいる。その最初の二篇が《經法》と《十六經》である。いずれも各章の末尾に一字分の空格を設けた後に「道法」「立□」などと章名を記していて、さらに、やや広めの空格を置いた後に、墨点「●」を記して、そこから次の章の文を書き起こしている。この状態がしばらく続き、今度は篇末に「經法凡五千」あるいは「十六經凡四千□□六」などと、それまでの諸章の総字数を篇名（ないし書名）と共に掲げた個所が出現する。整理小組がつけた「經法」「十六經」の呼称は、この部分に由来している。これら「經法」「十六經」を書名と判断するか篇名と判断するかについて、一般的には両篇がこの後の古佚書《稱》《道原》二篇と同様の書式を持ち、かつ内容的にも道家（あるいは黄老）系の思想を持つ点などが共通していることから、これら《經法》《十六經》《稱》《道原》四篇は、篇名としてひと括りにされることが多い。妥当であるかはともかく、《漢志・諸子略・道家者流》の「《黄帝四經》四篇」に比定する説もしばしば目にする[15]。なお、同墓出土の《周易》巻後古佚書《二三子問》《易之義》《要》《繆和》《昭力》《繫辭》などについても、この《經法》《十六經》の類例とすることができる。

このほかでは前漢後期の中山懷王の頃のものに比定されている河北省定州八角廊漢墓（以下、定州漢墓）出土の《文子》の例が挙げられよう。この定州漢簡《文子》には「文子上經聖□明王」と記された簡が含まれているが、李學勤氏によれば、これは当時の《文子》に上經・下經があって、そのうちの上經の最初の二篇が「聖□」と「明王」であることを表しているのだという[16]。また、この「聖□明王」は「聖王明王」或いは「聖帝明王」「聖君明王」などの連語で、《文子》上經の総名なのだと解釈する説もある[17]。ただ、整理者がこの簡を判読困難であったとしている点や、「文子、上は聖□・明王を經、［下は］…」と訓《よ》むことも不可能ではない点など、若干の疑問が残される。ともあれ、この《文子》の例も留意すべきものとして挙げておく。

このように出土文献では書題ないしそれと疑わしき例が散見されるものの、書題を明示しない例も、なお少なくない（ただし、書題と篇題の区別が曖昧である点には留意が必要だろう）。しかも意外に意識されていないことだが、篇題と書題は必ずしも絶対的なものではない。本文を鈔写している人物と、篇題を記している人物が、必ずしも同一人物ではないケースが認められるからである。たとえば銀雀山漢簡《孫子》の簡文中では「火攻」（135背）とある篇題を、《孫子》の篇題木牘中では「火陳《かじん》」に作り、《守法等諸篇》の竹簡上では「委積」（922）とあるものを《守法等諸篇》の篇題木牘では「委法」に作っている。また近年発表された上博楚簡《容成氏》でも、竹簡の篇題上は「容成氏」を「頌城氏」に作っているが、本文中では「氏（氏）」を通じて「是」に作っていて[19]、篇題と本文とを記した者が明らかに異なっている。このように後から書題ないし篇題をつけた人物が、必ずしも前につけた人物の表記にしたがっていない例を見る限り、簡帛や篇題木牘中に見られる篇題を、鈔写時において一般的に定着していたものと前提づけてしまうことには慎重になるべきである。

ここで一旦、視点を伝世文献に戻そう。この書名問題は《史記》のような劉向校書事業以前に編まれた書物の中にも端的に現れている。

《史記》では、「孔氏書」（孔子世家）のように「某氏ノ書」と記したり、「吾讀管氏〈牧民〉〈山高〉〈乘馬〉〈輕重〉〈九府〉」（管晏列傳）、「秦王見〈孤憤〉〈五蠹〉之書」（老子韓非列傳）、「余嘗讀商君〈開塞《かいそく》〉〈耕戰〉書」（商君列傳）のように、「（某氏の）某篇と某篇を讀む」などと、書名ではなく篇名を列挙するケースが目を引く。つまり、これらの例でも明確な書名を掲げていないのである[20]。一方で《史記》では、「號曰呂氏春秋」（呂不韋列傳）、「因號曰司馬穰苴兵法」（司馬穰苴列傳）、「號曰申子」（老子韓非列傳）のように「號曰某」という特定の書物の呼称を示すと思しき例が見られる一方で、「秦ノ記」（六國年表）、「晏子ノ春秋」（管晏列傳）、「虞氏ノ春秋」（十二諸侯年表）、「呉起ノ兵法」（孫子呉起列傳）のような、一見便宜的な呼称とも解釈可能な表記を用いているケースも少なからず、これらを劉向校書後の本と直ちに同一視してしまうことには充分な注意が要る。

このように出土文献・伝世文献の両面から見て、劉向以前の書物は書題を明記しないことが少なくなく、書題を明記している場合でも、書名が一定しておらず、著者の判別も困難だったことが判る。おそらく劉向が《戰國策序錄》で列挙している《戰國策》の異称も、異本の種類を表しているのではなく、単に当時行われていた《戰國策》系説話集（戦国時代を扱った国別の説話集）の呼称のヴァリアントを集めて並べたに過ぎないのではなかろうか。換言すれば、これらの諸称は、司馬遷が言うところの「従衡短長之説」（《史記・六國年表序》）を集めたものの異称で、馬王堆漢墓の《戰國縱横家書》がそうであるように、もとより定名を持たない幾種かの説話集であったと考えるべきであろう。

以上で触れてきた書名の問題は、あるいは書誌学上の些末な議論であるとの批判もあるやも知れないが、これは一書の範囲を定め、その著者を考える上で極めて重要な問題である。どこからどこまでを一人の著作とするかを見誤ると、本来、没交渉な著作同士を同一人物や同一学派の著作として関連づけてしまう危険があるからである。現状では簡帛の筆跡や形制、書物の内容、場合によっては現行本との比較などによって、書物の範囲や書名を仮に定めているが、現代の我々の認識と、墓主生前の認識が同一であるという確証はもとよりない。たとえば、今本の偽作の汚名を一挙に挽回することになった山東省臨沂銀雀山漢墓（以下、銀雀山漢墓）から出土した《尉繚子《うつりょうし》》にしても、出土した簡冊の内容が今本《尉繚子》と一致するというだけの話で、書題が明記されていない以上は、それがそもそも墓主が在世した前漢中期に《尉繚子》として認識されていたかどうか、全く不明なのである。ましてこの銀雀山から出土した《尉繚子》の中の〈兵令〉が、共に発見された他の五篇とは書体も形制も異なっていて、むしろ《墨子》の城守諸篇や《管子》の〈七法〉〈地圖〉〈參患〉などと酷似する諸篇を含む《守法守令等十三篇》（以下《守法等諸篇》）[21]の形制に合致していることを考え併せれば、なおさら何をもって尉繚の書とするかを再考せねばならなくなったと言って良い（もちろん、これらの簡冊が便宜上、仮に《尉繚子》と呼ばれるのは当然であり、且つやむを得ないことであろう）[22]。

第四節　出土文献における一書の範囲

書題が明記されていないことによって（あるいは書題が明記されている場合でも）最も不便を感じるのは、やはり一書の区画を判別しがたいことである。どこからどこまでが一人の手（あるいは一学派集団）に成るものなのかを明確にしてこそ、はじめて各著作群の断代や影響関係の評価が適正に行えるようになるが、劉向校書前本でこれを明らかにするのは容易ではない。劉向本から従前の著作群を抜き出すことが可能だとしても、まずは出土文献における一書がどのようなものか確認しておきたい。ただ、出土文献側でもあまり多くは期待できない。簡の長さ、編綴の位置、筆跡といった形制面から、ある程度、もとの簡冊の状態を復元することは可能だが、そもそも埋葬時の竹簡の数量や状態が完全に遺っていることなどないし、またそれを証明することも至難だからだ（※章末の追記参照）。その意味で出土文献で一書としての枠を明確に区別しやすいのは、馬王堆三号漢墓から出土した帛書群と、銀雀山漢墓などから出土している篇題木牘を有する簡冊群あたりとなる。まずは以下にそれらの概要を簡単に挙げておくことにする。

馬王堆三号漢墓出土帛書群の体裁的特徴

【甲】老子甲本および巻後古佚書群（縦約24チセン≒約一尺）

《老子》甲本以下、順に《五行》・《伊尹九主》・《明君》・《徳聖》（以上四篇はいずれも古佚書）の都合五篇の道家系古文献から成る。書題はいずれも出土後に仮に付けられたもので、帛書中に書題は明記されていない。前漢高祖の諱「邦」字を避けていないことから、高祖生前の鈔写とされる。このうち《五行》が、一九九三年に郭店楚墓から経のみの本が出土し、先秦期における単行が確認されていることは、すでに述べた通りである。

このように、少なくとも《老子》・《五行》の二篇は別個の書とすることができる。なお《伊尹九主》に関しては劉向の《別錄》に、「伊尹、湯に從ひて素王及び九主の事を言ふ。九主とは法君・專君・授君・勞君・等君・寄君・破君・國君・三祀君有り」（《史記・殷本紀》集解所引）とあり、これが馬王堆《伊尹九主》の「伊尹、命を湯より受け、…專・授の君二。□□□□□□於寄一、破・邦の主二、滅・社の主二、凡て法君と九湯と爲す」という記述と合うことから、この《伊尹九主》を《漢志・諸子略・道家者流》の「伊尹五十一篇」の一篇に充当する説がある[23]。

【乙】老子乙本および巻前古佚書群（縦約48センチ＝約二尺）

《經法》・《十六經》（「十大經」とも）・《稱》・《道原》（以上は古佚書）・《老子》乙本で構成され、《老子》以外の巻前古佚書はいずれも「經法凡五千」・「十六（大）經凡四千□□六」・「稱千六百」・「道原四百六十四」のように書題ないし篇題と総字数を標し、特に《經法》と《十六經》は「道法」・「國次」のような章題をも含んでいる。ちなみに《老子》も今本とは序次が逆転している上下両篇の末尾に「徳三千卌一」・「道二千四百廿六」とその篇題と総字数を記している。「邦」字を避け、「盈」字を忌まないことから、その鈔写は高祖即位以後、恵帝の没年以前とされる。唐蘭氏は《老子》の巻前にある四篇の古佚書には、用語や思想内容に一貫性が認められ、しかもこのうち《十六經》が黄帝の問答になっていることから、これを《漢志・諸子略・道家者流》の「《黄帝四經》四篇」に比定すべきであるとしている一方で、金谷治氏は「思想的に重要な語句が重出していることは、これら四篇の間の密接な関係を思わせるに充分である」としながらも、これら四篇を「一つのまとまった書物と見るにはむりがある」とする[24]。

【丙】周易および巻後古佚書群（縦約48センチ＝約二尺）

《周易》（經のみ）・《二三子問》・《易之義》・《要》・《繆和》・《昭力》・《繫辭》を一枚の帛に収め、《周易》の経と易伝・易説の類いとで構成されている。《要》以下三篇の古佚書は、篇末にそれぞれ「要千六百卌八」・「繆和」・「昭力六千」と、その書題ないし篇題と総字数を記すが、「昭力六千」は《繆和》・《昭力》の字数の総和とほぼ符合している。これにより、少なくとも《周易》・《要》・《繫辭》はそれぞれが別個の書とすることができるほか、《繆和》と《昭力》は二篇で一書とすることができる[25]。

【丁】戰國縱橫家書（縦約23センチ≒約一尺）

《戰國策》や《史記》に先行する全二十七章から成る、《戰國策》系説話集。書題・篇題の類いはないが、第15章から第19章までは章末ごとに「●幾」と章中の総字数を掲げ、第19章の末尾にはさらに「●大凡二千八百七十」と五章全体の総字数を記している。このことから全体を第1章～第14章（第一類）・第15章～第19章（第二類）・第20章～第27章（第三類）の三部に分けることができる[26]。

【壬】五十二病方および巻前古佚書群（縦約24センチ≒約一尺）

《足臂十一脈灸經》・《陰陽十一脈灸經》甲本・《脈法》・《陰陽脈死候》・《五十二病方》の五種類の医書で構成される。基本的には書題を附さず、書名は出土後に整理者が付けたものである。このうち《五十二病方》は巻頭に病目と総病目数（「凡五十二」）を掲げている。書体から、鈔写時期は戦国末に遡るともされる。

【癸】導引圖および巻前古佚書群（縦約49チセン≒約二尺）

《却穀食氣篇》・《陰陽十一脈灸經》乙本・《導引圖》。道家（黄老思想）系古医書群。書題・篇題を記さないが、《導引圖》（「導引」とは黄老の養生思想に基づいた気功体操のこと。）には各図の側に見出しが立てられている。

【寅】刑徳三種（縦約48チセン≒約二尺）

兵陰陽家系の軍占書。甲本・乙本・丙本の三本が収録されている。乙本は甲本とは内容が若干異なるものの、甲本との誤写から伝本上は親子関係にあるとすることができる。（甲本中の転写行を誤って改行して正しく書き直した箇所が乙本中にある。）「丁卯　秦皇帝元」・「壬寅　張楚」・「丁未　孝惠元」などの紀年があり、甲本は高祖時、乙本は呂后以降の鈔写と考えられる。

篇題木牘に見る劉向校書前本の実態（↓【附表】）

銀雀山漢簡《守法等諸篇》（【図1】）は、従来から指摘されているように、《守法》は現行《墨子》の城守諸篇、《王兵》は《管子》の《七法》・《地圖》・《參患》、《兵令》は《尉繚子》の同名の篇と極めてよく似た内容をそれぞれ持っており、就中《守法》や《庫法》は、《墨子》の城守諸篇にしか見られないような守城兵器に関する用語が頻見し、これらを一個人の手に成る一つの書物として括ることは容易に認めがたい。その一方で、諸篇の内容を細かく見ていくと、農業や市場の生産・管理など国の運営の在り方について説くもの（要言・庫法・王法・市法・田法）や、城塞守備や軍令といった軍事に関するもの（守法・庫法・王兵・兵令）など、国家全体の運営の理想像を提示しようとしているという意味においては、その内容にある程度の一貫性が認められるのもまた事実であり、これを体系的な一つの著作集であるとも、関連性のない個別の書物が集積したものとすることもできるように見える。

実はこの両面性は、前掲の馬王堆漢墓帛書群と比較することによって同時に充足させられる。馬王堆三号漢墓の帛書群は、すでに述べたように、細部を仔細に検討すると、明らかに別人の手に係る複数の著作が一枚の帛書の中に収録されていながら、一方で帛書全体を大局的に見渡すと、一枚の帛

【図1】銀雀山漢墓出土二号篇題木牘摹本（拠《銀雀山漢墓竹簡（壹）》文物出版社）

書に収録されている著作群の間に一定の共通性を見出すこともできる。たとえば、《老子》甲・乙両本およびその併載古佚書群は道法・黄老思想系の著作、《周易》および巻後古佚書群は《周易》経文とその易伝・易説類、《戰國縦横家書》は戦国期を扱った説話集、《五十二病方》およびその巻前古佚書群は医書、《導引圖》は黄老思想系の医書、三種《刑德》は兵陰陽家の軍占書群といったような具合で、全ての帛書について、それぞれに内容に一定の共通性がある。それは銀雀山漢簡の《守法等諸篇》についても言えることで、収録されている各著作は国家全体の運営の在り方という一貫した主題に沿って収集されている。このようにしてみると、ひとまとまりの冊書もしくは一枚の帛書には一定の主題が設定され、その主題に沿った著作が収録されるという傾向があることが見て取れる。

この傾向を念頭に置きながら視野を拡大すると、同様の傾向が馬王堆帛書以外の出土文献でも随所で見受けられることに気付く。まずは阜陽漢墓や銀雀山漢墓の他の篇題木牘から見てみよう。

安徽省阜陽雙古堆漢墓は、前漢高祖の御者として知られる夏侯嬰の嗣子 汝陰夷侯 竈《そう》の墓とされているが、ここからは三枚の篇題木牘が出土している。発掘簡報によれば、一号木牘（【図2】）は表裏両面に各三行ずつ、都合47条の篇題ないし章題が記されており、「子曰北方有獸」・「孔子臨河而嘆」・「衛人醢子路」など、孔子とその門弟に関する篇題（章題）が並んでいるとのことである。二号木牘（【図3】）も表裏両面に都合40条の篇題ないし章題があり、「晉平公使叔嚮聘于吳」・「吳人入郢」・「趙襄子飲酒五日」等、春秋・戦国記事の章題が並ぶとされ、最後の三号木牘は片面のみに篇題を記し、一号木牘や二号木牘に比して篇題も二・三字と簡素で、「樂論」・「智遇」・「頌學」等、《荀子》を彷彿させる儒家系の篇題が目立つという。各篇題木牘ごとに主題が設定されていることを確言するには、なお

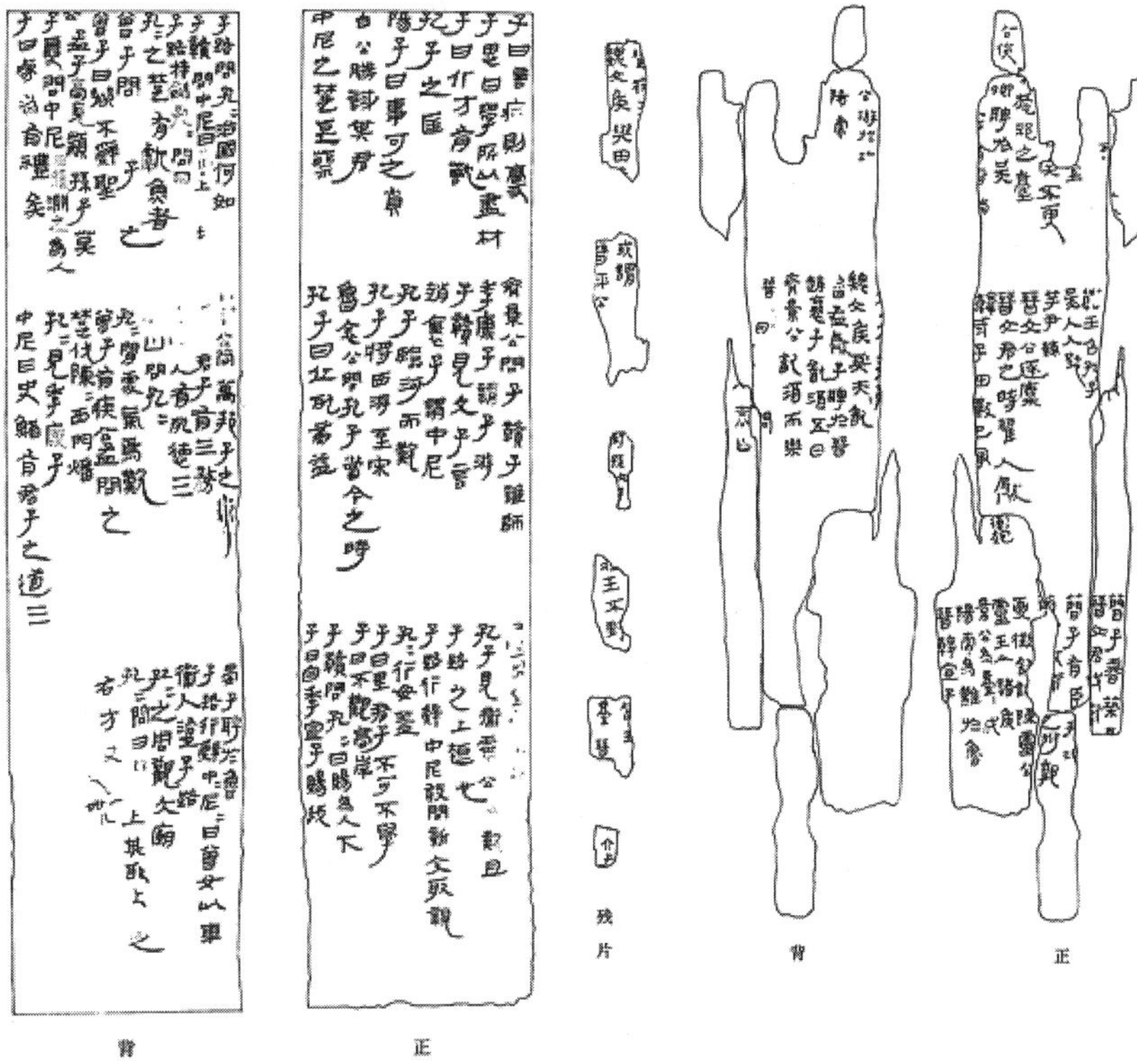

【図 2】阜陽漢墓出土 1 号篇題木牘摹本（左）
【図 3】阜陽漢墓出土 2 号篇題木牘摹本（右）
（拠 韓自強《阜陽漢簡《周易》研究》上海古籍出版社）

今後の詳細な報告が待たれるが、現時点で確認しうる情報は決して上記の傾向に反していない[27]。

銀雀山漢墓からは前掲の《孫子》と《守法等諸篇》のほかに三枚の篇題木牘が出土している。いわゆる孫子篇題木牘が一号木牘、守法守令等十三篇（本稿にいう「守法等諸篇」）篇題木牘は二号木牘に当たる。三号木牘は呉九龍氏によって「論政論兵之類」に分類された諸篇（「將敗」・「兵之恆失」・「王□」・「效賢」・「爲國之過」・「□□之國」・「能□民」・「持盈」・「國之…」）が並んでいる。片面に六行四段、潰れていて判読できないものもあるようだが、全部で20篇の篇題（章題）が並んでいると思われる。《論語》の篇題の例があるように、中国上古の文献では篇題が必ずしも篇の主旨を反映しているとは限らないが、この三号木牘の諸篇題から推す限りでは《守法等諸篇》同様、これも国家運営の方法を論じた篇が並んでいるように見受けられる。四号木牘は片面五行二段に渡って「分士」・「興理」・「三亂」・「三危」・「亡理」など国家の興亡を想起させられるような篇題が多いが、これらの諸篇も呉氏は「論政論兵之類」に帰属させている。五号木牘は片面四行三段に渡って「曹氏」・「陰□散」・「禁」・「□言」・「□子」といった篇題が並んでいる。篇題から察せられる情報は極めて少ないが、五号木牘の諸篇に該当すると思われる竹簡を呉氏は「陰陽時令占候之類」に分類しており、三・四号木牘の書物とは内容傾向がかなり異なるようである[28]。

また篇題木牘のない出土文献の中でも、筆跡や形制が一致している冊書類に一定の主題を見出せるものがある。たとえば郭店楚簡《老子》丙本と《太一生水》は道家系古文献、《魯穆公問子思》と《窮達以時》は孔子とその門弟に関する書篇、上博楚簡《孔子詩論》・《子羔》・《魯邦大旱》なども同じく孔門に関する篇を集めたものであろう。かくして、ひとまとまりの冊書もしくは一枚の帛書には概ね一定の主題に沿った篇章がまとめられるという傾向が、戦国期のものも含めた既出の出土文献全体に看取される。

問題はこれらの一定の主題に沿った著作群が果たして何びとの手によって集約・製本されたものなのかという点であるが、これは馬王堆の甲本・乙本、郭店の丙本における《老子》の併載書を比較してみただけもわかるように、併載される書物は、これといって固定化されているわけではない。おそらくは所蔵者銘々が入手した書物を、各自の関心に応じて内容的に一定の関連性のある同類の書ごとに私的な編集物として仕立てていたのだろう。ちょうど欧米圏の蔵書家の書架に何冊もあるペーパーバックスを、銘々の関心や収蔵状況に応じて、同類のものごとにまとめて一冊の本として製本するような感覚である。この推測が妥当であるとすれば、各出土簡帛文献の整理者は、各々の所蔵者もしくは鈔写者（当然、墓主以外の場合もあり得る）の私的な編集に係ることになる。したがって、将来、既知の書物と同一の書物が出土するとして、既知の書物と新出の出土文献が異なる構成を持つ可能性は小さくない。先に掲げた劉向の序錄中に見られる先行諸本の篇数及び章数のばらつき具合がそのことを間接的に示唆している。

劉向校書以前の書物が書題を明記しないことが多いこと、また所蔵者ごとの関心に応じた一定の主題に沿って篇章が収集・整理されていることは以上の通りであるが、このことが明らかにされることによって、説明がつくようになる古文献の矛盾点は意外に少なくない。

まず、書題を記さない（記しているとしても、それは多分に便宜的な呼称であって、必ずしも定着した呼称ではない）ことによって、著作の範囲や書き手が分からなくなってしまうことを前節において確認したが、《史記》や先秦諸子に引かれている書物など、劉向校書以前の引書に見られる書名の曖昧さがこれで説明がつくようになる。たとえば、今本《老子》中の、

谷神、死せず、是れを玄牝と謂ふ。玄牝の門、是れを天地の根と謂ふ。綿綿として存するが若く、之れを用ゐて勤《つか》れず。（《老子・上篇・第六章》）（拠 江戸明和王弼注本）

を《列子・天瑞》では「黄帝書に曰く」とし、同じく《老子》の、

将に之れを弱めんと欲すれば、必ず固《しばら》く之れを強くす。将に之れを廃せんと欲すれば、必ず固く之れを興す。（《老子・上篇・第三十六章》）

を《韓非子・説林上》と《戰國策・魏策一》では「周書に曰く」とする。また、銀雀山漢簡《六韜》の佚文部分に、

太公望曰く、「（中略）往者は及ぶべからず、來者は侍《ま》（待）つべからず。（後略）」と。（銀雀山漢簡《六韜》748 - 749）

とあるのを、《呂氏春秋・有始覽・聽言》は「周書に曰く」、《漢書・鼂錯《ちょうそ》傳》では「傳に曰く」としている例がそれぞれある。これらの諸例は、劉向校書以前の書物における書題表記の曖昧さや、書題不記載の慣習に起因していると言える。

次に、先秦古文献が一手一時に成らずとされる点について。この問題は、書題を持たない（あるいは書題・篇題がついていても書き手が明確でない）篇章を集め、しかも内容的に共通項を持った篇章同士を合わせて製本したために、書物としての区画や相互関係が一層不明瞭になってしまうことに起因

している。先秦古文献が一手一時に成らずとされる根本的な要因、さらには我々が劉向の校定を経ていない未整理の出土文献を目にした時、その書き手や編集者の推測に難渋するのは、おそらくここに原因がある。

最後に、以上ような状況が重なることによって起こる、複数の書物間で同一篇章がしばしば互見する問題がある。いちいち挙げればきりがないが、たとえば《商君書・靳令》と《韓非子・飭令《ちょくれい》》や、《呂氏春秋》の十二紀と《禮記・月令》などの例がこれに該当する。また《大戴禮記・保傅》が《賈子新書・保傅》・《傅職》・《養經》・《胎經》の四篇の内容を同時に包摂していたり、《守法等諸篇・王兵》が《管子》の《七法》・《地圖》・《參患》の三篇を同時に包摂している例などは、単なる同一篇章の互見に止まらず、劉向校書前本の篇章の結合が今本ほど強くなかったことをも意味する。これもやはり書題・篇題の不記載と、同種本の一括製本の風習に起因した現象であろう。

第五節　劉向の校書以前から定着していた古文献の例

余嘉錫は、中国上古の「古書」を「某子学派」の「文集」と表現しているが（《古書通例》）、実際には前節で明らかにした通り、先秦古文献の構成は、所蔵者もしくは鈔写者に依るところが大きい。ただ、《韓非子・顯學》や《荀子・非十二子》、《莊子・天下》のように学派間の対立を窺わせる記述も確かに存在し、「某子学派」の存在そのものを根本から否定する訳にはいかない。おそらく、「某子学派の書」という枠組みは、前漢以降、劉向らによって少なからず潤色された面もあるのだろうが、それにしても、果たして劉向校書前本にある程度 体裁が定着していた古文献は全くなかったのであろうか。実は、早くから定着していたと思しき古文献の例はいくつか認められる。具体的な事例を挙げれば、《孟子》七篇や《孫子》十三篇などがそうである。

《孟子》七篇は、《史記・孟子荀卿列傳》に「孟軻 乃ち唐・虞・三代の徳を述べ、是を以て如《ゆ》く所の者と合わず。退きて萬章の徒と《詩》・《書》を序し、仲尼の意を述べて、《孟子》七篇を作る」とあり、前漢の武帝期の時点で七篇あったことが確認できる。この「《孟子》七篇」について、原富男氏が、

> 一、二その書であることを明示しているものを除いては、ほとんど全く題出していないが、現在本孟子に相応ずる部分がある文章は前後三十六件もある。その篇名は、梁惠王（三件）・公孫丑（二件）・滕文公（七件）・離婁（二件）・萬章（十七件）・告子（三件）・盡心（二件）で、七篇全部に渉《わた》っている。…このような情況によると、史遷のときにはもう、現在本孟子とほとんど同様の形式が見存して読まれていたことが推定できる[29]。

と指摘しているように、《史記》に暗に祖述されている《孟子》句を拾うと、現行の七篇全てにわたっていることが確認できる。《孟子》については、すでに七篇が各々独自に著されたとされる一方で、七篇全体を通じて大きな矛盾もないため、孟子の活動期からそれほど時を隔てず、前三〇〇年頃の狭

い時期に萬章・公孫丑ら孟子に近しい数人の弟子（ないし再伝の弟子）たちによってその書が著されたと考えられている[30]。これは《孟子》その書が、かなり早い段階から現在の七篇の体裁を有していたことを推測させるものではあるが、《史記》を確認することで、明確に劉向の整理を経る以前から現行七篇の体裁に定着していたことを窺うことができる。

なお金谷治氏は《孟子》について、今日の形に定着したのは劉向の校書事業もしくは七篇に定まった後漢の趙岐以降のこととし、《史記》の「七篇」の句は趙岐以降の竄入か、あるいは単に司馬遷の見た一本に過ぎず、篇数の一定しない著作群が数種類散在していたと推定している。前漢以前の古文献に関する金谷氏の見解は常に劉向の校書事業が念頭にあり、筆者もその見解に依ることが多いが、この部分については、筆者は金谷氏と少しく見解を異にする。まず金谷氏の根拠は趙岐の《孟子題辭》中の孫奭《疏》にある。

凡そ此の外書四篇、趙岐 尚ばずして以て故《ことさ》ら之れを非《そし》る。漢中、劉歆に九種《孟子》十一巻有りて、時に此の四篇を合せり。

ここでいう「外書四篇」とは、趙岐の題辞中にその篇名のみが見える《性善》・《辨文》・《説孝經》・《爲政》の四篇のことである。劉向父子が校定した《孟子》は《漢志・諸子略・儒家者流》によれば十一篇に定著されているが、このうちの上記四篇を一括して「外書（外篇）」と呼び、これに対して現行の七篇を「内書（内篇）」と呼んで区別していたらしい。趙岐の題辞や孫奭《疏》では、残念ながらこれ以上のことは未詳で、《注疏》で言及されている劉歆の「九種」本の出自や篇数についても明らかにしていない。しかしながら、原氏の《史記》における《孟子》引文の傍証がある以上、この「九種」という情報だけで、積極的に劉向以前における七篇定着を否定するのは躊躇われる。まして「七篇」を趙岐以降の竄入とする説は首肯しがたい。そもそも孫奭に仮託される《孟子注疏》の著者が劉歆もしくは劉向の《孟子序錄》を直接見ていたかどうかも疑問である。《孟子注疏》の著者は、趙岐が「外書四篇」を「尚ばずして以て故《ことさ》ら之れを非《そし》る」としているが、これは趙岐題辞の以下の部分を指している。

　又た外書四篇、《性善》・《辯文》・《説孝經》・《爲正》有り。其の文 弘深なること能はずして、內篇と相似ず、孟子の本眞に非ざるが似し。後世の依放にして之れを託する者ならん。

金谷氏も含め、従来、この一節に拠って、趙岐が従前の《孟子》十一篇から「外書四篇」を削ったとするのが通説だが、実はこの一節と極めてよく似た一文を、劉向の《晏子序錄》中に見出すことができる。

　又た復重すれども文辭頗る異なるもの有れば、敢へて遺失せず、復た列して以て一篇と爲す。又た頗る經術に合せざるもの有りて、晏子の言に非ざるが似し。疑ふらくは後世 辯士の爲る所の者ならん。故に亦た敢へて失はずして復た以て一篇と爲す。

上の文は、《晏子》の外篇《重而異者第七》と《不合經術者第八》の二篇に関する劉向の解題だが、一見して明らかなように、趙岐題辞の「外書四篇」に関する一節と酷似している。このことから推察するに、趙岐題辞の外書四篇に関する一節は、出典こそ明示されてないが、実は劉向の序録もしくは《別錄》からの祖述であると思われる。この推測が妥当であるとすれば、趙岐は「外書四篇」を故意に削ったのではなく、むしろ、何らかの理由で入手できなかったために「外書四篇」の説明を序録から引用して、後学の参考に供したという可能性が出てくることになる。必然、《孟子注疏》の著者が劉向もしくは劉歆の序録を直接見ていたとすれば、この事実に気づかぬはずはない。「其の文 弘深なること能はずして、内篇と相似ず、孟子の本眞に非ざるが似《ごと》し」という一文についても、これが趙岐のものではなく、実は劉向か劉歆の評価であることに気づいていない点から、「劉歆九種」本の記述をそのまま鵜呑みにすることはできないのである[31]。

《孫子》も《孟子》と同様に、遅くとも前漢の武帝期には現行の十三篇の形がほぼ定着したと考えられる。これは、もともと《史記・孫子呉起列傳》に「世俗の師旅を稱する所、皆な孫子の十三篇を道《い》ふ」という記述があったこともあるが、これに加えて銀雀山漢墓から現行の十三篇に相当し、また武帝期の鈔写に係る簡冊本《孫子》が出土したことによって、前漢中期における十三篇の定着が明確に裏づけられたことによる。しかもすでに言及しているように、同墓からは《孫子》十三篇の篇題木牘（【図4】）も出土しており、さらに同時に出土した《見呉王》という佚篇にも、《孫子呉起列傳》の「闔廬《こうりょ》曰く、『子の十三篇、吾れ盡く之れを観れり』」という一節を彷彿させる「若□十三扁所」（215）

【図4】銀雀山漢墓出土一号篇題木牘摹本《もほん》（拠《銀雀山漢墓竹簡〔壹〕》文物出版社）

と記された簡が出土しているなど、傍証材料にも事欠かない[32]。

この《孫子》もまた《漢志》では「《呉孫子兵法》八十二篇。圖九巻」（兵書略・兵權謀家）とあって、劉向新定本の篇数が現行の十三篇よりも明らかに多く、現行十三篇は「況んや文煩富にして、世に行はる者の、其の旨要を失へるをや。故に撰びて《略解》を為る」（平津館《へいしんかん》叢書本、魏武帝「注孫子序」）との言から、魏の武帝の刪削に係るとする説が、齊思和によって主張されている[33]。しかし、これもあるいは現行十三篇を、《孟子》のように、早期に定着していた内篇格の著作群を再び別出単行したと見なすことによって一応の説明がつく。いずれにしても、本節では劉向に先行する本の中に篇数・篇目が定着していた本があるか否かを確認することが目的なのだから、《孫子》の場合は《漢志》著録の篇数と合わなくても、その前漢中期以前の十三篇の定着が確言できるため、この上の穿鑿はここでは行わない。

第六節　劉向新定本中に内在する先行著作群

前節で取り上げた《孟子》や《孫子》は、劉向校書以前に定本化していた書物としては、比較的規模も大きく分かりやすい例であったが、これら以外にも、より規模の小さな定本が潜在的に存在する可能性がある。前掲の劉向序錄中の異本を列挙している条を思い出して欲しい。劉向はそこで収集した篇数も内容もまちまちな異本を列挙したのち、重複している篇章を明記していた。《管子》は収集した五六四篇のうち四八四篇が重複し、《晏子》は三〇篇八三八章のうち二二篇六三八章が、《列子》は二〇篇のうち一二篇が、また《老子》も五篇一四二章のうちの三篇六二章が重複していたという[34]。前節に挙げた《晏子序錄》に「又た復重すれども文辭頗る異なるもの有れば、敢へて遺失せず、復た列して以て一篇と爲す」とあるように、劉向はたとえ大筋で内容が重なっていたとしても、文辞・文脈が一定以上、異なっている場合には、それらの篇章をことさら無理に除去せず、別に受け皿を設けて極力保存に注力している。したがって、劉向の序錄中の「復重」は純粋な重複篇章であると言える。その純粋な重複篇章が、単純計算でも《管子》で全体の86%、《晏子》で76%、《列子》で60%もあることは「規模の小さな定本」が存在する可能性を強く感じさせる。加えて、前《さき》に掲げた、複数書物間で互見する篇章の例や、《大戴禮記・保傅》と《賈子新書・保傅》・《傅職》・《養經》・《胎經》四篇や、《守法等諸篇・王兵》と《管子》の《七法》・《地圖》・《參患》の三篇の包摂例などは、それ自体が劉向校書以前における定着性を窺わせる証でもある。

もし劉向以前に通行していた団塊的著作群を何らかの方法によって抽出することができるとすれば、早くから定本化していた断片やその書き手を導き出す上で大きく寄与することは疑いない。この点について、極めて示唆的な事象を指摘しているのが金谷治氏である[35]。

今本《荀子》は唐の楊倞の大規模な改編を経たテキストが通行しているが、楊倞が序文において「其の篇第も亦た頗る移易すること有りて、類を以て相従はしむ」と宣言しているように、楊倞本の篇次は劉向本の篇次に比して遥かに合理的になっている（【表1】）。

金谷氏はこの奇妙な現象に注目し、「韻文の二篇があるということさえ疑わしいのに、それがまた離れ離れになって一方は散文の篇の間に孤立しているということや、当然礼から楽へとつづくべきものが篇を隔てて転倒していたり、論議の体である《性悪》、しかも荀卿について最も重要と思えるものが、文体の異なった一番疑わしい《宥坐》以下の数篇にはさまれてい」るなど劉向旧目の構成が一見非常に粗雑であることを指摘した上で、これを劉向新定本が「互いに没交渉なさまざまのテキストの群《グループ》を直接の資料としてできた完足本」であるために生じた「当然の混乱」であり、「その不合理さは、却って劉向以前本の想定へと導いてくれる手がかりともなり得る」とし、劉向旧目を劉向校書前本を想定した四類に区分している。

興味深いのは、金谷氏が分けた劉向旧目の四類が、各々異なる独自の共通点を持つことである。すなわち、「第一類は君子或いは聖人になるための個人的修養に関するもの」、「第二類は概ね国家を治める政治的方略」、「第三類はやや抽象的な理論を主とする」、「第四類は概ね古事についての伝記と短文の雑輯」の四類である。また、《韓詩外傳》における《荀子》の言及個所に着目し、「引用されない十一篇のうちで正論より禮論に至る論議の五篇が相次いでいることは注意を引くに足る」と指摘し、《韓詩外傳》の編者が目睹し得た《荀子》の篇と、目睹し得なかった篇とがあることや、劉向旧目では、両者がところどころ群塊を形成していることを指摘しているのは炯眼と言うべきだろう。

【表1】《荀子》劉向旧目・楊倞新目対照表（※［韓］は《韓詩外傳》で引用されている篇。）

	劉向旧目録	楊倞新目録
第一類	［韓］勸學第一	勸學第一
	［韓］修身第二	脩身第二
	［韓］不苟第三	不苟第三
	榮辱第四	榮辱第四
	［韓］非相第五	非相第五
	［韓］非十二子第六	非十二子第六
	仲尼第七	仲尼第七
	成相第八	儒效第八
第二類	［韓］儒效第九	王制第九
	［韓］王制第十	富国第十
	［韓］富国第十一	王霸第十一
	王霸第十二	君道第十二
	［韓］君道第十三	臣道第十三
	［韓］臣道第十四	致仕第十四
	［韓］致仕第十五	議兵第十五
	［韓］議兵第十六	彊國第十六
	［韓］强國第十七	天論第十七
第三類	［韓］天論第十八	正論第十八
	正論第十九	禮論第十九
	樂論第二十	樂論第二十
	解蔽第二十一	解蔽第二十一
	正名第二十二	正名第二十二
	禮論第二十三	性惡第二十三
第四類	［韓］宥坐第二十四	君子第二十四
	［韓］子道第二十五	成相第二十五
	性惡第二十六	賦第二十六
	［韓］法行第二十七	大略第二十七
	［韓］哀公第二十八	宥坐第二十八
	［韓］大略第二十九	子道第二十九
	［韓］堯問第三十	法行第三十
	君子第三十一	哀公第三十一
	［韓］賦第三十二	堯問第三十二

【表2】諸本《樂記》篇次対照表（拠、松本幸男「禮記樂記篇の成立について」）

	甲群				乙群				丙群		
《禮記・樂記》	樂本	樂論	樂禮	樂施	樂言	樂象	樂情	魏文侯	賓牟賈	樂化	師乙
《史記・樂書》	樂本	樂論	樂禮	樂施	樂情	樂言	樂象	樂化	魏文侯	賓牟賈	師乙
劉向《樂記》	樂本	樂論	樂施	樂言	樂禮	樂情	樂化	樂象	賓牟賈	師乙	魏文侯

金谷氏が示したこの手法は、おそらく他の劉向新定本についても、ある程度、通用するものと推測される。たとえば前掲の「樂記二十三篇」の例がある。

「樂記」は、《史記・樂書》にも《禮記・樂記》と同じ内容の篇が収録されているにも関わらず、褚少孫補筆疑義もあって、どうしても《禮記・樂記》よりも一等低く扱われがちであった。この傾向を見直したのが松本幸男氏である。松本氏は戴聖の《禮記・樂記》と《史記・樂書》の内容、及び孔穎達《禮記正義》所引の鄭玄《三禮目錄》——すなわち劉向新定本の篇次を比較対照して、現存する《樂記》十一篇（もしくは十一章）を甲群・乙群・丙群の三類に分け（【表2】）、《史記・樂書》が比較的標準的な本であることを立証した。さらに、これら三群の成立過程にも言及して、「なお十一篇の樂記は乙群に最も異同が多く、丙群がこれにつぎ、甲群はほとんど異同を見ない。多分、これは十一篇の成立過程を示唆するものであって、成立の早いものほど異同が生じやすいとすれば、《樂言》・《樂象》・《樂情》・《樂化》各章こそ古樂經と称してもよい位置を占めていたような気がする」とする。松本氏も指摘しているように、はたして《荀子・樂論》中に内在する《樂記》の文は、その最も古い乙群の《樂化》・《樂象》・《樂情》中の章節である。そもそも《禮記・樂記》と《史記・樂書》の十一篇は、章次や分章こそ異なれ、その内容は一致している。これは劉向以前にこの十一篇が一つのまとまりとして定着・認知されていたことを示しており、松本氏の分析によってこの十一篇の中に、さらに三種のコアとなる団塊的著作群を見出すことができることが明らかにされた訳である[36]。

松本氏の《樂記》諸本の考証は、今本中に劉向校書以前における団塊的著作群が介在することを示唆している点でもその意義は大きいが、同時に各著作群ごとにその成立時期を論じることができる可能性を示している点でもまた画期的である。ちなみに、この可能性に対する期待を一層強くさせるのが《韓非子》である。試みに町田三郎氏が整理している《韓非子》諸篇の成立事情を、その篇目に照らして表示してみると【表3】のようになる。

町田氏は《韓非子》諸篇を、A 韓非の自著・B 韓非一派の論難集・C 早期後学のもの・D 晩期後学のもの・E 説話集・F 疑問のある諸篇に分類しているが、これを【表3】のようにその篇目に照らすと、概ね現在の篇目中で団塊を成していることが確認できる。これも劉向の校定を経た今本中に、劉向以前の先行著作群が忠実に保存されていることを裏づけるとともに、それらの団塊的著作群ごとに成立問題を論ずることができる可能性を示唆している例といえる。

以上の諸成果から、先秦古文献を扱うためには、劉向新定本の構成に吟味検討を加えつつ、劉向校書前本を想定した内部の構造的分解作業を行うことが、出土文献のサンプル数がまだまだ揃っていない現時点においては、最も有効であることが結論づけられよう。基本的に体裁が不安定な劉向校書

【表3】《韓非子》篇目（※町田三郎《韓非子》中公文庫の解題をもとに筆者が作成。）

F	初見秦第一	D'	大體第二十九
F	存韓第二	E	内儲說上第三十
F	難言第三	E	内儲說下第三十一
C	愛臣第四	E	外儲說左上第三十二
D	主道第五	E	外儲說左下第三十三
C	有度第六	E	外儲說右上第三十四
C	二柄第七	E	外儲說右下第三十五
D	揚權第八	B	難一第三十六
C	八姦第九	B	難二第三十七
C	十過第十	B	難三第三十八
A	孤憤第十一	B	難四第三十九
A	說難第十二	B	難勢第四十
A	和氏第十三	B	問辯第四十一
A	姦劫弑臣第十四	B	問田第四十二
C	亡徵第十五	B	定法第四十三
C	三守第十六	C	說疑第四十四
C	備内第十七	C	詭使第四十五
C	南面第十八	C	六反第四十六
C	飾邪第十九	C	八說第四十七
D	解老第二十	C	八經第四十八
D	喩老第二十一	A	五蠹第四十九
E	說林上第二十二	A	顯學第五十
E	說林下第二十三	D'	忠孝第五十一
D'	觀行第二十四	F	人主第五十二
D'	安危第二十五	F	飭令第五十三
C	守道第二十六	F	心度第五十四
D'	用人第二十七	F	制分第五十五
D'	功名第二十八		

前本の中にあって、早くから定本化していた著作群を抽出するには、篇章構成の固定化と流布具合が不明瞭な出土文献を軸にするよりも、むしろより多くのサンプルを参照している、劉向の校定を経た今本を軸として利用した方が、より普遍性の高いテキストが得られると予想される。もちろん、劉向

未見の書物や劉向校書本が現存しない古佚書などはこの限りではない。

小結

本稿ではこれまで出土文献と伝世文献の両面から劉向校書前本の特徴を検討してきたが、それによって以下の諸事情が明らかになった。

一、劉向以前の書物は書題や篇題を明記しないことが珍しくなく、基本的に作者も不明である。
二、異本間における篇章の断裂や内容・序次の相違が認められ、劉向以前においては篇章字句のあらゆるレベルで異同が容易に起こり得た。
三、一枚の帛書や、篇題木牘によってひと括りにされる冊書（群）は、所蔵者ごとの関心に応じて、一定の共通項に沿って篇章がセレクトされている。
四、こうした団塊的著作群の中には、劉向の校書事業以前から定本化していたものもあり、それが劉向の新定本中に旧貌を残したまま保存されている形跡が認められる。
五、四のような早期に定着した団塊的著作群の方が、広く共有・認知されていた定本を含む可能性が高く、また撰者・学派ごとのまとまりを保持している可能性も高い。
六、四のような団塊的著作群は、出土文献では篇章字句の揺れが大きいことから、より多くの異本を参照した劉向校書本の活用が期待される。

劉向校書以前の書物は一定の関心事や共通項ごとに篇章を集めて製本する傾向が見出せる一方で、本によって篇章の多寡や序次が異なる上、書題や篇題も明示しなかったり一定しなかったりすることが普通で、一書としての枠や体裁を極めて定めにくい状況にあった。しかし、その一方で、中には早い時期から定着していたと思われる団塊的著作群の存在が認められ、こうした早期に形成された著作群にこそ、個人ないし学派集団の介在を見出せる可能性がある。近年、盛んに研究されている出土文献は、劉向本に比べてより早期に形成された本であるものの、それがどの程度、普及・定着していた本であるかを明らかにするのは極めて困難である。その意味でも、少なくとも《戰國策》のように、二劉（劉向・劉歆）校書本の系統を引く伝本が現存しているものについては、先行諸本を網羅的に集めて整理した伝世文献を活用して批判することが、現状、最も有効な方法であるように思う。

【追記】 学位論文提出からすでに十余年の歳月が経過した。その間、上博楚簡と銀雀山漢簡の続刊に加え、清華大學蔵戰國竹簡・嶽麓書院蔵秦簡・里耶秦簡・北京大學蔵秦漢簡など、おびただしい数の戰國・秦・漢期の簡牘が新たに報告されている。本来、学位論文には「主要出土文献書名篇名見出一覧」という、書題（篇題）の有無・形制・対応文献などをまとめた表を本章に附していたが、十余年の歳月を経て中身がすっかり古くなってしまった。その間、中村未來氏が《戰國秦漢簡牘の思想史的研究》（大阪大學出版會、二〇一五）において、新たな出土文献をも加えた、「思想關連出土簡帛の

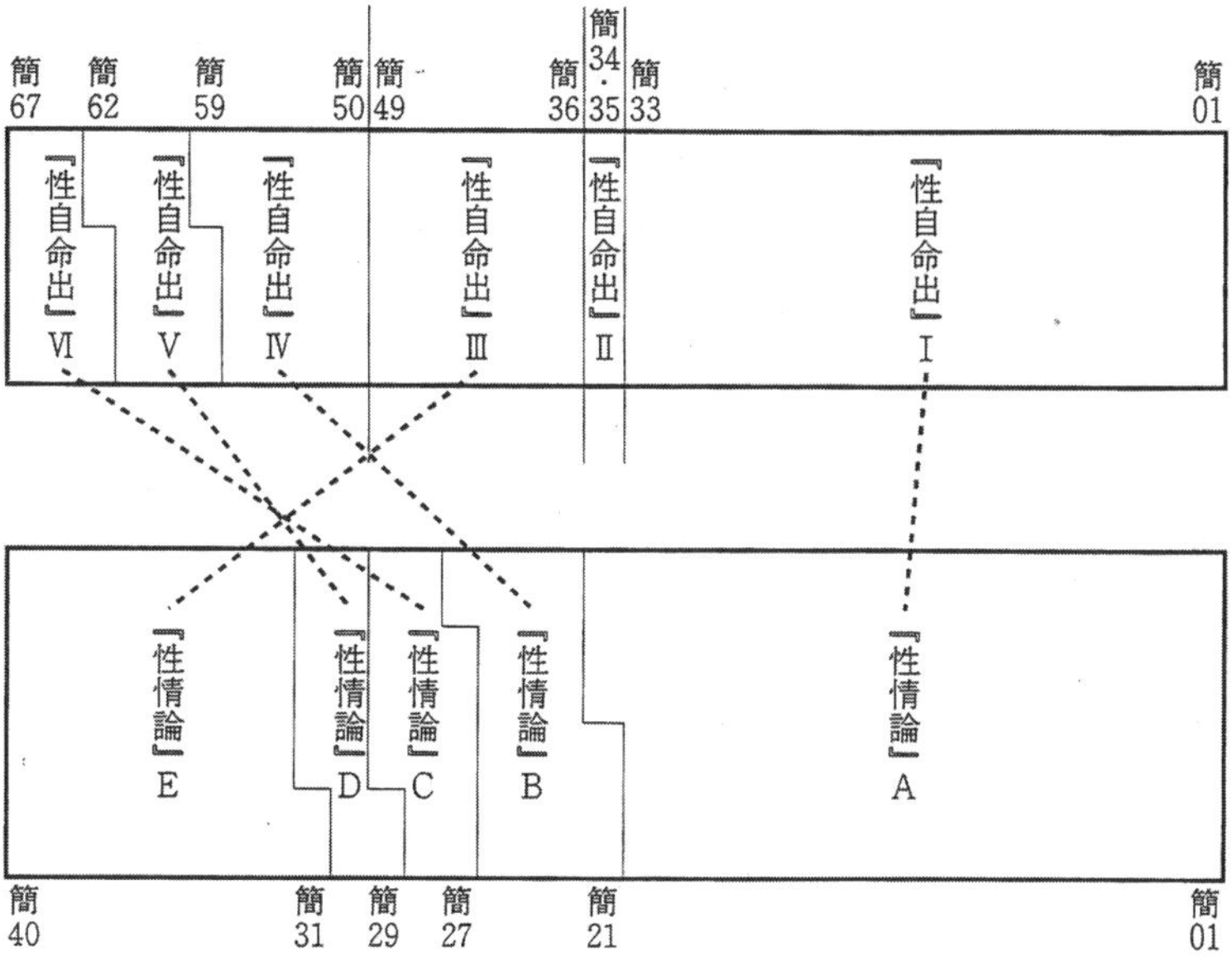

【図5】《性自命出》《性情論》ブロック対応（章次の交錯）

（拠 竹田健二「郭店楚簡『性自命出』と上博楚簡『性情論』との關係」）

形制一覧」という詳密な表を上梓されている。また術数分野では、大野裕司氏の《戰國秦漢出土術數文獻の基礎的研究》（北海道大學出版會、二〇一四）が出土術数文献について、さらに網羅的かつ詳細な解題を公表している。こうした事情から、「主要出土文献書名篇名見出一覧」を本書から削ることにした。個別の出土文献の形制や書題・篇題の有無、概要については、中村・大野両氏の書を参照していただきたい。代わりに、その十余年の欠を埋める幾何かの補足を、この場を借りてしておきたい。

まず第二節において、伝世文献と出土文献、出土文献と出土文献、伝世文献と伝世文献の間にそれぞれ見られる、異本間で章次を異にする事例をそれぞれ挙げたが、このうち、出土文献と出土文献の間に見られる相違の事例として、郭店楚簡《性自命出》と上博楚簡《性情論》を加えておく（【図5】）。

竹田健二「郭店楚簡『性自命出』と上博楚簡『性情論』との關係」（《日本中國學會報》五五、二〇〇三）によれば、「兩文獻のブロックの序列は確實に相違していた」うえ、「『性自命出』Ⅱの文字列は元來『性情論』には存在せず」、「おそらくは原本から書寫を重ねて成立した、異なる系統に屬する二種類のテキストであると考えられる」と結論づける。その上で、こうした相違が見られることは、決して特異な現象ではなく、むしろ戰國秦漢期の文獻のあり方を反映したものと見なしている。

また、書題（篇題・章題）については、第三節で挙げた例のほか、

- 上博楚簡：《中弓》、《亙先》、《内豊》、《曹沫之陳》、《競建内之》、《鮑叔牙與隰朋之諫》、《競公瘧》、《莊王既成》、《愼子曰恭儉》、《凡物流形》（甲本）、《吳命》、《命》、《王居》。
- 清華簡：《耆夜》、《金縢》「周武王有疾周公所自以代王之志」、《祭公之顧命》、《說命》（上・中・下）「傅說之命」、《周公之琴舞》、《芮良夫毖》「周公之頌志」、《赤鵠之集湯之屋》、《子犯之餘》。
- 北大漢簡：《周馴》、《趙正書》、《妄稽》、《反淫》、《節》、《雨書》、《揕輿》「揕輿第一」、《荊決》、《六博》

などの諸例が新たに加わった。二〇〇四年当時はまだ少なかった書題の事例が、今や決して少ないとは言えなくなった。だが、全体から見れば、それでも全出土書籍の半数未満であり、なお書題を欠く書籍も少なくない。

さらに、一九九〇年代以降、いわゆる「非発掘簡」の報告が増えた影響もあるのだろうが、竹簡から一書の区画を窺う方法論や、術語の定義・共有も格段に進歩した。まず、武威漢簡《儀禮》の末端に見られた「簡号（編号）」（ノンブル）が、清華簡《尹至》《尹誥》《耆夜》《金縢》《皇門》《祭公》

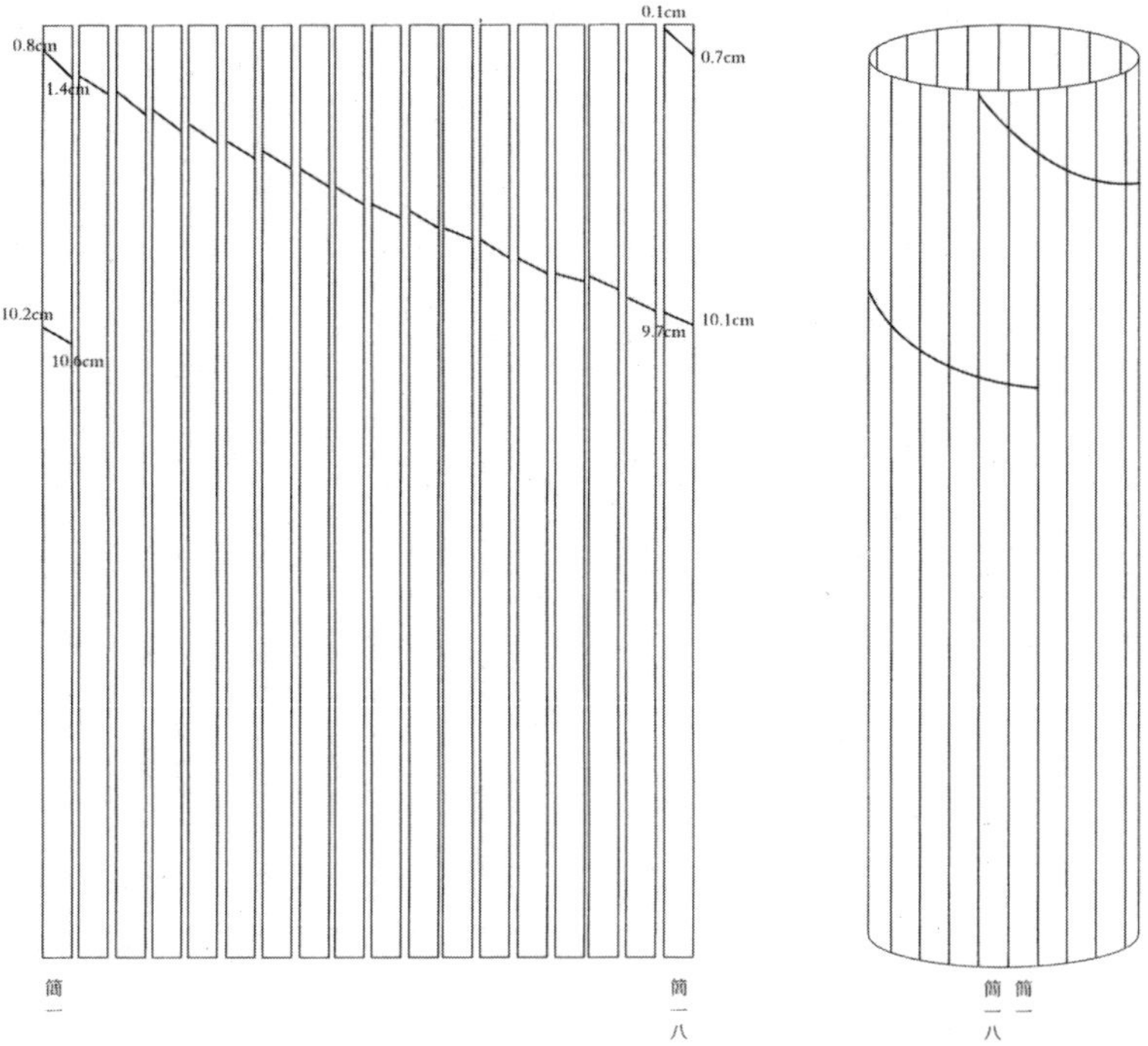

【図 6】北大漢簡《老子》劃痕（拠 韓巍「西漢竹書《老子》簡背劃痕的初步分析」《北京大學藏西漢竹書〔貳〕》上海古籍出版社、2012）

《繫年》《說命》《周公之琴舞》《芮良夫瑟》《赤鵠之集湯之屋》《殷高宗問於三壽》《命訓》《子犯之餘》、郭店楚簡《成之聞之》《尊德義》の背面、上博楚簡《卜書》正面末端などにも新たに見つかった。また、簡号とは全く異なる方法で錯簡・脱簡を予防する措置として、竹簡背面（竹青側）に斜めに線を引く「劃痕（劃線）」[37]（【図6】）や「墨線」という手法が発見され、従来からある、簡長・簡幅・編綴痕・契口（綴じ紐を引っ掛ける切り込み）といった基本形制情報と組み合わせることで、一躍、竹簡の帰属や順番を考察する有力な情報源として注目されるようになった。さらに、これまでの字体・書体の区別に止まらず、鈔写者個々人の筆跡まで区別する「字迹」研究も進歩しつつある[38]。こうした情報を重ね合わせることで、篇題木牘のない竹書であっても、一書の範囲を確定しやすくなってきた。

上博簡・清華簡・北大簡・嶽麓簡・浙大簡[39]・安大簡など、正規の考古発掘手続きを経ていない、いわゆる「非発掘簡」[40]を史料の列に加えることに対して、手続き上の飛躍、信頼性、あるいは倫理の面から疑問を呈する意見があることは承知している。特に「非発掘簡」の積極利用が盗掘を助長する結果を招かないかという懸念は筆者も共有する葛藤である。だが、その一方で、かつての「壁中古文」が弁偽や批判の対象となったように、「非発掘簡」も肯定的に捉えるにせよ、否定的に捉えるにせよ、学術的な批判の俎上にあげるべきだと考え、本書において検討材料に加えることにした。

いまひとつ附言しておきたいのは、すでに本章で言及したように、劉向序録に記録されている伝本の篇数は、各々の所蔵者ごとにまちまちであり、原則として《漢志》著録書をもって二劉校書前の流布本を代表させるべきではない、ということである。二劉校書本は、それまで残存していた様々な伝本を、一定の基準で整理した「新書」――すなわち新定本であって、多くは二劉校書前の伝本とは区別して扱われなくてはならない。この意味で、校書前の伝本（出土文献）と二劉校書本（伝世文献）の比較には慎重な態度で臨む必要がある。一部の出土文献研究において、馬王堆帛書《老子》巻前古佚書四篇を「黄帝四經四篇」（諸子略・道家者流）に比定する説、《春秋事語》を「鐸氏微三篇」（六藝略・春秋類）や「公孫固」（諸子略・儒家者流）に比定する説、北大漢簡《周馴》を「周訓十四篇」（諸子略・道家者流）に比定する説など[41]、出土文献を安易に《漢志》著録書と結びつける傾向が看取されるが、筆者はこれに同意できない。《七略》すなわち《漢志》は、二劉新定本の総目である。それがしばしば「前漢末の宮廷蔵書目録」などと説明されてきたことが、このような誤解を生む温床になっているのだと思う。二劉校書や新定本に対する精確な理解と運用の必要性を痛感する次第である。

（二〇一八年一月、著者しるす）

注釈

1 戰國期の文献を積極的に批判・整理・活用しようと試みた代表的成果として、錢穆《先秦諸子繫年》（商務印書館、一九三五）、楊寛《戰國史料編年輯證》（臺灣商務印書館、二〇〇二）などがある。

2 （清）張之洞《輶軒語附勸學篇鈔》（彙文堂書店、一九一五）。

3 （清）姚際恆《古今僞書考》（《姚際恆著作集》所収、中央研究院中國文史哲研究所、一九九四）。

4 余嘉錫《古書通例》（上海古籍出版社、一九八五）。

「古書を讀まんと欲すれば、當に作者の姓名を考へ、因りて推して其の身世を知るを以て、乃ち能く其の指意に通ずべし。孟子曰く、『其の詩を誦し、其の書を讀めども、其の人を知らざること可ならんや』と。…其の言、明切と謂ふべし。然るに古書は多く撰人を題せざれば、則ち人を知り世を論ぜんと欲すれども、其の事乃ち至《はなは》だ易からざるなり。」（《古書通例・案著録第一・古書不題撰人》）

5（南宋）葉適《習學記言序目》（學術筆記叢刊、中華書局、一九七七）。

6（宋）范浚《范香溪先生文集》（四部叢刊續編所収、常熟瞿鏞鐵琴銅劍樓藏明刊本、臺灣商務印書館）。

7 以下、劉向序錄については次の諸本を参照した。

（後漢）高誘注《戰國策》（上海古籍出版社、一九七八）、

（近人）吳則虞《晏子春秋集釋》（新編諸子集成、中華書局、一九六二）、

（清）王先謙《荀子集解》（新編諸子集成、中華書局、一九八八）、

（近人）楊伯峻《列子集釋》（新編諸子集成、中華書局、一九七九）、

（近人）黎翔鳳《管子校注》（新編諸子集成、中華書局、二〇〇四）。

8 徐少華「郭店一號楚墓年代析論」（《江漢考古》九四、二〇〇五）。

9 郭店楚簡《老子》については、これを抄録本とする説と、形成途上のテキストとする説がある。前者を代表する論に、王博「關於郭店楚墓竹簡《老子》的結構與性質」（《道家文化研究》一七、一九九九）、淺野裕一「郭店楚簡各篇解題」（《中國研究集刊》三三、二〇〇三）等があり、後者を代表する論に、池田知久「尚處形成段階的《老子》最古本──郭店楚簡《老子》」（《道家文化研究》一七、一九九九）、谷中信一《『老子』經典化過程の研究》（汲古書院、二〇一五）がある。

10 馬王堆帛書・郭店楚簡《五行》については、「説」（解説）の作時をめぐる論争がある。淺野裕一「帛書五行篇の思想史的位置」（《島根大學教育學部紀要》一九、一九八三）、「『五行篇』の成立事情――郭店寫本と馬王堆寫本の比較」（《中國出土資料研究》七、二〇〇三）、龐樸《竹帛《五行》篇校注及研究》（萬卷樓、二〇〇〇）、西信康《郭店楚簡『五行』と傳世文獻》（北海道大學出版會、二〇一四）が、「經」が「説」に先行するというのに対し、池田知久《馬王堆帛書五行篇研究》（汲古書院、一九九三）、「郭店楚簡『五行』の研究」（《郭店楚簡の思想史的研究》二、一九九九）は「經」「説」同時とする。《漢志・總序》の「春秋分爲五、詩分爲四、易有數家之傳」を例示するまでもなく、《五行》の「説」もまた複数あった可能性を念頭におくべきこと、言を俟たない。同時に「經」も解釈によって本文が変容する余地があることは、西信康氏の研究が示唆している通りである。なお、本書第五章で言及するように、《韓非子・内儲説》《外儲説》は「經」を書くための素材として、「説」において材料となる説話が集められたもので、「説」の説話が「經」文に先行するという珍しい事例である。

11 《燕丹子・西京雜記》（古小説叢刊、中華書局、一九八五）、（近人）向新陽・劉克任《西京雜記校註》（上海古籍出版社、一九九一）。

なお、《西京雜記》には、葛洪の後序があって、それによれば、この書は葛家伝来の劉歆《漢書》一百巻の内、班書と重複しない部分を葛洪が別出したものであるという。従来から疑問視されている説ではあるが、校書事業との関連上、注記しておく。

洪家に、世〻劉子駿の《漢書》一百巻有り。首尾題目無く、但だ甲乙丙丁を以て其の巻數を紀すのみ。先父之れを傳へり。歆《漢書》を撰ばんと欲して、漢事を編錄すれども、未だ締構するを得ずして亡ぶ。故に書に宗本無く、雜記に止むのみ。前後の次を失ひ、事類の辨無し。後の好事者、意を以て之れを次第し、甲に始め癸に終り十帙と爲し、帙ごとに十卷、合して百卷と爲す。洪家、具《とも》に其の書有り、試みに此の記を以て班固の作りし所を考校するに、殆んど是れ全く劉書を取りて、小《すこ》しく異同有るのみ。（班）固の取らざる所を抃さば、二萬許言に過ぎず。今、抄出して二卷と爲し、名づけて《西京雜記》と曰ひ、以て《漢書》の闕を裨《ま》すのみ。

12　張家山漢墓竹簡整理小組《張家山漢墓竹簡〔二四七號墓〕》（文物出版社、二〇〇一）、彭浩《張家山漢簡《算數書》註釋》（科學出版社、二〇〇一）、張家山漢簡算數書研究會編《漢簡『算數書』中國最古の數學書》（朋友書店、二〇〇六）。

13　劉洪石「遺冊初探」（《尹灣漢墓簡牘綜論》科學出版社、一九九九）は尹灣漢牘《君兄繒方緹中物疏》の「列女傳」を「列女傳、」と釈するが、張顯成・周羣麗《尹灣漢墓簡牘校理》（天津古籍出版社、二〇一一）は「列女賦、」と釈す。《君兄繒方緹中物疏》には「烏傅（賦）」も録されており、留意すべき説である。なお《列女傳》については、敦煌漢簡から「□郡公列女傳書」（勞榦氏は「□□分列女傳書」と釈す）と記された残簡が出土している。甘肅省文物考古研究所《敦煌漢簡》（中華書局、一九九一）、勞榦《敦煌漢簡校文》（中央研究院歷史語言研究所）、大庭脩《大英圖書館藏 敦煌漢簡》（同朋社、一九九〇）。

14　篇題については「十六經」「十大經」とする説と、「十四經」の形訛とする説がある。高正「帛書『十四經』正名」（《道家文化研究・第三輯・馬王堆帛書專號》、一九九三）。

15　唐蘭「黃帝四經初探」（《文物》一九七四―一〇）、唐蘭「馬王堆出土《老子》乙本卷前古佚書的研究」（《考古學報》一九七五―一）、陳鼓應《黃帝四經今註今譯》（臺灣商務印書館、一九九五）、澤田多喜男《黃帝四經――馬王堆漢墓帛書老子乙本卷前古佚書》（知泉書館、二〇〇六）など。なお、この《老子》乙本卷前古佚書四篇を「黃

帝四經」とするのに否定的な立場を取るものに、裘錫圭「馬王堆帛書『老子』乙本卷前古佚書併非『黄帝四經』」（《道家文化研究・第三輯・馬王堆帛書專號》、上海古籍出版社、一九九三）、金谷治「古佚書『經法』等四篇について」（原載《加賀博士退官記念中國文史哲學論集》、一九七九。のち《金谷治中國思想論集》に再収）等がある。

16 李學勤「試論八角廊簡《文子》」（《文物》一九九六－一）。

17 向井哲夫「竹簡『文子』について」（《中國出土資料研究》二、一九八八）。

18 以下、銀雀山漢簡の簡番号は、銀雀山漢墓竹簡整理小組編《銀雀山漢墓竹簡〔壹〕》（文物出版社、一九八五）による。

19 馬承源主編《上海博物館藏戰國楚竹書（一）》（上海古籍出版社、二〇〇一）。

20 「某氏の書」という言いまわしで注目すべきは、銀雀山漢簡《孫臏兵法・陳忌問壘》の「孫氏之道」という記述である。墓葬時期がちょうど司馬遷と同じ前漢武帝期に重なる点でも興味深い例である。

21 銀雀山漢墓竹簡整理小組命名の「守法守令等十三篇」という名は、同墓出土の二号篇題木牘に由来する。但しその呼称や総篇数については異論が唱えられている。湯淺邦弘氏の「銀雀山漢墓竹簡古逸兵書の研究―『王兵』篇の考察―」（《古代文化》四三－一二、一九九一）、及び「銀雀山漢墓竹簡『守法守令等十二篇』の思想史的意義」（《中國研究集刊》、一九九三。共に湯淺邦弘《中國古代軍事思想史の研究》研文出版、一九九九に修訂再録）などを参照されたい。

22 湯淺邦弘「銀雀山漢簡『守法守令等十二篇』」および「銀雀山漢簡古逸書『兵令』篇」（前掲《中國古代軍事思想史の研究》）は、《兵令》の「民を如何に徴用し、兵を如何に操作するかという法術思想」の「重要性を認識した《尉繚子》の側が、その編集に際して、かかる要素を取り込んだ」とする。この銀雀山漢簡《尉繚子》以外では、《賈子新書》の〈傅職〉〈保傅〉〈容經〉〈胎教〉等の内容を包摂する《大戴禮・保傅》の例があるが、これらの単行した形態と思しき、定州漢簡《保傅傳》も発見されている。

23 凌襄（李學勤）「試論馬王堆漢墓帛書《伊尹・九主》」（《文物》一九七四―一一）。

24 前掲注15参照。

25 前掲《道家文化研究》三（馬王堆帛書專號）、張政烺《馬王堆帛書周易經傳校讀》（中華書局、二〇〇八）。

26 《戰國縱横家書》の詳細は第三章を参照。

27 阜陽漢簡整理組等「阜陽漢簡簡介」（《文物》一九八三―二）、韓自强《阜陽漢簡《周易》研究》（上海古籍出版社、二〇〇四）、福田哲之「阜陽漢墓一号木牘章題と定州漢墓竹簡『儒家者言』――『新序』『說苑』『孔子家語』との關係」（《中國研究集刊》三九、二〇〇五）。

28 吳九龍《銀雀山漢簡釋文》（文物出版社、一九八五）。また《孫子》の篇題木牘については、別途、次の論考を参照した。李零「《孫子》篇題木牘初論」（原載《文史》一七、一九七七。のち李零《《孫子》古本研究》北京大學出版社、一九九五に一九八〇年改定稿が収録）、李學勤「《孫子》篇題木牘與佚文」（《簡帛佚籍與學術史》所収、時報文化出版企業有限公司、一九九四）。《守法等諸篇》の篇題木牘については、前掲湯淺氏の論考を参照。

29 原富男《補史記藝文志》（春秋社、一九八〇）。《孟子》については若干の疑義がないでもない。第一に清の顧炎武が指摘する今本《孟子》に見えない句の存在（《日知錄・巻七・孟子外篇》）。第二に〈梁惠王〉の位置の問題がある。前者は、あるいは「孟子十三篇」（《漢志・諸子略・儒家者流》）の中、趙岐の題辞中に見える「外書四篇」の文なのではないかとの推論があり、後者は司馬遷が「余、孟子の書を讀み、梁の惠王の『何を以て吾が國を利せん』と問ふに至りて、未だ嘗て書を廢して歎ずんばあらざるなり」（《史記・孟子荀卿列傳》）と、今本では首篇首章に配される魏の惠王の下問を、その箇所に「至」ってと言っているから、今の〈梁惠王〉は武帝の頃には少なくとも《孟子》首篇にはなかったのだと見る説がある。さらに金谷治「『孟子』の研究」（《東北大學文學部研究年報》一、一九五一。のち前掲《金谷治中國思想論集》に再収）が、今日の形に定着したのは劉向の校書事業、もしくは七篇に定まった趙岐以降のこととし、《史記》の「七篇」の句は趙岐以降の竄入か、あるいは単に司馬遷の見た一本に過ぎないとしていることは本文で述べた通りである。

30　吉本道雅「孟子小考——戰國中期の國家と社會」（《立命館文學》五五一、一九九七）。

31　前掲、金谷治「『孟子』の研究」。

32　銀雀山漢簡《孫子》については、前掲、李零《《孫子》古本研究》、および石井眞美子「『孫子』の構造と錯簡」（《學林》三三、二〇〇一）等に詳しい。

33　齊思和「孫子兵法著作時代考」（《燕京學報》二六、一九三九）。なお、本書では劉向・劉歆父子の校書事業による新定本を、便宜上、一括して「劉向（二劉）校書本」「劉向（二劉）新定本」と呼ぶが、成帝期における兵書の校書責任者は厳密には歩兵校尉任宏《じんこう》である。

34　最終的に定著した篇章の数と幾つか計算が合わない例が散見する。あるいは伝写の誤りがあるのかも知れないが、しばらくは措いて話を進める。

35　金谷治「荀子の文獻學的研究」（前掲《金谷治中國思想論集》。初出は《日本學士院紀要》九—一、一九五一）。

36　松本幸男「『禮記』樂記篇の成立について」（《立命館文學》三〇〇、一九七〇）。

37　劃痕については、孫沛陽「簡冊背劃線初探」（《出土文獻與古文字研究》四、二〇一一）、韓巍「西漢竹書《老子》簡背劃痕的初步分析」（《北京大學藏西漢竹書〔貳〕》上海古籍出版社、二〇一二）、竹田健二「劃線小考——北京簡『老子』と清華簡『繫年』とを中心に」（《中國研究集刊》五七、二〇一三）などを参照。

38　李松孺《戰國簡帛字迹研究——以上博簡爲中心》（上海古籍出版社、二〇一五）。

39　浙江大學藏《左傳》をめぐっては、これを戰國簡とする淺野裕一・小澤賢二両氏と、偽簡とする福田哲之・大西克也両氏の間で論争が続いている。邢文「浙大藏簡辨僞（上・下）」（《光明日報》二〇一二年五月二十八日・同六月一日）、福田哲之「浙江大學藏戰國楚簡の眞僞問題」（《中國研究集刊》五五、二〇一二）、淺野裕一・小澤賢二《浙江大『左傳』眞僞考》（汲古書院、二〇一三）、小澤賢二「文字學からみた浙江大『左傳』僞簡説の問題點」（《汲古》七一、二〇一七）、大西克也「浙江大學竹簡『左傳』は研究資料たり得るか」（《汲古》七二、二〇一七）等を参照。

40　「非発掘簡」とその問題点については、胡平生著・宮島和也訳「簡帛の辨僞と流出簡牘の救出について」（《出土文獻と秦楚文化》八、二〇一五）、大西克也「『非発掘簡』を扱うために」（《出土文獻と秦楚文化》八、二〇一五）、石原遼平「中國簡牘學の現在」（《歷史學研究》九六四、二〇一七）、宮宅潔「嶽麓書院所藏簡『亡律』解題」（《東方學報（京都）》九二、二〇一七）などを参照。

41　前掲唐蘭「黄帝四經初探」、裘錫圭・唐蘭「座談馬王堆漢墓帛書」（《文物》一九七四―九）、韓巍「西漢竹書《周馴》若干問題的探討」（《北京大學藏西漢竹書〔參〕》上海古籍出版社、二〇一五）など。

【附表】主要出土篇目一覧

凡　例

- 本表は二〇〇二年二月時点（※阜陽漢墓篇題木牘のみ二〇〇四年のものを追加）で発表されている出土篇目の概要を一覧にしたものである。
- 釈文では、原文の重文符「=」を展開した。
- 本表で用いる略称と依拠した主要な報告書や資料は次の通り。

【阜陽木牘】 安徽省阜陽雙古堆一号漢墓出土篇題木牘。一九七七年出土。

阜陽漢簡整理組等「阜陽漢簡簡介」（《文物》一九八三―二）
胡平生「阜陽雙古堆漢簡與《孔子家語》」（《國學研究》七、二〇〇〇）
韓自強《阜陽漢簡《周易》研究》（上海古籍出版社、二〇〇四）

【銀雀山木牘】 山東省臨沂銀雀山漢墓出土篇題木牘。一九七三年出土。

銀雀山漢墓竹簡整理小組《銀雀山漢墓竹簡（壹）》（文物出版社、一九八五）
吳九龍《銀雀山漢簡釋文》（文物出版社、一九八五）
李零「《孫子》篇題木牘初探」（《《孫子》古本研究》北京大學出版社所収、一九八〇改訂稿）

李學勤「《孫子》篇題木牘與佚文」（《簡帛佚籍與學術史》時報文化出版企業有限公司所収、一九九四）

【上孫家寨軍律篇目簡】　青海省大通上孫家寨一一五号漢墓出土軍律篇目簡。一九七八年出土。

大通上孫家寨漢簡整理小組「大通上孫家寨漢簡釋文」（《文物》一九八一－二）

朱國炤「上孫家寨木簡初探」（《文物》一九八一－二）

青海省文物考古研究所《上孫家寨漢晉墓》（文物出版社、一九九三）

篇目名	内容・体裁	釈　文
阜陽一号木牘	縦二三センチ、横五・四センチ。表裏両面に各三行ずつ篇題（章題）を記す。残存篇題四十七条。孔子と門弟に関わるものが大半で、韓自強氏は《儒家者言》と関連づける。	［正面］ 子曰言病則豪 子思曰學所以盡材 子曰北方有獸 孔子之匡 陽子曰事可之貧 白公勝弑其君 中尼之楚至蔡 齊景公問子贛子誰師 季康子謂子游 子贛見文子言 趙襄子謂中尼 孔子臨河而歎 孔子將西游至宋 魯哀公問孔子當今之時 孔子曰丘死商益 ☐☐☐☐☐ 孔子見衛靈公☐歎且 子路之上趄也 子路行辭中尼敢問新交取親 孔子行毋蓋 子曰里君子不可不學 子曰不觀高岸 子贛問孔子曰賜爲人下 子曰自季宣子賜我 ［背面］ 子路問孔子治國何如 子贛問中尼曰死…知毋☐ 子路持劍孔子問曰 孔子之楚有獻魚者 曾子問曰☐子送之 曾子曰鄉不辭聖 公孟子高見顓孫子莫 子夏問中尼曰顏淵之爲人 子曰虖爲有禮矣 ☐公問萬邦子之病 ☐☐☐君子有三務 ☐☐☐人有死德三 ☐山問孔子 孔子聞處氣焉歎 曾子有疾公孟問之 楚伐陳陳西門燔 孔子見季康子 中尼曰史鰌有君子之道三 晏子聘於魯 子路行辭中尼中尼曰　曾女以車 衛人醢子路 孔子之周觀大廟 孔子問曰☐☐上其配　上☐之 右方…

篇目名	内容・体裁	釈文
阜陽二号木牘	縦二三センチ、横五・五センチ。表裏両面に篇題（章題）を記す。残存篇題二十余条。《新序》《說苑》のような春秋・戦国故事と思しき章題が並ぶ。韓自強氏は《春秋事語》と関連づけ、胡平生氏は一号木牘と共に《孔子家語》と関連づける。	［正面］ ⧄⧄⧄⧄⧄臺 ⧄⧄⧄⧄因疾不更 晉平公築施祁之臺 晉平公使叔嚮聘於吳 ⧄⧄⧄⧄⧄⧄⧄有酒尚 ⧄⧄⧄臺⧄ ⧄王召孔子 吳人入郢 芋尹棘聞 晉文公逐麋 晉文君之時翟人獻衝狐 韓武子田獸已取 簡子春築臺 晉文君伐衛 簡子有臣尹淖 簡子攻衛之附郭 夏徵舒弑陳靈公 靈王會諸侯 景公爲臺臺成 陽虎爲難於魯 晉韓宣子 ［背面］ 齊景公游於海 ⧄⧄陽虎 衛靈公築⧄⧄ 魏文矦與大夫飲 魯孟獻子聘於晉 趙襄子飲酒五日 齊景公飲酒而樂 晉⧄⧄⧄ ⧄田子方問 ⧄⧄⧄⧄亡 ［残片］ 楚莊王⧄⧄ 魏文矦與田子方語 或謂趙簡子 晉平公春築臺 衛叔孫文子 莊王不野 楚王 ⧄臺 晉 介子
阜陽三号木牘	片面のみに篇題を記す。一号・二号木牘と較べて篇名は短く簡素。「樂論」「智遇」「頌樂」など、《荀子》のような儒家系の篇題が目立つ。	（未　詳）

篇目名	内容・体裁	釈文
銀雀山一号木牘（孫子篇題木牘）	縦二二・三センチ、横四・三センチ。片面五行三段。同墓出土《孫子兵法》の篇題を記す。二個所に総字数を掲げ、おそらく簡冊二編。総篇数は何篇なのか、末尾の「七埶」は篇名なのか、冒頭に書題を標眉したかなど、いくつかの疑問が挙げられる。	〼刑 行〼……九十五　九地 〼〼　軍〼　用間 埶　實虛　火陳 〼　七埶　三千〼
銀雀山二号木牘（守法等諸篇篇題木牘）	縦二二・九センチ、横四・六センチ。片面五行三段。整理小組によって「守法守令等十三編」と名づけられた同墓出土の十数篇の古佚書に対応する。「上扁」「下扁」の意味する所や篇題下の印「┃」の意味などの疑問点が残る。	守法┃　守令┃　兵令 要言┃　李法　上扁 庫法┃　王法┃　下扁　〼 王兵┃　委法┃　凡十三 市法┃　田法
銀雀山三号木牘（論政論兵之類篇題木牘一）	縦二三・三センチ、横四・五センチ。片面六行（？）四段。「論政論兵之類」に分類された諸篇に対応する篇題木牘。高祖の諱「邦」字を避け、恵帝の諱「盈」字を避けない。	持盈 〼〼之國　國之…… 能〼民 將敗　〼〼　〼〼 兵之恆失　效賢　〼〼　〼十章 王〼　爲國之道

篇目名	内容・体裁	釈文
銀雀山四号木牘	縦四・三センチ、横三センチ。片面五行二段。三号木牘と共に「論政論兵之類」に分類された諸篇に対応する篇題木牘。	分士　⧄⧄ 興理 三亂 三危　⧄ 亡理　⧄⧄
銀雀山五号木牘	縦一七・八センチ、横四・三センチ。片面四行三段。「陰陽時令占候之類」に分類された諸篇に対応する篇題木牘。	陰⧄散　⧄言 ⧄⧄　⧄　⧄子 曹氏　禁 ⧄
大通軍律篇目簡	縦約二五センチの木簡。朱國炤氏は、この篇目簡だけで二巻あり、第一巻が第十六篇まで、第二巻が少なくとも第四十五篇までの二十九篇～三十二篇の篇題を収めると推定している。	（一）　（五）　（九）　（十三） （二）　（六）　（十）　（十四） （三）　（七）　（十一）　（十五） （四）　（八）　（十二）　（十六） （十七）　（廿五）　（卅三）　（卌一） （十八）　（廿六）　（卅四）　（卌二） （十九）　（廿七）　（卅五）　（卌三） （廿）　私卒僕養數廿八　从馬數使私卒卅六　車⧄ 首捕虜⧄⧄論廿一　⧄言皆⧄⧄予錢廿九　所毋爲卅七　材官⧄ ⧄虜以尺籍廿二　私車騎數卅　（卅八）　（卌六？） （廿三）　（卅一）　（卅九） （廿四）　（卅二）　（卌）

第二章　劉向新定本の特徴と編集基準

はじめに

前章では、劉向校書以前に流通していた書物の一般的な特徴として、篇章の多寡や序次といった体裁が不安定なために、一書の区画が曖昧になることが多い一方、逆に早くから定本化していた著作群も見出せることを明らかにした。しかし《戰國策》を含む前漢以前の古文献を、劉向以前本の体裁に復元するには、なお劉向がどのような基準にしたがって、書題すらついていないことの多かった従前の書物を整理したのかを明らかにする必要がある。そこで本章では、主として劉向校讐学の全体像をよく捉えている清の章學誠の所説を通して、適宜その不備を批判・補足しながら、劉向の校書基準を解明したい。

第一節　問題の所在

筆者はまず前章において、これまでに発見されている出土文献と既存の伝世文献の双方に見られる特徴を通して、前漢以前（＝二劉校書前）の書物における一般的な体裁上の特徴を明らかにした。その結果をまとめると、以下のようになる。

一、二劉校書前の書物は、書題や篇題を明記しないことが多く、基本的に著者も不明である。

二、二劉校書前の書物は、異本間における篇章の断裂や、その内容・序次の相違が認められ、篇章字句の異同が容易に起こり得た。

三、一枚の帛書や、篇題木牘によって、ひと括りにされる書物は、鈔写者もしくは所蔵者ごとの関心に応じて、一定のテーマに沿って篇章が選定されている。

四、こうした団塊的著作群の中には、劉向の校書以前から定本化していたものもあり、それが劉向の新定本中に、旧貌を残したまま保存されている痕跡が認められる。

五、四のような、早期に定本化した団塊的著作群の方が、定本化して広く共有されていた、もしくは著者や学派ごとのまとまりを有していた可能性はより高まる。

六、四のような、団塊的著作群は、出土文献ではしばしば篇章字句の揺れが大きくなる。ゆえに団塊的著作群は、より多くの異本を参照している劉向の新定本から抽出するのが理想的といえる。

本章では右に示した劉向以前本の特徴を踏まえて、さらに劉向の校書基準を明らかにすることで、今本から劉向以前本への復元の可能性を模索する。

第二節　劉向の書籍整理法検討の重要性

本論に先立って、まず劉向の校書基準を明らかにすることの意義について確認しておく必要があろう。

すでに多くの先行研究によって、現存する先秦古文献の多くが、一時一手に成るものではないこと、その成立過程や内部構造の複雑なことなどが指摘されている。こうした指摘は、右のような出土文献の特徴からも傍証されることとなったが、これでは各種先秦古文献のどこからどこまでが、いつ・どこの・だれの手によって著されたかが判らず、とても史料として活用し得ない。このような古文献混乱の原因は、古くは一般に秦の焚書の禍に帰着されることが多かった。

この焚書の禍は、書物の物理的な量に対して大なり小なり影響を与えたようで、後に司馬遷をして、

> 秦既に意を得て、天下の詩書を焼き、諸侯の史記 尤も甚し。其の刺譏する所有るが爲めなり。詩書の復び見る所以の者は多く人家に藏すればなり。而《しか》るに史記は獨だ周室に藏するのみにして、以ての故に滅ぶ。惜しいかな、惜しいかな。（《史記・六國年表・序》）

と、その資料の少なさと偏りを悲嘆せしむるに至ったのは周知の通りである。しかし書物の体裁面に

おいては、むしろ前漢末の劉向らによる校書事業の方が、遥かに大きな変化をもたらしたとされる。《漢書・藝文志》（以下、《漢志》と略記する）冒頭の総序によると、

成帝の時に至り、書 頗る散亡するを以て、謁者陳農をして遺書を天下に求めしむ。詔して光祿大夫劉向をして經傳・諸子・詩賦を校せしめ、歩兵校尉任宏をして兵書を校せしめ、太史令尹咸をして數術を校せしめ、侍醫李柱國をして方技《ほうぎ》を校せしむ。一書 已《お》はる毎に、向 輒ち其の篇目を條し、其の指意を撮《と》りて、錄して之れを奏す。

と前漢の成帝は《漢書・成帝紀》によれば河平三（前一二六）年）、謁者の陳農に大規模な収書を命じ、併せて詔を下して劉向・任宏・尹咸・李柱國らに、経伝・諸子・詩賦、兵書、数術（天文・暦数・卜筮）、方技（医学）の書の整理をそれぞれ司らせたという。この作業が精緻を極めたことは、劉向の末子 劉歆の《七略》（すなわちその内容を包摂している《漢志》）や、僅かに現存する劉向の序録などによって察することができるが、その詳細を紹介することが本稿の目的ではないので、ここでは姚名達の項目立てを借用して簡単に校書の内容を掲げるに止めておく[1]。

【広羅衆本】――広く中（宮中の祕府）・外（官府・官僚個人・民間）の蔵書を網羅的に収集。

【互相補充、除去複重】――集めた異本から相互に内容を補充して完足本を作り、残った重複部分を除去した。ただし、重複していても内容・用字に一定の差違があるものは棄てずに残した[2]。

【条別篇章、定著目次】―篇章の序次を定め、定本化して目次を作成。

【讐校訛文脱簡、写定正本】―異本を対校して字句を正し、錯簡・脱簡を修正した。俗字の正規化も行われ、これを防腐処理（殺青）を施した簡冊に清書した。

【命定書名】―それまで書名が無かったり一定していなかった書物に、新定本作成を機に新たに定名を付けた。

この劉向の校書を経て、それまでの書物の体裁は一変したという。たとえば、武内義雄は次のように述べている。

西漢時、老子の經本は、今本と字句の出入あるのみならず、章次を殊にせるものありて、西漢と魏晉間に於て大改定の施されたるを想像せざるを得ず。而して余の想像を以てすれば、この改定は劉向校書の際にあるべし。凡そ劉氏の校定は、單に文字の誤謬を正したるに止まらずして、從來傳へ來たれる異本をあつめて、其の重複を除き編纂を新たにせるものにして、獨り老子のみならず、多くの古典は劉氏校定の新書と、未校定前の舊書とは、甚だしき相違あるあり。3

武内氏の主張が妥当であるとすれば、当然、劉向の校書の内容や方針を明らかにし、それを踏まえて劉向以前の古本の体裁を考えるのでなければ、中国古文献を用いた研究は成り立たないはずである。しかし、一方でこれとは全く逆の立場の主張として、古勝隆一氏は劉向新定本の影響を否定的ないし限定的に捉える新たな見解を提示している。

思うに、劉向の整理を經た書籍はすべて皇室の所有となった。しかも前漢末から後漢にかけての時期、その轉寫本が臣下に對して頻繁に下賜されたり貸與されたりする事はなく、また學者が宮廷の圖書館に自由に赴いて閲覽することもなかった。このように考えると、「敍錄」を附した劉向校定の書籍が民間に廣く流通し、ひいては當時學界に流通していたその他の傳本を驅逐し面目を一新するほどの影響力を及ぼしたわけではあるまい[4]。

ここで問題となるのは、まず劉向新定本の普及の是非について、さらに劉向の新定本と既存の伝本の差違についてである。劉向の校書を考える上で看過できない重要な問題であるから、ここで若干の背景について触れておくことにしたい。

《漢書》の撰者 班固の伯祖父の班斿は、前漢末に劉向と共に校書にあたったメンバーの一人である。だが、班斿について特筆すべきは、一書の校定を卒《お》えて新定本を奏上するごとに、彼が詔を受けて奏上した書物について成帝に進講し、その褒賞として新定本の副本を下賜されていることが《漢書・敍傳》に見えることである。

（班）斿、博學にして俊材有り…劉向と祕書を校す。奏事する毎に、斿 選を以て詔を受け、羣書を進讀す。上《しょう》其の能を器とし、賜ふに祕書の副を以てす。

当然ながら、同一書物の進講が二度も三度も繰り返し行われることはあるまい。したがって、班斿の劉氏新定本の進講、および副本の下賜は、基本的に初校本が対象となることがほとんどだったはずである。つまり、班氏家蔵劉氏新定本の大半は、校書後年の成果が反映されていなかったはずである。これが《別録》・《七略》（以下、両者を略して「録略」と呼ぶ）・《漢志》が、しばしば齟齬を来《きた》している原因だと筆者は考える。問題は班氏家蔵本が、どの程度流布したかである。その点について、さらに掘り下げてみよう。

班斿の族子で、班固の父でもある班彪（後三〜五四）の頃には、班斿が下賜された副本の借閲を願って、遠方より好古の士が競って班氏の門に集まったという。その中には揚雄・桓譚（?〜後五六）らの名も見える。

（班）彪、字は叔皮、幼くして従兄嗣と共に遊學す。家に賜書有り、内は財に足り、好古の士、遠方より至りて、父の黨揚子雲以下、門に造《いた》らざるもの莫し。

このうち桓譚については「老・嚴（莊子。後漢の明帝の諱を避けて「嚴」字に改められている）」の書の借閲を班斿の子の班嗣に求めて断られた経緯が記されているが、桓譚《新論》の佚文を検《しら》べてみると、明らかに劉向父子の録略を参照した形跡が窺える。

若し其れ小說家《しょうぜいか》[5]の叢殘小語を合はせ、近くは譬論を取りて以て短書を作り、身を治め家を理《をさ》むれば、觀るべきの辭有らん。（《文選・巻三十一・江文通雜體詩》李善注所引、桓譚《新論》）

たとえば、上掲の唐の李善所引《新論》の一節は、小説家の余計な雑草のようなつまらない言説でも、寄せ集めれば観るべき言葉はあるという意で、《漢志・諸子略・小説家者流・大序》の「孔子曰く、小道と雖も、必ずや觀るべき者有らん、と」の一節が念頭にあることは明白である。このほかにも、

易は一に曰く《連山》、二に曰く《歸藏》、三に曰く《周易》。《連山》八萬言、《歸藏》四千三百言。《古文尚書》、舊《もと》四十五卷有りて、［五］十八篇と爲す。《古袟禮記》、五十六卷有り。《古論語》二十一卷あり、［（齊・魯と）文字 異なる者、四百餘字。］《古孝經》、一卷二十章一千八百七十二字あり、今 異なる者、四百餘字[6]。（《太平御覽・卷六〇八・學部・敍經典》所引《新論》）

とあって、錄略に触れていなければ出て来得ない情報が散見する。特に「今（文）異者四百餘字」が劉氏校書由来の情報であることは疑いあるまい。桓譚は、揚雄や劉歆とも親交のあった人物だが、彼が劉氏錄略や新定本を閲覧していたことはどうやら確実なようだ。

また、やや降って後漢の王充（二七～九二）も、班氏家蔵の劉向新定本の副本を借閲した可能性が高い。王充は、洛陽の太学に学び、班彪に師事しているが（《後漢書・王充傳》）、（同左・李賢注所引）

謝承《後漢書》に「班固、年十三にして、王充、之れに見え、其の背に拊きて彪に謂ひて曰く、『此の兒、必ずや漢事を記さん』」とあることから、班固（三二～九二）の年齢から逆算して、後漢光武帝の建武二十年（後四四）頃に班彪の家に出入りしていたのではと思われる。この時に閲覧し得た劉向新定本や錄略が、後年《論衡》を著す際の血肉になる。《論衡・案書篇》に、

六略の錄、萬三千篇。盡くは見ずと雖も、指趣知るべし。略《おほむ》ね義に合はざる者を借り、案じて之れを論ぜん。

とある。《漢志》六略の総目は「萬三千二百六十九巻」。「不合義者」も、劉氏序錄においてしばしば問題にされる「六經の義理」に対する合否のことで、これまたある程度の数の錄略に目を通していないと述べ得ない一節である。余談だが、一般に異端とされる王充が、劉氏錄略で六經の義理に合わないと論評されているものを中心に「論」を展開していると述べていて、劉氏新定本や錄略が基準として設定されていることは興味深い。

ともあれ、このように班氏家蔵劉氏新定本の影響力は否定すべくもない。また班固が後年、校書郎・蘭臺令史となり、白虎観会議にも参与していることは周知のことであり、班氏父子が《漢書》を撰述するにあたって、劉向・劉歆父子の著述にかなり依拠していることも、楊樹達氏が考証している通りである[7]。

今本との体裁的な差異については、すでに多くの出土文献が劉向校書以前の書物の雜駁さを充分

に物語っている。前章でも言及した、郭店楚簡の《老子》丙本と《太一生水》や、銀雀山漢簡《守法等諸篇》なども、その一例として挙げられよう。それらの雑駁かつ断片的な書物が、いかにして一定の形におさまったのかを説明するのに、今のところ劉向の校書以外の要因を見出すことは極めて難しい。その意味で古勝氏の「前漢時代において書物は固定的なものではなく常に流動的で、容易に増補、改變されるような性質のものであった」という指摘は首肯されるところだが、それだけに劉向新定本の影響を否定する場合、各種古文献の体裁が、どのようにして今日のような構成に定着したか、論及されていなければならない。この点について古勝氏は、未だ充分な代案を提示していない。

このように、劉向の校書事業全容の検討は、先秦古文献を扱う上で不可避の課題であるといえる。ところが、従来の研究では、その全体像の把握が不充分で、個々の古文献に必要な最小限度の《漢志》や錄略の文を援引するに止まっている。前章において明らかにしたように、出土文献は出土例ごとに篇章字句の揺れ幅が大きく、そこから得られる情報を、時間的・地域的な意味で、どこまで適用可能なのかについては、細心の慎重さが求められる。先秦時代の歴史や思想について、より概括的に取り上げ、汎用性の高い史料を求めるのであれば、結局のところ、劉向の校定を経た今本を軸とすることがいちばんの近道ではなかろうか。先秦古文献を扱った研究には、武内氏が指摘するように、「先づ劉氏校定の原形を考へ、更にまた劉向未校以前の舊形を考へる必要がある」と考える[8]。それにより、古文献中のどこからどこまでが、いつ・どこの・だれによって著されたのか考える足掛かりが始めて得られる。なお、同じ出土文献でも、古佚書については、原則として上述の限りではないが、それでも劉向父子の校書基準の全容から古態を考える意義は、決して小さくないだろう。

第三節　章學誠の劉向校讐学説

これまでに劉向の校書について研究した先学は幾人もいるが、中でもとりわけその要粋に迫っているのは清の章學誠である。本節では章學誠の劉向校讐学説を通して、劉向の校書基準を明らかにする。

章學誠（一七三八～一八〇一）、字は實齋、紹興の人。一般に浙東史学の流れに帰属される、この史学者は、同時期の戴震・段玉裁・二王（王念孫・王引之父子）ら声音訓詁の考証学的学風と比べると、明らかに異色の存在であるが、主として《漢志》を通じて劉向父子の校書の要を得ること、思うに歴代随一の人物である。その劉向校書の要粋を明らかにした著作として《校讐通義》があるが、この書は「六經皆史」説で著名な《文史通義》とも相表裏しており、両者を切り離しては扱えない。劉向・劉歆父子の校書の基本方針を理解する上で、この章學誠の学説は欠かせないが、彼が《漢志》に対して見出した要諦は、《校讐通義》冒頭の次の一条に尽きる。

> 校讐の義は、蓋し劉向父子の部次條別し、將に以て學術を辨章して源流を考鏡せんとする自り、深く道術の精微を明かにして、羣々の得失の故を言ふに非ざる者は、此れに與《くみ》するに足らず。

この章學誠が主張する「學術を辨章して源流を考鏡す」をはじめとする劉向父子の校書の要粋は、

すでに内藤湖南（一八六六～一九三四）や孫徳謙（一八六九～一九三五）らによって、要約もしくは敷衍されているが、本章においては《戰國策》を劉向以前の状態に復元せしめる目的から、以下の諸説を特に重視する。

①以人類書説
②互著・別裁説
③九流出於王官説
④古時官師合一説

細かく四つの説に分けてはいるが、①・②と③・④は相互に密接な関係にあり、前半を「辨章學術」の要素、後半を「考鏡源流」の要素というように、これを二つに大別することも可能である。

以人類書説と互著・別裁説

まず①の以人類書説と②の互著・別裁説から見てみよう。この説は《校讐通義・漢志兵書》や《同・互著》・《同・別裁》などに見える説である。

大抵、《漢志》の疎きは、人を以て書を類して、書を以て人を類すること能《あた》はざるに由るなり。

（《校讐通義・漢志兵書》）

章學誠はこのように《漢志》の咎として、「人を以て書を類」する点を挙げ、具体例として《新序》・《説苑》・《世説》・《列女傳》を内包する「劉向所序六十七篇」、《太玄》・《法言》・《樂》・《箴》を内包する「揚雄所序三十八篇」（以上六藝略・儒家者流。ただし「揚雄所序」は班固が補った書であり、劉歆《七略》にはなかったともされる）、《謀》八十一篇・《言》七十一篇・《兵》八十五篇を内包する「太公二百三十七篇」（諸子略・道家者流）などを挙げる。「以人類書」傾向については、余嘉錫も《古書通例》において、これを「後世の文集」のようなものとして説明しているが、章學誠はこれを《漢志》（《七略》）による分類としている。実際、章學誠が基づいたと思しき記述として、《漢志・術數略・大序》に、

史官の廢るること久し。其の書、既に具はること能はず、其の書有りと雖も其の人無し。

とあって、兵書略までは「人」ごとに書物をまとめ得ていたのが、術數略より、家祖たる人物をたどる手掛かりがつかめなくなったことを劉向父子が嘆いている節が認められる。

すでに前章で明らかにしたように、劉向以前に流通していた書物は、特定の書名を持たず、篇章字句が不安定でありながら、一方で往々**一定の主題に沿って篇章が集められている**という、共通の特徴を持つ。劉向の言葉を借りて換言するなら、「**類を以て相從はしむ**（**以類相從**）」といったところだろう。馬王堆帛書群がその代表的な例として挙げられるが、中には人物本位で「類を以て相從はし」

めた例もある。たとえば、馬王堆帛書《戰國縱横家書》の第一類（第1～14章）の諸章は、蘇秦が燕王や齊王に対して宛てた書簡や奏議の形で一貫している。こういった例は、「蘇子」（諸子略・縱横家者流）という器に編入し得る。また、銀雀山・定州八角廊両漢簡における《六韜》残簡も、その内容が概ね周の文王・武王と太公望の問答で構成されていることから、ほかの太公望の問答や論説と共に、「太公」（諸子略・道家者流）という器に編入することができる[9]。ただし、《戰國縱横家書》第一類については、同時に戦国時代の燕・齊国別の説話集と見なすことも可能であり、その意味では、「國別」にまとめられた「戰國策」（六藝略・春秋家）にも同時に編入しうる点に注意を要する。このような場合は、この後に述べる互著・別裁説の考え方から、《蘇子》と《戰國策》の両方に保存した可能性も考慮に入れねばならない。

なお、「以人類書」と言う場合の「人」とは、必ずしも著者を意味しない。そのことは《漢志》の小注や、錄略にしばしば「不知作者」、「似依託者（迂誕依託）」、「後世所加」などとあることによっても分かる。そもそも、前章でも論じたように、前漢以前の書物は著者が明記されないのが通例である。著者が分からない著作が多くを占めるのは、劉向父子にとっても現在の我々と大差ない。

では、劉向父子の言う「人」とは、何を意味するのだろうか。《漢志》では、各略各家の末尾で、「凡易十三家、二百九十四篇」、「右儒五十三家、八百三十六篇」、「右賦二十家、三百六十一篇」のように、著録されている書物の総数を「凡幾種」「凡幾部」と言わずに「凡（右）幾家」と称して掲げている。この「家」は、「一家の学」「一家言」という場合の「家」の意味で、端的にいえば学派を意味している。この「家」（もしくは「家學」「家法」）について、章學誠の学問を継承・批判する余嘉錫は次のように説明している。

其れ所謂「家」とは、必ずしも是れ一人の著述ならざるなり［「家」とは父子・師弟を合せて之れを言ふ…］。父は之れを子に傳へ、師は之れを弟に傳ふれば、則ち之れを「家法」と謂ふ。六藝・諸子皆な同じ。故に學に「家法」有り。師説を稱述する者は、卽ち一家の中に附す。…《儒林傳》中の「某は某經を以て某に授け、某又た某に授け、是れ繇《よ》り某某の學有るなり」の如し。其れ間々家を成す者有り、家を成す能はざる者有り。（《四庫提要辯證・子部・法家類・管子》）

この余嘉錫の説明にもあるように、「家」は「家法」（もしくは「家学」）――すなわち一個人というよりも、父子・師弟を巻き込んだ「一家の学」を意味している。（劉向父子の校書事業では、「家」名はそのまま書名となるわけだが、その名は当該家学の学祖の名より取った。諸子書の書名が、学祖の名をそのまま冠しているのは、その名残りである。）たとえば《孫卿子序錄》（荀子序錄）には、荀子のほかに李斯・韓非・浮邱伯という門弟の名が挙げられているが、劉向は彼らも含めた荀子学派の文集という意味で「孫卿子」（諸子略・儒家者流）という器を用意した。ただ、「孫卿子」の場合、韓非のように、さらに分派して一家の学を成す者がおり、その場合には「韓子五十五篇」（諸子略・法家者流）のように、分派した「家」に対しても別に器を設けた。後世、先秦諸子の著作が一般的に「某子学派の文集」と説明されるようになった最たる要因は、この劉向の「家」――「以人類書」という方針にあると言っても過言ではあるまい。もちろん、《荀子・非十二子》・《韓非子・顯學》・《莊子・天下》に見られるような学派間の対立の痕跡は確かに存在するし、劉向の方でも何らの根拠もなしに「家」（学派）という概念を突如 創出した訳でもあるまい。しかし、「家」が劉向によって後代的に設定された概念である以上、今日我々が「某子学派の文集」として見なしている著作の中に、学派とは無縁・没交渉な著作が混在している可能性にも充分留意しておく必要があろう。

さて、韓非が荀子学派の門徒であるのと同時に独自に一家言を成したと述べたが、実際に「家」の帰属先の線引きを、現在の出土文献に対して行おうとすると議論百出で容易には定説を見ないだろう。馬王堆帛書《戰國縦横家書》が六藝略・春秋家の《戰國策》に帰属させるべきか、諸子略・縦横家者流の《蘇子》に帰属させるべきかで議論があることもその一例である。こうした課題を劉向も同様に抱えていたであろうことは容易に想像できよう。この課題について、劉向は章學誠のいう互著・別裁の手法をもって解決した。

互著・別裁説というのは、ある書物の内容が、学術的に複数の「家」に跨ると判断される場合、同一の書物を同時に複数の「家」に著録することをいう。このうち、同一書物の互見を「互著」と言い、一書中の一部分だけを別出することを「別裁」という。孫徳謙《漢書藝文志舉例》に章學誠の説を承けた、《別裁例》・《互著例》の二章があるが、たとえば別裁の例については、「（禮）記百三十一篇」から別出した「中庸說二篇」（いずれも六藝略・禮家）、同じく「（禮）記百三十一篇」から別出した「孔子三朝七篇」（六藝略・論語家。今は《大戴禮記》の一篇）、「筦子八十六篇」（《管子》に同じ。諸子略・道家者流）の一篇である「弟子職一篇」（六藝略・孝經家）といった例が挙げられている。また、互著の例については、「商君二十九篇」（諸子略・法家者流）と「公孫鞅二十七篇」（兵書略・兵權謀家）、「尉繚二十九篇」

（諸子略・雑家者流）と「尉繚三十一篇」（兵書略・兵形勢家）のような、諸子略と兵書略の間にしばしば散見される例が挙げられている（【表一】参照）。

【表一】《漢書・藝文志》互著例（※数字は篇数）

諸子略・儒家者流	《景子》3	↓	兵書略・兵形勢家	《景子》13
諸子略・儒家者流	《公孫尼子》28	↓	諸子略・雑家者流	《公孫尼》1
諸子略・儒家者流	《孟子》11	↓	兵書略・兵陰陽家	《孟子》1
諸子略・道家者流	《伊尹》51	↓	諸子略・小説家者流	《伊尹説》27
諸子略・道家者流	《鬻子》22	↓	諸子略・小説家者流	《鬻子説》19
諸子略・道家者流	《力牧》22	↓	兵書略・兵陰陽家	《力牧》15
諸子略・道家者流	《孫子》16	↓	兵書略・兵権謀家	《齊孫子兵法》89＋図3
諸子略・法家者流	《李子》32	↓	兵書略・兵権謀家	《李子》10
諸子略・法家者流	《商君》29	↓	兵書略・兵権謀家	《公孫鞅》27
諸子略・縦横家者流	《龐煖》2	↓	兵書略・兵権謀家	《龐煖》3
諸子略・雑家者流	《呉子》1	↓	兵書略・兵権謀家	《呉起》48
諸子略・雑家者流	《五子胥》8	↓	兵書略・兵技巧家	《五子胥》10＋図1
諸子略・雑家者流	《尉繚》29	↓	兵書略・兵形勢家	《尉繚》31
諸子略・小説家者流	《師曠》6	↓	兵書略・兵陰陽家	《師曠》8

この互著・別裁において重要なのは、こうした（同工異曲を含む）同等内容の著述が複数の書物間において互見する事象であって、右に挙げた個別の互著・別裁例それ自体ではない。というのも、こうした同等内容の互載は、書物レベルに限らず、篇章レベルにおいても潜在的に多数看取されるためである。たとえば、《韓非子・飭令《ちょくれい》》と《商君書・靳令》、《呂氏春秋・十二紀》と《禮記・月令》、《管子・九主》と《鬼谷子・符言》、《大戴禮記・保傅》と《賈子新書・保傅》《傅職》《胎教》《容經》、《商君書・更法》と《新序・善謀》および《戰國策・趙策二・武靈王平晝間居》、《韓非子・初見秦》と《戰國策・秦策一・張儀說秦王》等々、枚挙に暇がない。このほか、《說苑》と《新序》間に互見章が多数見られるほか、後述の《晏子・外篇・重而異者》の例もある。こうした篇章レベルの互載例について、さきの孫德謙は、これを劉向が該当する「家」の学説保存のために、重複と知りつつ、故意に削らなかったのだと説明する[10]。

《韓非子・飭令篇》と《商君書・靳令篇》は、文甚だしくは出入すること無く、向乃ち兩《ふたつ》ながら之れを存せり。其の復重を言ふを聞かざる者は則ち何ぞや。向の校讐の例は、復重すれば固より刪に就く所に在り。倘《も》し兩家の書と爲し、而《しか》も《商》・《韓》の又た倶に法に長ずれば、明かに其の復重を知ると雖も、則ち之が爲めに妄りに刪るを欲せず。此れ殆んど仍《な》ほ其の「敢へて遺失せざる」の意を抱く。凡そ事は一概もて論ずべきに非ず、校讐も亦た是くの若きなり。…諸《およ》そ此くの如きの類ひは、正に向の學術の源流に洞然たること、尤も復重・互載を以て之れ

を議するを得ざらむ。（孫德謙《劉向校讐學纂微・刪復重》）

ここで孫德謙が言う「敢へて遺失せざるの意」とは、劉向の《晏子序錄》の以下の一節を援引したものである。

又た復重すれども、文辭頗る異なるもの有れば、敢へて遺失せず、復た列して以て一篇と爲す。又た頗る經術に合せざるもの有りて、晏子の言に非ざるが似《ごと》く、疑ふらくは後世辯士の爲りし所の者ならん。故に亦た敢へて失はずして、復た以て一篇と爲す。（《晏子序錄》）

今本《晏子》には、外篇として《重而異者第七》と《不合經術者第八》の二篇があり、就中《重而異者第七》には、内篇に対応する類似章が多数ある。このような「文辭頗る異なる」篇章について、劉向は極力保存に努めている。

章學誠が、以人類書説と互著・別裁説を通して指摘している、人物を軸とした書籍整理と、重複互見も敢えて刪去しないという方針は、前章において明らかにした、劉向以前本の実状を彷彿させる。逆に言えば、劉向以前本の通例として、書題を明記せず、書き手も不明瞭であった以上、劉向としては旧来の書物や学術保存の観点から、右のような方法を採らざるを得なかったのだろう。《漢志》に著録されている古文献の多くが亡佚してしまったとはいえ、依然、多数の先秦諸子の書が今に伝わっているのは、劉向の定著の功によるところが大きい。

ところで「家」には、学派という側面とは別に、学統という面もある。劉向の序録や《別錄》を仔細に検討すると、家学の源流を系譜的に遡及した跡が窺える。特にそれが顕著に残っているのは、やはり何といっても六藝略中の六経の類いであるが、これは漢代において早くから学官としての地位を形成してきたことに由来するもので、おそらく劉向が序録を撰定した時点からすでに、情報量は他の五略（諸子略・詩賦略・兵書略・術數略・方技略）を圧倒するものであったと思われる。なお、ここでいう六経の学統とは、具体的には劉向の序録もしくは《別錄》を祖述していると思われる、《漢書・儒林傳》および《經典釋文・序録》中に見える、前漢以前の伝述系譜を指す。《經典釋文・序録》に見える《左傳》の伝述系譜が、《春秋序》正義所引《別錄》の先秦期伝述系譜と《漢書・儒林傳》の前漢期伝述系譜を併せたような形になっているが、つまるところ これは《漢書・儒林傳》や《經典釋文・序録》に見える前漢以前の伝述系譜が劉向の序録もしくは《別錄》に由来することを意味している（左表参照）。

これは何晏の《論語集解序》に「漢の中壘校尉 劉向 言す《まう》」として始まる《論語》の伝述過程が《漢志》と《經典釋文・序録》に同じような文が見えていることによっても傍証され、《七略別錄佚文》の姚振宗も「《釋文序錄》の載する所の七經の流別は、蓋し其の體に倣ひて小しく之れを變ぜし者なり」（《七略別錄佚文序》）としてこれらを《別錄》の佚文として輯録している。ちなみにこの伝述系譜のうち先秦にかかる部分は単線的な系譜になっていることでも推しはかれるように、劉向が遡及的に作成した系譜であって真偽のほどは定かではない。ただやはり全く根拠なくして作成した訳でもないらしく、たとえば《左傳》の伝述系譜の基本部分が《史記・十二諸侯年表序》に依拠していることは両者を対

左傳伝述系譜	左丘明—曾申—吳起—吳期—鐸椒—虞卿—荀子—張蒼—賈誼—（賈嘉）—賈公—賈長卿—張禹（張敞）—尹更始—尹咸・翟方進—劉歆 尹更始—胡常—賈護—陳欽—王莽
《春秋序》正義引《別錄》	**左丘明授曾申、申授吳起、起授其子期、期授楚人鐸椒。鐸椒**作抄撮八卷、**授虞卿。虞卿**作抄撮九卷、**授荀卿。荀卿授張蒼。**
《漢書・儒林傳》	漢興、北平侯**張蒼**及梁太傅**賈誼**、京兆尹張敞、太中大夫劉公子皆修《春秋左氏傳》。**誼**爲左氏傳訓故、**授趙人貫公**、爲河間獻王博士、**子長卿**爲蕩陰令、**授清河張禹**長子。**禹與蕭望之同時爲御史、數爲望之言《左氏》、望之善之**、上書數以稱說。後望之爲太子太傅、**薦禹**於宣帝、**徵禹待詔、未及問、會疾死。授尹更始、更始傳子咸及翟方進・胡常。常授黎陽賈護**季君、哀帝時待詔爲郎、**授蒼梧陳欽**子佚、以左氏授王莽至將軍。而**劉歆從尹咸及翟方進受。由是言《左氏》者本之賈護・劉歆。**
《經典釋文・序錄》	**左丘明**作《傳》以**授曾申。申傳**衞人**吳起。起傳其子期。期傳楚人鐸椒。椒傳**趙人**虞卿。卿傳**同郡**荀卿**名況。**況傳**武威**張蒼。蒼傳**洛陽**賈誼。**〔誼傳至其孫嘉。〕〔嘉〕**傳趙人貫公。貫公傳其少子長卿。貫長卿傳**〔京兆尹張敞及〕侍御史**張禹。禹數爲御史大夫蕭望之言《左氏》、望之善之、薦禹、徵待詔、未及問、會病死。禹傳尹更始。更始傳其子咸及翟方進・胡常。常授黎陽賈護。護授蒼梧陳欽。**〔《漢書・儒林傳》云、「漢興、北平侯張蒼及梁太傅賈誼、京兆尹張敞、太中大夫劉公子皆修《春秋左氏傳》。」〕始**歆從尹咸及翟方進受《左氏》。由是言《左氏》者本之賈護・劉歆。**

照させることによって判る。おそらくはこれ以外の異伝なども勘案の上、伝述系譜を作成していったのだろう。

魯の君子 左丘明、弟子の人人ごとに端を異にし、各々其の意に安んじて、其の眞を失ふを懼る。故に孔子の史記に因りて具さに其の語を論じ、《左氏春秋》を成す。鐸椒、楚威王の爲めに傳し、為王 盡くは《春秋》を観る能はざれば、成敗を采取して、四十章に卒へ、《鐸氏微》と爲す。趙の孝成王の時、其の相虞卿 上は《春秋》を采り、下は近勢を觀、亦た八篇を著して、《虞氏春秋》と爲す。…漢の相 張蒼は曆譜五德、上大夫董仲舒は《春秋》の義を推し、頗る文を著せり。

（《史記・十二諸侯年表序》）

六経の場合に比べれば遥かにささやかながら、諸子の場合においても前掲《荀子序録》のように、やはり学祖までの学統遡及の例が見られる。ただ、姚振宗も「大抵、六藝の傳記は、則ち上は孔子に遡り、諸子以下は各々詳しく其の官守を稽へ、皆な一一師承の授受、學術の源流を言ふ」（《七略別錄佚文序》）と言っているように学統の遡及という意味では、諸子の場合はむしろ次の九流出於王官説の方が重要な要素になっている。

九流出於王官説と古時官師合一説

③の九流出於王官説と、④の古時官師合一説は、イデオロギー上のバックボーンに当たるが[11]、劉向が校書時の器（もしくは受け皿）として用意した、人物ベースの書名が必ずしも無方針に命名されたものではなく、全体としての大系を有していたことを裏づける意味でやはり重要な説である。《漢志》における「家」は、諸子略においては、その上位の枠組みにあたる「流」と呼ばれる“学統”の中に包括される。③の九流出於王官説の「九流」とは、いくつもの「家」を包括する、**九つの学統**のことをいう。具体的には**儒家者流**・**道家者流**・**陰陽家者流**・**法家者流**・**名家者流**・**墨家者流**・**縦横家者流**・**雑家者流**・**農家者流**の**九流**である。そして九流出於王官説とは、以下に掲げる《漢志・諸子略》の各家末尾の小序中に記載されている、九流十家（諸子）の淵源は古えの王官に由来すると説いている部分を指している。

> 儒家者流は、蓋し**司徒の官**より出づ。人君の陰陽を順はしめて教化を明かにせしむるを助くる者なり。
>
> 道家者流は、蓋し**史官**より出づ。成敗・存亡・禍福・古今の道を歴記し、然る後に知要を秉り本を執り、清虚以て自ら守り、卑弱以て自ら持するを知らしむ。此れ君人南面の術なり。
>
> 陰陽家者流は、蓋し**羲和の官**より出づ。敬んで昊天に順ひ、日月星辰を歴象し、敬んで民時を授く。
>
> 法家者流は、蓋し**理官**より出づ。賞を信にし罰を必し、以て禮制を輔く。
>
> 名家者流は、蓋し**禮官**より出づ。古者は名位同じからずして、禮も亦た數を異にす。

墨家者流は、蓋し**清廟の守**より出づ。
従《ママ》横家者流は、蓋し**行人の官**より出づ。
雑家者流は、蓋し**議官**より出づ。
農家者流は、蓋し**農稷の官**より出づ。
小説家者流は、蓋し**稗官**より出づ。

この《漢志》の九流出於王官説を世に広めたのは、清末の章太炎（一八六九〜一九三六）だが、これを最初に詳説したのは、ほかならぬ章學誠である。この説の是非については、胡適が「九流不出於王官論」[12]を著して、《漢志》（すなわち劉歆《七略》）以前に、諸子を九流に分類したり、果てはそれを王官に帰着させるような説を見出せないことなどから、この九流出於王官説は劉歆の謬説から出たものだと批判している。九流出於王官説が、必ずしも史実を反映したものでないという点、およびこの説が劉歆（というより劉向・劉歆父子）から出ているという点については[13]、胡氏の指摘する通りであろう。しかし、九流出於王官説が、二劉の校書基準に関わる軸となっているという側面について等閑されている点は、二劉校書がそれまでに流布していた本に対して、いかなる基準にもとづき、いかなる変化をもたらしかを窺うという、極めて重大な意義が蔑《ないがし》ろにされていると言わざるを得ない。

「某家者流は、蓋し某官より出づ」という、九流出自の説明について、章學誠は、

此の数語もて之れを窺ふに、劉歆は蓋し深く古人の官師合一の道を明かにし、而して以て私

門の初め著述無きの故を知るなり。（《校讐通義・原道第一》）

と言っており、古えの世では「官師合一」（政教一致）が基本であって、私家の著述は無かったことを論じているが、これが④の古時官師合一説である。「私門」に「初め著述無」かったことについては、《文史通義》にも、

> 古人の言は、公けの爲めにする所以なり。未だ嘗て文辭を矜《ほこ》りて、私據して己れが有と爲さざるなり。（《文史通義・言公上》）

と見える。章學誠が《文史通義》の冒頭で「六經皆史」を唱えたことは有名だが、章學誠のいう「史」は、いわゆる「經（儒教の經典）」に対する「史（歴史書）」というよりも、むしろ公けの記録を意味していると言った方がその真意に近い。《言公上》の文で、古えは「公」のために文を書いて「私」のためにはしなかったと章學誠は言うが、この「公けの爲め」の「言」がすなわち「史」である。彼によれば、古えは政教一致であって、教典としての六経と政治制度としての「王官」が密接不可分な関係にあった。ところが、それが戦国時代になると「官司 職を失ひ、師弟 業を伝へ」（《校讐通義・原道》）て私家の著述が盛んに行われるようになり、かくして「王官」が「九流諸子」という形に分裂・派生したのだという。これが③九流出於王官説と④古時官師合一説の基本的な主旨である[14]。

ここで注意を喚起しておきたいのは、この「王官より出づ」説が、必ずしも九流諸子に止まらず、

実は《漢志》全体に通底していることである。

古えは**采詩の官**有り。王者の風俗を観、得失を知りて、自《みづか》ら考正する所以なり。（六藝略・詩家）

古えの王者は世〻**史官**有り。君擧へば必ず書し、言行を愼しみ、法式を昭かにする所以なり。**左史**は言を記し、**右史**は事を記す。事は《春秋》と爲り、言は《尚書》と爲る。帝王 之れに同じうせざること靡し。（六藝略・春秋家）

古者は八歳にして小學に入る。故に**周官の保氏**は國子を養ふを掌り、之れに六書を教ふ。（六藝略・小學家）

古者は**諸侯・卿大夫**、鄰國に交接するに、微言を以て相感じ、揖讓《ゆうじょう》の時に當っては、必ず詩を稱して以て其の志を諭へり。蓋し以て賢不肖を別ちて盛衰を観るならん。（詩賦略）

兵家とは、蓋し**古えの司馬の職**より出づ。**王官**の武備なり。（兵書略）

數術とは、皆な**明堂・羲和・史卜の職**なり。史官の廢さること久し。其の書、既に具《そな》はる能はず。其の書有ると雖も、而《しか》るに其の人無し。（術數略）

方技とは、皆な生生の具にして、**王官の一守**なり。（方技略）

このように、諸子略に止まらず、《漢志》を通じて散見する王官だが、《漢志》全体の構造から振り返ってみると、《周禮》を下敷きにしている感が強い。すなわち、《漢志》の基軸となっている六略・六藝は、《周禮》の六官が意識されているのではないか。経書の中でも、ある種、理想像的な官制モデルを提示している《周禮》は、図書目録のモデルとしても極めて有効だったことになる。実際、《周禮》の叙官部分が目録的であることは説明するまでもあるまい。そもそも、《漢志》に「王官」なるものが登場し、また六藝略・小學家の小序において「周官の保氏は國子を養ふを掌り、之れに六書を教ふ」と明記していること自体が《周禮》の影響を窺わせるものである。《七略》が六部分類の体裁を持ち、その最上位に置かれる六藝略が、「五經」ではなく「六藝」とされていることも、《周禮》の六官的イメージを強く彷彿させられる。（必ずしも「六經」を意味する訳ではないが、《周禮・地官司徒・保氏》では士大夫が修めるべき六つの素養である、禮・樂・射・御・書・數を総称して「六藝」と言っている）。

「六官」を軸とした官制モデルを持つ《周禮》で、「六」という単位が特別重視されていることは多言を要しまい。だが、その一方で《漢志・諸子略》の「九流」に対応する「九」という単位については、いささか説明を要しよう。すでに劉向以前に司馬談の「六家」（陰陽家・儒家・墨家・名家・法家・道家）という先行事例があるのにも関わらず、それを棄ててまで「九流」としたからには、現実的・実務的な都合とは別に理由があったと考えるのが自然である。《周禮》では《夏官司馬・職方氏》に見える九州説や、「九畿」「九貢」「九賦」「九式」「九功」「九税」「九禮」「九牧」「九禁」「九戎」など、「九」を単位とした制度や成語が多く散見するが、これは何も「九」に限ったことではない。司刺は三刺・三宥・三赦の法を掌る」（《秋官司寇・司刺》）、「五家を比と爲し…五比を閭と爲し…五族を黨と爲し…五黨を州と爲し…五黨を鄉と爲」す（《地官司徒・大司徒》）、「五人を伍と爲し、五伍を兩と爲し…五卒を旅と爲し、五旅を師と爲し、五師を軍と爲」す（《地官司徒・小司徒》）など、他の数を基本単位としている制度や成句の例も同様に散見することから、安易に《周禮》において「九」が特別な数であったと結論づける訳にはいかないのである。しかしながら、「宰夫の職は、朝を治むるの法を掌り、以て王及び三公・六卿・大夫・群吏の位を正す」（《天官冢宰・宰夫》）、「王、三公・六卿の爲めに錫衰し、諸侯の爲めに緦衰し、大夫・士の爲めに疑衰す」などとあるように、《周禮》の官僚機構は「三公・六卿」を王官の幹部に据える構想も有している。さらに、これが《漢書・百官公卿表》では、

夏・殷は聞を亡《うしな》へども、周官は則ち備はれり。天官冢宰・地官司徒・春官宗伯・夏官司馬・秋官司寇・冬官司空、是れを六卿と爲し、各々徒屬・職分有りて百事に用ふ。太師・太傅・太保は、是れ三公と爲し、蓋し天子に參じ、坐して政を議し、總統せざること無し。故に一職を以て官名と爲さず。又た三少を立ちて之れを副と爲し、少師・少傅・少保もて、是れを孤卿と爲す。六卿と九と爲すなり。

と、三少（孤卿）と六卿とを合わせて九卿とすると説明されている。清末の皮錫瑞は、これを三公－九卿の今文説と、三公－孤卿－六卿（＝六官）の古文説（古周禮説）を折衷したものだろうとする[15]。

この《周禮》的モデルの採用がこれまで等閑視されてきたのは、おそらくは実際に《漢志》中で用いられている官名や構造が、必ずしも《周禮》と対応しないためと考えられ、《周禮》を劉歆の偽経と断じた康有爲の《新學僞經考》をもってしても、《漢志》が《周禮》を意識していることは論及していない。劉向の時分には、いまだ《周禮》は学官に立てられていなかったことから、あるいは《周禮》の官制機構を明確に採用するのを避けたのかも知れない。その意味では、必ずしも劉向・劉歆父

子は《周禮》の官制機構を直接的に利用している訳ではなく、あくまで《周禮》的な官制機構を緩やかに転用しているに過ぎないのだろう。ただ、全体として《漢志》に《周禮》の影響を認めて大過ないように思う。

校書のモデルとして《周禮》的官制モデルを持ち込んだ目的の方は、やはり金谷氏も指摘しているように、前漢末から王莽政権期にかけて流行した西周古制への回帰が影響しているものと見て間違いあるまい。《漢志・諸子略・後序》に、

諸子十家、其の観るべき者は九家のみ。皆な王道の既に微かにして、諸侯力政し、時君世主、好悪 方を殊にするより起こる。是を以て九家の術、蠭出して竝び作《おこ》り、各々一端を引き、其の善しとする所を崇び、此を以て馳説し、合を諸侯に取る。…《易》に曰く、「天下 歸を同じくすれども塗を殊にし、致を一にすれども慮を百にす」と。今、家を異にする者、各々長とする所を推して、知を窮め慮を究め、以て其の指を明らかにし、短を蔽ふこと有りと雖も其の要歸を合すれば、亦た六經の支與流裔たらん。其の人をして明王・聖主に遭ひ、其の折中する所を得しむれば、皆な股肱の材たるのみ。仲尼に言有り、「禮失へば而《すなは》ち諸《こ》れを野に求む」と。方《まさ》に今、聖を去ること久遠にして、道術は缺廢し、更索する所無し。彼の九家なる者は、猶ほ野に癒らざらんや。若し能く六藝の術を修め、而《しか》も此の九家の言を觀、短を舍《す》て長を取れば、則ち以て萬方の略に通ずべし。

とあるように、劉向は、周の九官のなれの果てともいうべき九流諸子も、それぞれの短所を捨て長所を取れば立派に六経を補助するに足り、それによって、すでに衰亡してしまった古えの聖王の道術を復元することも可能になろうと主張している。ここで、その「短を舍て長を取る」際の基準となるのは六経である。そのことは現存する劉向の序録や《別錄》の佚文中にも散見され、劉向校書中に通底している基準であることが確認できる。

其の書六篇、皆な其の君を忠諫す。文章觀るべく、義理法るべし。皆な六經の義に合す。（《晏子序錄》）

其の書、（六經の）傳・記に比して、以て法と爲すべし。（《荀子序錄》）

凡そ《管子》の書、富國安民に務め、道約言要、以て曉かに經義に合すとすべし。（《管子序錄》）

其の學は黃帝・老子に本づき、號して道家と曰ふ。道家とは、要を秉《と》り本を執りて、清虛して爲すこと無く、其の身を治め物に接するに及んで、務めて競はざるを崇ぶは、六經に合す。（《列子序錄》）

其の餘の者は淺薄にして（六經の）義理に中《あた》らず。（《說苑序錄》）

申子の學は、號して刑名と曰ふ。刑名とは、名に循ひて以て實を責め、其の君を尊び臣を卑くし、上を崇び下を抑ふるは、六經に合するなり。（《漢書・元帝紀》注引《別錄》）

視野を拡大して《漢志》全体を通観しても、この基準に何ら変わりはない。《漢志》自体に六経の義理の適合度→時代順という序列が明確に看取されるためである。六藝略が全体の首めに置かれていることは、六経が至高の存在であることを意味しており、次善の存在として九流の書を集めた諸子略が置かれる。つまり儒家とても六経の前では「支與流裔」に過ぎないことになる。以下、詩賦略・兵書略・術數略・方技略（就中、劉向が監修していない兵書略以下の三略）などは雑技雑芸の学として一等低い扱いを受けている。また諸子略もおそらくは六経の義理に対する適合度から儒家＞道家＞陰陽家＞法家＞名家＞墨家＞縱横家＞雜家＞農家＞小説家という序列がつけられているものと思われる。儒家の先頭に置かれる春秋の「晏子」よりも、道家の先頭に置かれる殷初の「伊尹」や周初の「太公」の方が学祖の活躍した時代が古く、時代順で配列したとは考え難いからである。ただ、諸子略各流における個別的文献の並び順は概ね時系列になっており、六藝略における配列も《經典釋文・序錄・次第》にも述べられているように、伝統的に言われている五経における各経始祖の時代順に並んでいる。すなわち伏義の《易》（造卦者）、堯時の《書》（《堯典》）、殷代の《詩》（《商頌》）、周公制定の《禮》（《周官》）、孔子の《春秋》の（《經典釋文》は「滅亡して既に久し」として《樂》の次第を欠く）の順である[16]。

平帝が崩じた時に、王莽が自らを幼少の周の成王の摂政をつとめた周公になぞらえて「居攝」という元号を立てたことは有名だが、成帝期における劉向の辟雍・庠序の建設や何武の三公官設置の奏請など、劉向父子の校書期間中は、特に周の古制への回帰傾向が強かった。劉向の校書もそうした古制回帰の流れの中にあって、周時のモデルを適用して学問を整理することによって、王道盛んなりし周初の官師合一の道を漢世に再現せしめんとの思想的バックボーンがあった。これにより、劉向は六経を軸として、その義理にどの程度適合するかによって、収集した諸本を格付けしていった。狭く一書の中を見れば内篇・外篇の別という形で現れており、広く校書全体を見渡せば《漢志》中の分類・序次にその格付けが反映されている。劉向校書を換言すれば、まさに六経を基幹に据えた学問体系の構築事業であったと評価しても決して過言ではない。

注釈

1　姚名達《中國目錄學史》（臺灣商務印書館、一九七七）。このほか、劉向の校書に関連する論著として、姚振宗《七略別錄輯本》《七略輯本》（開明書店刊《師石山房叢書》所収）、章學誠著・王重民通解《校讐通義通解》（上海古籍出版社）、孫德謙《劉向校讐學纂微》（孫隘堪所著書所収）、同《漢書藝文志舉例》（開明書店刊《二十五史補編》所収）、余嘉錫《目錄學發微》（巴蜀書社）、同《古書通例》（上海古籍出版社）、内藤湖南「支那目錄學」（筑摩書房刊《内藤湖南全集》第十二巻所収）、武内義雄《支那學研究法》（岩波書店、一九四九。のち角川書店刊《武内義雄全集》第九巻に収録）、倉石武四郎《目錄學》（東洋學文獻センター叢刊、一九七三）、町田三郎「劉向覺書」（《日本中國學會報》二八、一九七六）、池田秀三「劉向の學問と思想」（《東方學報》、一九七八）、鄧駿捷《劉向校書考論》（人民出版社、二〇一二）等を主に参照した。

2　たとえば、劉向の《晏子序錄》に、「又有復重、文辭頗異、不敢遺失、復列以爲一篇」と説明される〈外篇重而異者第七〉の例がある。元刻本《晏子・外篇・重而異者》の各章目の末注にしばしば「《晏子・某篇》旨同、但辭有少異爾、故著於此篇」などと、その「重而異者」の所以を明らかにした文が見える。

3 武内義雄《老子原始》（弘文堂、一九二六）。《老子》については、今日では馬王堆や郭店などから前漢以前の本が既に幾種か発見されており、章次の異同問題に関して単純に劉向の校書による影響ばかりに帰着する訳にもいかず、その意味で武内氏の所論に批判を加える余地が無いでもないが、先秦古文献全般における雑然とした体裁の遠因を、我が国ではいち早く、劉向父子の校書に関連づけて考証している。その内容は前掲《支那學研究法》に詳しい。

4 古勝隆一「後漢魏晉注釋書の序文」（《東方學報》七三、二〇〇一）

5 「小説家」は、従来、魯迅《中國小説史略》（人民文學出版社、一九五八［一九二三］）に引っ張られて、後世における「小説《しょうせつ》」のルーツと位置づけられている。だが、《漢志》でいう「小説家」の「説」は、劉向の《説苑《ぜいえん》》や、韓非子における説難《ぜいなん》・説林《ぜいりん》・内外儲説《ちょぜい》でいうところの「説《ぜい》」で、説得行為を意味する。したがって、後世における「小説《しょうせつ》」とは区別されるべき語である。

6 ［筆者校］「《古文尚書》…五十八篇」は《漢志・六藝略・尚書家・小序》より、「文字異者四百餘字」は《經典釋文・序録・注解傳述人・論語》の陸德明自注に依って、それぞれ字句を補った。なお、桓譚が挙げる書物のうち、《漢志》不著録であることを主な理由として、従来、偽書とされてきた《歸藏》については、一九九三年に湖北省江陵王家臺一五號秦墓から、その佚文と一致する竹書が出土している。詳細は王明欽「王家臺秦墓竹簡概述」（《新出簡帛研究》文物出版社、二〇〇四）。二劉録略（劉向・劉歆の序録・《別録》・《七略》）およびその校書本が、長期に渡って改訂を重ねていたことは、拙稿「劉向・劉歆校書事業における重修の痕跡（上）――『山海經』と『山海經序録』の事例から」（《中國古代史論叢》八、二〇一五）を参照。

7 楊樹達「漢書所據史料考」（《積微居小學金石論叢》上海古籍出版社、二〇〇七［一九三七］）。

このほかにも、劉向の校書後に皇帝から親しく祕書を下賜された例として、後漢の竇融（《後漢書・竇融傳》）・王景（《後漢書・循吏傳》）・蔡邕（《後漢書・列女傳・蔡琰傳》）の例があり、特に蔡邕の例は「賜書四千許巻」と群を抜いた規模を誇る。両漢時期の書物の伝播・流布ルートについては、李瑞良《中國古代圖書流通史》（上海人民出版社、二〇〇〇）に詳しい。なお、班氏の副本やこれらの賜書の例は、劉向新定本の学界に対する影響力の大きさを直接ないし間接的に示すものではあるが、必ずしも劉向新定本のシェア独占を意味するものではない。後漢初期のものとされる甘肅省武威磨咀子漢簡《儀禮》などは、その篇次が劉向本とも戴聖本（今本《禮記》）とも異なり、劉向以後にも新定本以外の異本の存在する余地があったことを端的に示す例と言える。

8　前掲武内義雄《支那學研究法》。

9　《漢志》には「六韜」の名での著録はない。顔師古は、諸子略・儒家者流に著録されている、「周史六弢六篇。「惠・襄の間。或ひは顯王の時と曰ひ、或ひは孔子焉れに問ふと曰ふ」」が《六韜》であるとする。しかし、この説を清儒 沈濤《しんとう》《銅熨斗齋随筆・巻四・六弢》（《清人考訂筆記》所収、清咸豐七年刊本、中華書局、二〇〇四）が次のように反駁している。

今の《六韜》は文王・武王が太公に軍事を問う内容だが、《周史六弢》は儒家にあり、これは今の《六韜》ではない。《漢書・古今人表》に「周史大㢸」という人物がおり、《漢志》の「六」は「大」の誤りだろう。一方、古字書には「㢸」字が見えず、後世の（玉）篇・（集）韻まで降って初めて出てくる。したがって《古今人表》の「㢸」字も「弢」字の誤りである。《莊子・則陽篇》に「仲尼（孔子）、太史 大弢《たいとう》に問ふ」と書かれており、この「太史大弢」こそが《古今人表》と《藝文志》双方にみえる人物その人とその書である。それゆえ班固は、《漢志》の自注において「孔子、焉れに問ふ」という説を挙げているのだ。顔師古がこの書を太公の《六韜》であるとするのは誤りである。今の《六韜》は、《漢志》では「《太公》二百三十七篇」の中にある。なお、「弢」字については、蕭梁の顧野王《(原本)玉篇》の節本として知られる、空海《篆隷萬象名義》に「弢、皮僞反。張弓」(拠 呂浩《篆隷萬象名義校釋》學林出版社、二〇〇七)とある。《太公六韜》の流伝に関しては、拙稿「敦煌唐鈔本《太公六韜》(P. ch. 3454)解題および釋文(上)」(《人文學論集》三六、二〇一八)を参照。

10 拙稿「孫德謙劉向校讐學纂微訳注〔一〕」(《立命館東洋史學》二六、二〇〇三)。

11 金谷治「『漢書藝文志』の意味——體系的な哲學的著述として」(《文化》二〇−六、一九五六)

12 胡適「九流不出於王官論」(《古史辨》四、樸社、一九二三〔一九一七〕)。

13 《漢志・諸子略》の九流出於王官説の出自は劉向である。後漢の荀悦《漢紀・成帝紀二・河平三年》に、《漢志・諸子略》各家者流の小序、ならびに諸子略の大序と対応する文が見出せる。

劉向、經傳を典校し、異同を考集して云ふ、「(中略)昔、周の末、孔子既に歿し、後世の諸子、各〻篇章を著して、道藝を崇廣せんと欲し、一家の說を成して、旨趣同じからず。故に分れて九家と爲る。儒家・道家・陰陽家・法家・名家・墨家・縱橫家・雜家・農家有り。儒家者流は、蓋し司徒の官より出づ。…道家者流は、蓋し史官より出づ。…陰陽家者流は、蓋し羲和の官より出づ。…法家者流は、蓋し理官より出づるなり。名家者流は、蓋し理官より出づ。…墨家者流は、蓋し清廟の官より出づ。縱橫家者流は、蓋し行人の官より出づ。…雜家者流は、蓋し議官より出づ。…農家者流は、蓋し農稷の官より出づ。各〻一端を引き、其の事を高尚す。其の言、殊にすと雖も、譬れば猶ほ水火のごとく、相滅して亦た相生ずるなり。短とする所を舍て、長とする所を取れば、以て萬方の略に通ずるに足らん。又た小說家者流有りて、蓋し街談巷議より出づ」と。

また、《漢書・司馬遷傳》顔注も《別錄》のものとして次の一文を引く。

名家者流は、禮官より出づ。古者《いにしえ》は名位同じからず、禮も亦た數を異にす。孔子曰く、「必ずや名を正さんか」と。

14 この章學誠の視点に共感して「戰國前無私家著作説」を著したのが、古史辨学派の羅根澤である。羅氏は章學誠の「古人は書を著さず。古人は未だ嘗て事を離れて理を言はず。六經は皆な先王の政典なり」（《文史通義・易教上》）という一節に深く感化され、その「古人」が何れの時代の人を指しているのかが明言されていないのを惜しんで周・秦の古文献中の古書引用例を遍く考究した結果、「事を離れて理を言」った私家の著作が戦国時代に始まることを立証したが、これは章學誠の古時官師合一説に対する一定の有効性を裏付けた成果といえる。

15 《北堂書鈔・卷五〇・設官部二・惣載三公三》所引、許愼《五經異義》に、

今（文）《尚書》夏侯・歐陽說、天子・三公、一曰司徒、二曰司馬・三曰司空、九卿・二十七大夫・八十一元士、凡百二十。…古（文）《周禮》說、天子立三公、曰太師・太傅・太保、無官屬、與王同職。故曰坐而論道、謂之三公。又立三少以爲之副、曰少師・少傅・少保、是爲三孤。冢宰・司徒・宗伯・司馬・司寇・司空、是爲六卿、之屬大夫・士・庶人在官者、凡萬二千。

とあり、今文説（三公・九卿）と古文説（三公・三孤・六卿）の相違が挙げられている。皮錫瑞《駁五經異義疏證》（中國思想史資料叢刊、中華書局、二〇一四）は、《漢書・百官公卿表上》の説（三公・弧卿＋六卿＝九卿）を、この今古文説を折衷したものだろうとする。

16 倉石武四郎《目錄學》（汲古書院、一九七九）。

第三章　姚本戰國策考――劉向本旧態保存の是非と劉向以前本復元への展望

班固によれば、司馬遷は《史記》の戦国部分を制作するのに《戰國策》の原本に拠るところが多かったというが、そうであるとすれば、《戰國策》の史料的信頼性はそのまま《史記》戦国部分の史料的信頼性にも直結しているといえる。ところが、この《戰國策》は唐宋間の部分的散佚を経ており、またともに北宋の曾鞏（一〇一九～一〇八三）の校定した本に依拠していながら、南宋の姚宏の校定本（いわゆる「姚本」）と鮑彪の校注本（いわゆる「鮑本」）という全く性格を異にした二系統の本が伝わっている。一般的にはこのうちの姚本が勝るとされるが、姚本が劉向以来の原貌をとどめていないとする論も依然としてあり、またそれに対する批判についても、《戰國策》の章次が必ずしも厳密な年代順になっていないという問題の原因解明には至っていない。そこで本章では、そうした章次の問題の解明を目指すと共に、果たして姚本《戰國策》が劉向以来の原貌を留めているか否かを明らかにし、併せて劉向以前本を見据えた《戰國策》の復元の可能性を模索したい。

第一節　劉向本から曾鞏本までの諸問題

劉向以前本《戰國策》を復元する過程でまず問題になるのは、今の《戰國策》が果たして劉向の校書事業当時の旧貌を、どの程度伝えているのかということである。現在伝わる《戰國策》は、唐宋間に一旦部分的な散佚に遭い、北宋の曾鞏の校定を経て再び三十三篇の旧に復した後、この曾鞏の校定本（以下、曾本）に依拠した南宋の姚宏の校定本三十三巻（以下、姚本）と、ほぼ時を同じくして従前の篇章を再編して独自に注を加えた鮑彪の十巻本（以下、鮑本）の二系統の本が行われている。この二本は元の呉師道（一二八三～一三四四）以来、鮑本が篇章に恣意的な改編を加えているのに対して、姚本が劉向以来の体裁を忠実に保存しているということで両者の評価が一応定着している。しかしながら、これに反して鄭良樹氏や藤田勝久氏が、姚本《戰國策》は劉向当時の旧貌を保っていないとする見解をそれぞれに示しているように、依然未解決の問題が残っている[1]。まず両氏の所説の要点を確認しておくと、

鄭良樹説（《戰國策研究》臺灣學生書局、一九七五）

① 曾鞏以前に二十一巻高誘注本（以下、高注本）から三十三巻高注本への再編があった。

② 曾本は当時残存していた三十三巻劉向本の二十一巻と三十三巻高注本の十巻、民間から獲得した二巻を加えて三十三巻としたが、高注本は前項のような事情があって分巻・分章・章次

が劉向本と同じではない。
③したがって曾本に基づいている姚本の分章・章次は劉向本の旧貌を伝えていない。
④また今本には大幅な脱落があり、劉向本の面目を完備していない。

藤田勝久説（《史記戰國史料の研究》東京大學出版會、一九九七）

①姚本の章次は必ずしも妥当な年代順に配列されておらず、劉向序録の「時を以て之れを次す」の実状に合わない。
②むしろ鮑本の章次の方が妥当な年代順に配列されており、こちらの方が劉向以前の旧態を伝えている可能性がある。

と、概ね今本中の脱落の問題と、分章・章次の問題とに大別される。鄭氏の所説には何晉《かしん》氏の《戰國策研究》（北京大學出版社、二〇〇二）、藤田氏の所説には吉本道雅氏の書評（「藤田勝久著　史記戰國史料の研究」《東洋史研究》五五六、一九九八）による批判がそれぞれ提出されており、すでにいくつかの点で姚本の妥当性が再確認されている。筆者の立場は何・吉本両氏のそれに近いが、何・吉本両氏の説にも、従来混乱しているとされてきた姚本章次の問題の解明が、なお不十分な点がある。まずは劉向以降の《戰國策》の伝承過程を簡単に追い、そこに介在する伝世上の問題および鄭・藤田両氏の指摘している問題点の所在を確認しておこう。

一　漢唐間の伝承過程

《戰國策》は劉向の校書事業により定著された新定本の書目ともいうべき《漢書・藝文志》（以下「漢志」）に、

《戰國策》三十三篇。記《春秋》後。（六藝略・春秋類）

と著録されており、劉向の校定によって三十三篇に定著されている。この劉向校書時の三十三篇の細目は、現存している《戰國策》の劉向の序録中に残っている。劉向の序録は、宋台州本《荀子》（抛古逸叢書影刊本）の末尾にある「荀卿新書」序録や、正統道藏本 殷敬順《列子釋文》の冒頭にある「列子新書目錄」がそうであるように、本来、「錄」（解題）とともに劉向が定めた「目」（篇目）が備えられている。《戰國策》序録中のその「目」によると、三十三篇の篇目の内訳自体は現在伝わっている後述の姚本と全く変わらない。すなわち以下の三十三篇である。

東周策第一・西周策第二・秦策一第三・秦策二第四・秦策三第五・秦策四第六・秦策五第七・齊策一第八・齊策二第九・齊策三第十・齊策四第十一・齊策五第十二・齊策六第十三・楚策一第十四・楚策二第十五・楚策三第十六・楚策四第十七・趙策一第十八・趙策二第十九・趙策三第二十・趙策四第二十一・魏策一第二十二・魏策二第二十三・魏策三第二十四・魏策四第

二十五・韓策一第二十六・韓策二第二十七・韓策三第二十八・燕策一第二十九・燕策二第三十・燕策三第三十一・宋衛策第三十二・中山策第三十三

この篇目は唐の劉知幾（六六一〜七二一）の《史通・六家・國語家》の中にも、「其の篇に東西二周・秦・齊・燕・楚・三晉・宋・衛・中山有りて、合せて十二國、分ちて三十三巻と爲す」とあって、唐代においてもほぼ変わらなかったことを窺い知ることができるが、さらにこれを唐人の中で《戰國策》を最も多く引用している司馬貞の《史記索隱》と李善（？〜六九〇）の《文選注》を調べてみると、そのほぼ全ての篇目が揃っていたことを窺い知ることができ、少なくとも唐代の時点においては、劉向本の旧貌をほぼ留めていたと見なして良いようである[2]。（表一）

また《戰國策》には、後漢末に《呂氏春秋》や《淮南子》に注したことでも知られる高誘がつけた注釈があり、その一部が今本中にも残っているが、この高誘の注釈本は《隋書・經籍志》（以下「隋志」）に、「《戰國策》二十一卷。高誘撰注」（史部・雜史類）とあり、これが劉向本の三十三篇と篇数が合わない。《舊唐書・經籍志》・《新唐書・藝文志》ではともに「三十三巻」としているので、唐の初期において一旦残欠していたものが唐の中頃になって元の巻数に復したと見ることもできるが、その一方で後述の《崇文總目》に「後漢の高注本二十巻有り」とあることから、高注本に三十三巻本とは別途、二十巻本（ないし二十一巻本）が存在したとも考え得る。

高注本について宋代の記述を追ってみると、《崇文總目》の記述によって、北宋の慶暦初年（一〇四一）の段階において高注本は二十巻のうちの第二〜四・六〜十巻の都合八巻を残すのみであったことが判《わか》

【表二】唐宋間《戰國策》存佚表

（※「索隱」は《史記索隱》中の司馬貞所見本、「李善」は《文選注》所引李善所見本、「無注」は《崇文總目》著録《戰國策》無注本、「崇高」は《崇文總目》著録高誘注本、「姚高」は姚本中の高誘注残存篇、「民間」は曾鞏が獲得した某士大夫家蔵本。また「◎」は正文と高誘注の引文がともに見出せる例、「索隱」の「△」は同じ注が複数の篇に見られるなどの理由で存議とすべき例を意味する。）

巻	篇名	索隱	李善	無注	崇高	姚高	民間
1	東周策	◎	◎	○			
2	西周策	◎	◎		○	○	
3	秦策一	◎	◎		○	○	
4	秦策二	○	◎		○	○	
5	秦策三	◎	◎				○
6	秦策四	○	○		○	○	
7	秦策五	◎	◎		○	○	
8	齊策一	◎	◎		○	○	
9	齊策二	◎	○		○	○	
10	齊策三	○	◎		○	○	
11	齊策四	○	○	○			
12	齊策五		○	○			
13	齊策六	△	○	○			
14	楚策一	○	○	○			
15	楚策二		○	○			
16	楚策三		○	○			
17	楚策四	○	○	○			
18	趙策一	○	○	○			
19	趙策二	○	○	○			
20	趙策三	○	○	○			
21	趙策四	○	○	○			
22	魏策一	○	○	○			
23	魏策二	△	○	○		○	
24	魏策三	○		○			
25	魏策四	○	◎	○		○	
26	韓策一	○	○	○			
27	韓策二	◎	○	○			
28	韓策三	○	○	○			
29	燕策一	○	○	○			
30	燕策二	○	○	○		○	
31	燕策三	○	○				○
32	宋衛策	○	◎			○	
33	中山策	○	◎			○	

るが、曾鞏が「編校史館書籍」であった嘉祐年間（一〇五六～一〇六三）には散佚していた十二巻のうちの二巻が加わって十篇となっていたことが曾鞏の序によって判明する。

此の書に高誘注なる者二十一篇有り、或ひは三十二篇と曰ふ。《崇文總目》の存ずる者は八篇、今存する者は十篇と云ふ。（曾鞏《戰國策序》）

この増えた二巻がどこに相当するのかについて、曾鞏は残念ながら言及していない。しかし、姚本の末尾にある姚宏の題辞に、

右《戰國策》、《隋經籍志》に三十四巻、劉向錄、高誘の《注》は止《た》だ二十一巻のみ。漢の京兆尹延篤の《論》は一巻。《唐藝文志》は、劉向の錄する所已に二巻を闕《か》き、高誘の《注》は乃ち十一巻を増し、延叔堅の《論》も尚ほ存す。今世に傳ふる所は三十三巻。《崇文總目》に高誘注八篇、今の十篇は、第一・第五闕き、前の八巻、後の三十二・三十三、通じて十篇有り。（姚宏《戰國策題》）

とあって、曾鞏が参照した十巻本が、《崇文總目》にある第二～四・六～十巻に、後得の第三十二・三十三巻を加えた十巻であったことが明らかになる。ただ、これでは《崇文總目》ではもと「二十巻」あったとされていたはずの高注本に第三十二篇・第三十三篇が全く唐突に登場したという感が否

めない。これについて鄭良樹氏は、曾鞏が参照した高注本は三十三巻本で、曾鞏よりも前に二十一巻本を三十三巻本にひき伸ばしたのではないかと考察している。鄭氏がこのように考える根拠は、《文選・巻三十八・任彦昇爲齊明帝讓宣城郡公第一表》の李善注に引く《戰國策》の、

唐雎、楚王に謂ひて曰く、「國權、鴻毛より輕んずれば、而《すなは》ち禍ひを積むこと山岳より重し」と。

という一節が、姚本の楚策三の末章と楚策四の首章の内容に跨っていることなど、今本の分章箇所に若干の疑義が存在することにある[3]。この分章や章次についてはひとまず次章以降においてまとめて論じることにし、ここでは鄭氏によって疑義が呈されていることを指摘するにとどめて話題を劉向本の伝承に戻そう。

二　唐宋間の散佚と曾鞏本

さて、唐代までは劉向校書時の面目を保っていたと考えられる《戰國策》だが、少なくとも官府所蔵の本については、唐宋の間のどこかの時点で部分的散佚の憂き目に遭う。北宋初めの王堯臣らの《崇文總目》に、

今、篇巻亡闕し、第二より十に至るまで・三十一より三十三に至るまで闕く。又た後漢の高

注本二十巻有れども、今、第一・第五・第十一より二十までを闕き、止だ八巻を存するのみ。
（《文獻通考・經籍考・史部・雜史類》所引）

とあって、北宋当時 館閣にあった《戰國策》は三十三篇のうちの十二篇が失われ、同時に行われていた高注本も二十巻のうちの過半数の十二篇が失われていた。その後、嘉祐年間に編校史館書籍の官にあって官府の書物を校勘する立場にあった曾鞏は[4]、この《崇文總目》に著録されている館閣の残巻を民間から獲得した本によって補完・再校し、これによって《戰國策》は劉向以来の三十三篇の旧貌を復したとされる。曾本そのものは今は伝わらないが、その大雜把な様子は、現存している曾鞏の序文と姚本の校記中に「曾（本）作」・「曾云」などと注記されている部分を拾うことによって窺うことができる。

劉向の定むる所の《戰國策》三十三篇、《崇文總目》は十一篇〔※「十一」は「十二」の誤り〕闕くと稱す。臣、之れを士大夫の家に訪れて、始めて盡く其の書を得たり。其の誤謬を正し、而して其の考ふるべからざる者を疑ひ、然る後《戰國策》、三十三篇の完《まった》きに復せり。
（曾鞏《戰國策序》）

右の序文中で曾鞏が補完に用いたという某士大夫家蔵本の詳細は残念ながら伝わらないが、《四庫全書總目提要》が興味深い考証を行っている。

此れ毛晉（一五九九～一六五九）の汲古閣影宋鈔本、三十三巻 皆な題して「高誘注」と曰ふと雖も、誘の注有る者は僅かに二巻より四巻に至るまで、六巻より十巻に至るまでのみと爲し、《崇文總目》の八篇の數と合ふ。又た最末の三十二・三十三の兩巻もて前《さき》の八巻と合すれば、曾鞏序の十篇の數と合ふ。而して其の餘 二十三巻は則ち但だ考異有るのみにして注無し。…蓋し鞏の校書の時、官本の少《か》く所の十二篇、誘の書 適々其の十有りて、惟《た》だ第五・第三十一を闕くのみならん。誘の書の闕けたる所は、則ち官書 悉く之れを有し、亦た惟だ第五・第三十一を闕くのみ。意《おもへ》らく、必ずや誘の書を以て官書に足し、而して又た他家書内に於て二巻を摭《ひろ》ひて之れを補はん。此れ官書・誘書もて合して一本と爲すの由なり。（史部・雜史類・孔昭煥家藏本戰國策注三十三巻）

これによれば、清の四庫館臣の見た三十三巻の「（明末）汲古閣影宋鈔本」（姚宏校高注本）は、第二～四・六～十巻と最後尾の第三十二・三十三巻の都合十巻にのみ高誘の注が見られ、ほかの巻には考異を記した校語しか見えていないという（これは通行する士禮居叢書に影刊された宋本とも一致する）[5]。これがちょうど《崇文總目》の示すところの「八巻」の内訳と一致し、さらに末尾の二巻を足すことで曾鞏のいう「今存者十篇」とも符合する。このため曾本は無注本散佚部分の本文を基本的に高注本で補い、無注本の残存部分とも重ならない残った第五・第三十一巻の散佚部分を某士大夫家藏本によって補ったのではないかと推察している（前掲表一）。単に曾鞏の序文中の篇目のみならず、姚本中の高注の分布にまで目を配った卓説である。

ただ、これが事実であるとすれば、曾本は構成と由来を異にする二本（劉向本と高誘注本）が混在している可能性に注意せねばならなくなる。前述したように《隋志》に「《戰國策》二十一卷。高誘撰注」（史部・雜史類）とあって、高誘注本は、劉向本（無注本）三十三篇と篇目構成が異なっていた可能性が指摘されているからである。しかしながら、筆者は《隋志》の高誘注本「二十一卷」は、劉向三十三篇本と構成を異にするのではなく、三十三篇のうちの十篇程度が欠落した本であると考えている。前掲表一をよく見ると、唐代の李善注《文選》と司馬貞《史記索隱》、宋代の《崇文總目》所見本と姚宏本のいずれもが、齊策四から趙策四までの十篇の高誘注を欠いている。これは偶然の一致ではあるまい。したがって、《隋志》の高誘注二十一卷本は、再編本ではなく、残闕本か未完本であった可能性が高く、高誘注本は劉向三十三篇本がベースになっていると考えて大過ない。

三　鄭良樹氏の今本脱文説と何晉氏の批判

曾鞏の校定以前の本との差違について、もう一つ鄭良樹氏が重視しているのは《戰國策》本文の大幅な脱落の可能性である。宋代に三十三卷の形に復元された《戰國策》が必ずしも完本でないことは、姚本が刊行された南宋の紹興中の段階で既に姚宏の弟 姚寛によって指摘されている。

正文の遺逸、《戰國策》を引く者の如きは、司馬貞《(史記索)隱》五事・《廣韻》七事・《玉篇》一事・《太平御覽》二事・《元和姓纂》一事・《春秋後語》二事・《後漢・地理志》一事・《後漢・

（呉蓋陳臧列傳）第八・贊》（注）一事・《藝文類聚》一事・《北堂書鈔》一事・徐廣注《史記》一事・張守節《史記》正義》一事・舊《戰國策》一事・李善注《文選》一事は、皆な今本の無き所なり。（姚寛《戰國策書》）[6]

また南宋の王應麟（一二二三～一二九六）《困學紀聞》も独自に《尚書・禹貢》正義に見える鄭玄《尚書注》所引の「碣石在九門」という佚文を掲げており、すでに宋代には《戰國策》の佚文が多数あったことを窺わせている[7]。この点に注目して鄭良樹氏は自ら佚文を収集して今本《戰國策》の佚文の割合を求めている。（表二）

策名	全策文字	亡佚文字	亡佚率（%）
周策	6160	150	2.5
秦策	24200	2031	8.4
齊策	19800	582	2.9
楚策	12540	1558	12.4
趙策	22800	976	4.3
魏策	17600	403	2.3
韓策	11300	128	1.1
燕策	14000	521	3.6
中山策	3520	220	6.2

【表二】（鄭良樹説）《戰國策》佚文占有率
（拠 鄭良樹《戰國策研究》）

鄭氏によれば、特に佚文の占める割合が多いのは楚策で、今本字句の一二・四%にも及び、他の諸篇も併せると佚文は全部で六五〇〇字を超える。これは実に《戰國策》の二・三巻分の量にも達すると鄭氏はいうが、本当にこれだけの脱落が想定し得るということになれば、いかにも看過できない問題である。しかしながら、実はこの佚文統計には問題がある。実際には鄭氏が収集している佚文の多くが《戰國策》の佚文として成立しえないことが、何晉氏の批判によって明らかになっている。

たとえば、鄭氏が収集した《戰國策》の佚文の中で最も徴引する条文が多いのは《太平御覽》（以下、《御覽》）の六十条（次点は《史記》の十五条）だが、中でも《巻四五〇・權謀》は、この巻だけでその三分の一に当たる二十条を占めている。《御覽・巻四五〇・權謀》には「權謀」の例として都合二十八条にも及ぶ《戰國策》の引文が挙げられており、このうちの二十条を鄭氏は佚文として扱っている。ところが何晉氏が指摘しているように、この《御覽・巻四五〇》の《戰國策》の引文のうち、五条目以降については、実は《戰國策》ではなく、ことごとく《説苑・權謀》の引文なのである。《御覽》のような類書が同一書を連続して引く場合は、通常二条目以降を「又曰」として書き始めるが、おそらくここは、五条目から八条目の間のどこかで「《説苑》曰」とすべき見出しを、「又曰」と誤記してしまったままになっているのだろう（五条目から七条目までは《戰國策》にも対応する章がある）。《御覽・

【表三】《太平御覽・巻四五〇・權謀》資料探源（※拠何晉《戰國策研究》。《説苑》の章次は筆者の加筆。）

《御覽》章次	《御覽》冒頭句	《戰國策》	《説苑・權謀》	鄭氏輯佚番号
1	秦攻趙長平大破之	趙三		
2	楚圍雍氏五月	韓二		
3	中山陰姬與江姬爭爲后	中山		
4	秦王使人之楚			79
5	安陵纒以顏色美壯得幸於楚	楚一	39	
6	智伯欲襲衞故遺之乘馬	宋衞	41	
7	智伯欲襲衞乃佯亡其太子顏	宋衞	42	
8	趙簡子使人以明白之乘六		45	80
9	鄭桓公將欲襲鄶		46	81
10	鄭桓公東會封於鄭		47	82
11	趙簡子使成何涉他與衞靈公盟		34	83
12	吳闔閭夫人姜氏		36	84
13	晉文公與荊人戰於城濮		31	85
14	智伯圍晉陽	趙一	8	
15	白圭之中山		11	86
16	下蔡威公閉門而哭		12	87
17	石乞侍坐		14	88
18	韓昭侯作高門		15	89
19	田子顏自大術至乎平陵城下		16	90
20	晉人已勝智氏		17	91
21	楚莊王欲伐陳		18	92
22	齊桓公將伐山戎孤竹		21	93
23	智伯請地於魏宣子	趙一	24	
24	楚莊王與晉戰勝之		25	94
25	吳王夫差破越		26	95
26	吳請師於楚以伐晉		27	96
27	陽虎爲難於魯		28	97
28	湯欲伐桀		29	98

巻四五〇》の八条目以降に齊の桓公や魯の陽虎など、春秋時代以前の人物を扱った説話が時折見られることからも、これらの全てが《戰國策》の文では必ずしもないことが、本来なら容易に察せられるはずである。かくして、《御覽・巻四五〇》の中で鄭氏が《戰國策》の佚文として指定している二十条のうち、実際に《戰國策》の佚文と見なし得るものはほんの一条にすぎない（表三）。

このほかにも何晉氏は鄭氏の列挙している佚文を、①重複しているもの・②実は今本中に残存しているもの・③鄭氏の誤解によって佚文とされてしまっているもの・④《戰國策》中の内容を概述した文を本文字句と誤解して佚文として扱ってしまっているものなどに分けて批判し、鄭氏の列挙している一〇八条の佚文のうち、少なくとも五九条について疑義があるとしている。このように今本《戰國策》にはない佚文の存在は確かに認められるものの、鄭氏が言うような大幅な脱落が認めがたいことは、何晉氏の綿密な考証によって尽きていると言って良い**［補注］**。

四　南宋の姚宏本と鮑彪本

南宋の紹興年間（一一三一～一一六二）になって、ほぼ時を同じくして、共に曾本に依拠しながら篇目章次を大きく異にする二本の《戰國策》が出現した。すなわち剡川の姚宏の校定本（姚本）と、縉雲《しんうん》の鮑彪の校定本（鮑本）である。この姚本・鮑本以降、《戰國策》は大きく二系統のテキストに分かれて伝えられるようになり、これもまた《戰國策》伝世上の大きな問題となっている。

姚本は曾本の体裁（＝劉向の篇目）を踏襲し、孫朴の属子から入手したという孫朴本を中心とする諸本によって《戰國策》を校訂した本である（※孫朴は曾鞏「三次所校定」本・銭藻本・劉敞《りゅうしょう》「書肆印賣」本・蘇頌《そしょう》本などの各種北宋本をもって《戰國策》を校訂し、その校語は今の姚本中に収録されている）。この姚本の特徴は旧態保存に細心の注意を払っている点にあり、このことは次の則天文字に関する校語からだけでも充分窺い知れよう。

　續に云ふ、《新唐史》・《集韻》皆な以て武后の製する所の字と爲し、竇苹《とうへい》、《唐史釋音》を作りて、乃ち「古の『地』字なり。《戰國策》に見ゆ」と云ふ。抑々《そもそも》別に據る所有らん。今、《國策》中、「地」字 甚だ多く、間々「埊《ち》」字に作る。安んぞ武后の時自り傳寫して相承くるに非ざるを知らん。「臣」もて「恴《しん》」に作るが如きは、以謂らく、曾・劉の校せし所も、亦た未だ喩る所ならず。然るに古文の「地」字の乃ち「坔《ち》」に作ること、又た《鶡冠子》・《亢倉子》に皆な「埊」字有れば、姑《しばら》く之れを存して、以て博識を俟《ま》たん。（趙策四・三國攻秦趙攻中山章、「歸中山之新埊」姚宏続注）

このように姚本は当時行われていた本に、しばしば劉向の時にはなかったはずの則天文字とおぼしき「埊」「恴」といった字が散見するとの疑念を抱きながら、それを敢えて保存して後学の研究に資している[8]。また、姚本には姚宏が後年獲得したという晉の孔衍《こうえん》の《春秋後語》によって補入された文がある[9]。たとえば姚本《秦策四・頃襄王二十年章》の冒頭に、

　頃襄王二十年、秦の白起 楚の西陵を抜き、或ひは鄢・郢・夷陵を抜き、先王の墓を焼けり。

王 東北に徙りて、陳城を保てども、楚 遂に削弱して、秦の輕ずる所と爲る。是に於て白起 又た兵を將《ひき》ゐて來伐す。楚人に黃歇《こうけつ》なる者有り、游學して博聞あり、襄王 以て辯ありと爲し、故に秦に使せしむ。昭王に說きて曰く、「天下 秦・楚より强きもの莫し。今 大王の楚を伐たんと欲するを聞く。此れ猶ほ兩虎の相鬭ひて、而《しか》も駑犬の其の弊を受くるがごとくんば、楚を善くするに如《し》かず。臣 請ふ、其の說を言はん。臣 之れを聞く…

とある部分は鮑本にはなく、鮑本は代わりに姚本にはない「說秦王曰」の四字から書き出している。姚本は右の文の末尾の「臣聞之」の後に、

續、此の段 首《はじ》めに闕文有り。《史記》・《新序》・《(春秋)後語》皆な之れ有り、文も亦た小《すこ》しく異なる。今《(春秋)後語》を以て聊《いささ》か此の段の闕を足す。

と記してこの段が《春秋後語》より補ったものであることを明らかにしているが、このように姚宏は他書によって補正した個所については、必ず校語を設けてその場所を明示しており、補入前の形に復することも容易にできるように配慮している。

かくも古体保存への慎重な姿勢を見せている姚本だが、残念ながら刊行後、鮑本に比してあまり広まらなかったらしく、姚本の翌年に刊行された鮑本が姚本を参照していないのはもとより、元の吳師道の時点で、すでに「近時の諸家の書録を考ふるに皆な載せざれば、則ち世に罕《まれ》に蓄ふる者有らん」（吳

師道識）とされている。ただ少なくとも、宋人では、まず尤袤《ゆうぼう》（一一二五～一一九四）《遂初堂書目《すいしょどうしょもく》》が「姚氏本《戰國策》」（雜史類）を著録している[10]ほか、王應麟が《漢藝文志考證》において「姚氏の校定するもの總べて四百八十餘條、太史公の采る所は九十餘條、其の事の異なる者は止だ五・六條のみ」と姚宏の題辞を引用しており、呂祖謙（一一三七～一一八一）《大事記・解題・巻三》も「剡川の姚氏宏曰く」として、やはり彼の題辞を引用しているから、稀覯書といっても全く流布していなかった訳でもなかったと思われる。また明言こそしていないものの、洪邁《こうまい》（一一二三～一二〇二）も《容齋四筆》において姚本を見ていた形跡を匂わせている[11]。

一方の鮑本は、姚本とは反対に曾本の篇目構成や章次を大幅に改変して再構成している。より具体的に言えば、鮑彪の序に、

> 彪、是に於て《史記》・諸書を考へて之れが注を爲り、其の章條を定め、其の衍説を正し、而して其の舊を存して之れを愼しむなり。（《戰國策》鮑彪序）

とあるように、鮑本は《戰國策》中の故事を《史記》や諸書の注釈に照らして、鮑彪自身がより妥当と判断した篇目と章次に修正しているのが特徴である。篇次は西周策・東周策・秦策・齊策・楚策・趙策・魏策・韓策・燕策・中山策の順で全十巻。個別の章を王侯の代ごとに分けつつ、年代順に章次を改め、また分章箇所も姚本と異なっている章が少なくない。高誘の注は収めず、代わりに鮑彪自身が注を加えているが、基本的に異同改変の根拠となる具体的な典拠はほとんど明示されていない[12]。

後年、元の呉師道が《戰國策校注》（呉本）を著して鮑本の得失を批判しているが、その識語において彼は姚本・鮑本の特徴の差違と優劣を以下のように批評している。

頃歳、予 鮑彪の《戰國策註》を辨正し、呂子《大事記》の、剡川の姚宏を引くを讀みて、其の亦た是の書（《戰國策》）に註せるを知る。簡質謹重にして、深く古人論撰の意を得て、大ひに鮑氏の意に率《したが》ひて竄改したる者と同じからず。……詎《いづく》んぞ廢すべけんや。其の書の成りしを考ふるに、紹興丙寅（一一四六）に當る。鮑註は丁卯（一一四七）に出づれば、實《まこと》に時を同じくす。鮑は能く章條を分次して、註說を詳述し、讀者 浮文に眩《めくら》みて、往往 喜んで之れを稱道したれば、而《すなは》ち姚氏の殆ど絶へしこと、怪むに足る無きなり。

南宋の紹興以降、《戰國策》は旧態の保存に注力した姚本の系統と、史著としての用を重視して曾本の序列を改めた鮑本の系統に分かれて行われたが、右の呉師道の識語に批評されているように、劉向本の旧態を窺うという点においては基本的に鮑本よりも姚本の方が勝っているというのが大方の評価である。

これに対し、むしろ鮑本の章次の方が、姚本の章次よりも、しばしば年代的に妥当な配列になっていることに着目して、鮑本の方がより古体を保存しているのではないかと主張しているのが藤田勝久氏である。藤田氏は郭人民氏の繫年を基に、姚本・鮑本における魏策の章次の比較を行い、その結果、「鮑本の配列が実状に近く、むしろ姚本の方が混乱してい」て、「今日に伝えられる《戰國策》二系統の版本は、けっして姚本が原本に近いものとはいえず、むしろ鮑本の配列のほうが古い形態を伝えている場合がある[13]」と結論づけている。（【表四】参照。）

しかし、すでに吉本道雅氏の書評でも疑問が投じられているように、果たして姚本の章次が本当に混乱しているかどうかは疑問である。後代の人間が恣意的に篇章を移動させることによって、一見、より適切と思える構成に変化することはあるが、その逆は考えにくいからである。唐宋間に《戰國策》が一旦散佚し、その後の再編によって混乱したとする可能性も考えられないでもないが、それはこの一見非合理的な篇章の配列に対して一定の検討を試みてから判断しても決して遅くはあるまい。

鮑　本	姚　本	章　　名
惠王 3 ○	（趙一）○	秦韓圍梁燕趙救之
4 ○	魏二 17 △	龐葱與太子質於邯鄲
5 ○	18 △	梁王魏嬰觴諸侯於范臺
6 ○	10 △	魏惠王起境內衆
7 ○	（宋衞）×	魏太子自將過宋外黃
8 ○	魏二 11 △	齊魏戰於馬陵
9 ○	12 △	惠施爲韓魏交
哀王 18 ○	魏四 20×	周冣善齊
19 ○	21×	周冣入齊
20 △	魏二 15 △	秦召魏相信安君
21 ○	（秦五）×	樓梧約秦魏
22 ○	魏二 16 ○	秦楚攻魏圍皮氏
23 ○	魏三 11×	魏太子在楚
24×	魏四 1 △	獻書秦王
25 ○	5×	魏秦伐楚
昭王 1 ○	魏一 25×	秦敗東周
2 ○	魏三 1 ○	秦趙約而伐魏
3 ○	2 ○	芒卯謂秦王
4 ○	魏一 13×	蘇秦拘魏（* 帛書）
5 ○	魏二 7×	五國伐秦
安釐王 1 ○	魏三 3×	秦敗魏於華走芒卯
2 △	4×	秦敗魏於華魏王且入朝
3 ○	5×	華軍之戰
4 ○	魏四 22 ○	秦魏爲與國
5 △	（趙四）△	虞卿請趙王
6 ○	魏三 8×	魏將與秦攻韓

【表四】《戰國策》鮑本・姚本內容比較
（拠 藤田勝久《史記戰國史料の研究》）

第二節　劉向本と劉向以前本の特徴

一　《荀子》楊倞新目と劉向旧目にみる劉向本の構成上の特徴

実は鮑本《戰國策》とよく似た、後代の改変によって、劉向本の本来の旧貌よりも一見適正な篇章の配列を持つようになったケースが、今本《荀子》に見出せる。《荀子》は、唐の楊倞による大規模な再編を経たテキストが今本の祖本となっているが、この今本《荀子》には、巻頭にある楊倞の篇目（今仮に「楊倞新目」と呼ぶ）とは別に、巻末に改編前の劉向本の篇目（同様に「劉向旧目」と呼ぶ）が残されている。それらを比較する限り、楊倞の新目の方が劉向の旧目よりも遥かに合理的な篇次に再構成されており、すでに金谷治氏によって以下のように説明されている[14]。

このようにみてくると、楊倞の移易はすべて非常にもっともなことと思われ、それに対する旧目録の篇次のいわれのないこと、不合理さが明らかになってくる。韻文の二篇があるということさえ疑わしいのに、それがまた離れ離れになって一方は散文の篇の間に孤立しているということや、当然礼から楽へとつづくべきものが篇を隔てて転倒していたり、論議の体である性悪、しかも荀卿について最も重要と思えるものが、文体の異なった一番疑わしい宥坐以下の数篇にはさまれていたり、すべてこれらのことは劉向本の価値を著しく損するもののようである。

三十二篇をまとまった一書とみる限り、当然楊倞本のようでなければならぬことが考えられるのである。

もちろん楊倞は自序において自ら「其の篇第も亦た頗る移易すること有りて、類を以て相従はし」めたと断っているので、楊倞新目の方が合理的だからと言って、楊倞本の方が劉向以前の旧貌を保った本であるということにはならない。金谷氏はこの《荀子》劉向旧目の不合理さに着目して、これがかえって劉向の旧目が複数の断片的な劉向以前本の体裁をそのまま保存しているのではないかと想定し、《韓詩外傳》に引用されている《荀子》諸篇の文などから、劉向本が彼の校書事業に先行する四種類の著作群をそのままの形で新定本中に保存していることを立証した。

このように劉向本が従前の著作群を彼の新定本中に保存したことを示す例は、《韓非子》や《墨子》など《荀子》以外の先秦古文献にも見出すことができ、劉向新定本の構成上の特徴を明らかにする上で極めて示唆的である[15]。もし金谷氏の想定が有効であり、また姚本《戰國策》が劉向本の旧貌を伝えるものであるならば、《荀子》の場合と同様に姚本《戰國策》にも劉向に先行する説話群の内在が認められるのではないだろうか。以下、そのことを確認し、かつ劉向以前本の特徴を窺うべく、馬王堆帛書《戰國縱横家書》の特徴を見てみることにする。

二　《戰國縱横家書》にみる劉向以前本《戰國策》の特徴

劉向以前本《戰國策》の様子を窺うことができる資料としては、武帝の晩年に完成したと見られる司馬遷の《史記》と、文帝十二年（前一六八）以前の鈔写にかかる馬王堆三号漢墓出土の帛書《戰國縦横家書》が挙げられるが、このうち《史記》は、個別的説話の本文比較や制作年代の下限を設定する資料としては有効であるものの、《史記》の構成上の都合から司馬遷が取材資料を章（説話）単位に分解し、これを主題別・年代順に再構築してしまっている可能性が高く、これでは劉向以前本《戰國策》の体裁や構成を窺う資料として利用するのは困難である。そこで、ここでは主に《戰國縦横家書》を通して劉向以前本《戰國策》の通行形態を探ることにする[16]。

馬王堆帛書《戰國縦横家書》は、各章の境界を墨点（黒円点）「●」で区切った、二十七章から成る戦国故事を集めた書物である。このうちの十一章については、今本《戰國策》や《史記》などに対応する説話を見出すことができ、残りの十六章は新発見の説話で占められている。鈔写年代の下限は墓主である軑侯利蒼の子の没年の文帝十二年（前一六八）、上限は帛書中で「邦」字を避けていることから前漢高祖の没後ないし在位中と見られる。書題・篇題・章題といったようなものは一切記されていないが、その体裁や用字の上から全体を三つのパートに区分すべきことが、報告当初からの定説となっている。

第一類は、第一章から第十四章までの十四章。蘇秦の燕王や齊王に向けての書信や奏言が中心で、第一章から第七章までが燕王、第八章から第十四章までが齊王に宛てた体裁をとっている。そのため、細かく分ければ第八章を境界として、第一類をさらに二分することも可能である。通常は、第一類を通じて魏を「梁」と呼び、趙を「勺《ちょう》」に作る点で概ね一致していることから、第十四章までをひと括りにして、燕・齊国別の蘇秦の真の事績を伝える書信・奏言集として説明されることが多く、馬雍氏のようにこれを蘇秦の親著と断言している説もある[17]。ちなみにこの中の第四章の内容が《戰國策・燕策二》、第五章が《同・燕策一》の内容と重なり、後者は《史記・蘇秦列傳》とも対応しているが、他の章は全て新出のものである。

第二類、すなわち第十五章から第十九章までの五章は、国別にも年代順にも列べられていないが、章末ごとに「●五百七十」・「●八百五十八」・「●五百六十三」・「●五百六十九」・「●三百」と当該章の字数を掲げ、さらに最後尾である第十九章の末尾には「●大凡二千八百七十」と、この五章全体の総字数を明記している。これによりこの部分が独立していることは直ちに明らかであるが、今ひとつこの部分の内容上の特徴を挙げるとすれば、この第二類は秦の東方侵出に対して中原の三晉が、齊を背にしつつ、どのように対処べきかという辺りに焦点があると思われる。この点で第十九章が、秦の穰侯（魏冄《ぎぜん》）の齊攻略を勧めているのは一見異色だが、本章は穰侯の封地である陶邑の繁栄を使嗾《しそう》するものであって、実は説者の目的は秦と穰侯の離間、ひいては秦と齊の勢力を同時に減退させることにあると理解するのがおそらくは妥当なのだろう。特に穰侯に陶邑の繁栄を使嗾して秦の攻撃をかわすという方法は、第十五章においても須賈《しゅか》が用いている。この第二類は第十七章のみが新発見で、ほかはそれぞれ第十五章が魏策三と穰侯列傳、第十六章が魏策三と魏世家、第十八章が趙策四と趙世家、第十九章が秦策三にそれぞれ対応する章を有する。

第三類は、第二十章から第二十七章までの八章。この帛書の最後尾に位置するが、この部分は国別にも年代順にも列べられておらず、また書式上の際立った特色もない。少なくとも第一類とは反対に、基本的に「梁（粱）」を「魏」に、「勺」を「趙」に作っていることなどから、第二類はもとより、第一類とも別系統の説話群と見なされている。なお鄭良樹氏は、この第三類の中で第二十五章・第二十六章が「梁」・「勺」・「謂」といった、第一類で偏用されている字が使用されていることから、この両章を「第四批材料」として別出し、より第一類に近しい材料として位置づけている。このように第三類は、一見雑然としているように見えるが、実は藤田・吉本両氏が指摘しているように、「楚」に絡む説話が並んでいる点がやはり注目される。つまり、少なくとも第二十五・二十六章も含めて、この第三類にもやはり説話群としての一定の共通項が認められるということになる。第二十章が燕策一と蘇秦列傳、第二十一章が趙策一と趙世家、第二十二章が田敬仲完世家、第二十三章が楚策四と韓策一、第二十四章が韓策一と韓世家、さらに《韓非子・十過》に対応する章があり、第二十五章以下の三章が新発見の章である。（【表五】参照。）

この帛書《戰國縱横家書》において問題にされているのは以下の二点に集約される。

①史料の性格。つまり《戰國縱横家書》が《漢志・六藝略・春秋家》の「戰國策三十三篇」の原本に相当するのか、《同・諸子略・縱横家者流》の「蘇子三十一篇」の原本に相当するのかという問題。さらに司馬遷所見本（《史記》との関係）と劉向所見本（《戰國策》との関係）との系統上の関わりの問題。

②全体の構成。用字傾向や体例から全体が三つのパートに分けられる点に関しては、細かい部分を除いて、ほぼ異論はないようだが、第一類が燕・齊国別になっていることを除けば、基

【表五】《戰國縱横家書》の構成と編年（拠 佐藤武敏監修《馬王堆帛書 戰國縱横家書》朋友書店、一九九三）

章	章　　名	唐蘭編年	馬雍編年	対応箇所
1	蘇秦自趙獻書燕王	約前 288 初	前 286 前半	
2	蘇秦使韓山獻書燕王	約前 289	前 286 前半	
3	蘇秦使盛惠獻書於燕王	約前 289	前 286 初	
4	蘇秦自齊獻書於齊王	約前 288	前 286	燕策二
5	蘇秦謂燕王	約前 308	前 300	燕策一・蘇秦列傳
6	蘇秦自梁獻書於燕王 (1)	前 287	前 287 前半	
7	蘇秦自梁獻書於燕王 (2)	約前 287 冬	前 287 前半	
8	蘇秦謂齊王 (1)	約前 287 冬 / 前 286 初	前 288	
9	蘇秦謂齊王 (2)	約前 290 / 前 289 初	前 289 末	
10	蘇秦謂齊王 (3)	前 287	前 288	
11	蘇秦自趙獻書於齊王 (1)	前 287	前 287 秋初	
12	蘇秦自趙獻書於齊王 (2)	前 287	前 287 ～	
13	韓貟獻書於齊	前 287	前 287	
14	蘇秦謂齊王 (4)	前 287	前 287 前半	
15	須賈説穰侯　●五百七十	前 273	前 273	魏策三・穰侯列傳
16	朱己謂魏王　●八百五十八	前 265 ～	前 262	魏策三・魏世家
17	謂起賈　●五百六十三	前 284	前 284 春	
18	觸龍見趙太后　●五百六十九	前 265	前 265 ～	趙策四・趙世家
19	秦客卿造謂穰侯●三百 ●大凡二千八百七十	前 271	前 271	秦策三
20	謂燕王	戦国末擬作	前 288 後半	燕策一・蘇秦列傳
21	蘇秦獻書趙王	前 285	前 283	趙策一・趙世家
22	蘇秦謂陳軫	前 312	前 312	田敬仲完世家
23	虞卿謂春申君	前 259	前 248	楚策四・韓策一
24	公仲倗謂韓王	前 317	前 314	韓策一・韓世家・(《韓非子》) 十過
25	李園謂辛梧	前 235	前 235	
26	見田併於梁南	前 225	前 274	
27	龐皮對邯鄲君	前 354	前 353	

（※唐蘭編年・馬雍編年については注 17・18 参照。）

本的に序次に法則性が見られない点が、依然未解決の問題とされている。また各類を個別の著作と見なすか、三類全体をもって一定の編集物と見なすかという問題もある。

一点目の問題に関して、唐蘭・楊寛両氏はこれを《漢志・諸子略・縱横家者流》の《蘇子》もしくはその原本とし、特に第一類に限っては蘇秦の真の事跡を伝える原始史料と見なしているが、これに対して鄭良樹氏は《戰國縱横家書》を、劉向が序録中で参照したとしている《國策》・《國事》・《短長》・《事語》・《長書》・《脩書》などの状況を彷彿させるに足るものであるとし、唐蘭氏の《蘇子》説、さらには沈欽韓《漢書疏證》・齊思和《戰國策著作時代考》などが主張している《戰國策》の《蘇子》編入説を退けている[18]。《戰國策》の《蘇子》編入説は、《戰國策》が蘇秦の説話を多数内包していることに由来していることはことさら贅言を要しまいが、鄭氏はこれを、もし《戰國策》が《蘇子》を内包しているとすれば、そのことが劉向の序録において言及されていてしかるべきだとして一蹴している。いずれの説も一理ありそうだが、実はこれらの議論はすべて本末転倒である。そもそも、《戰國策》も《蘇子》も、基づくところが《漢志》に著録されている劉向の校書事業によって定着された本であることに立ち返るならば、《戰國縱横家書》のような書題も篇題も持たない断片的な説話集は、劉向がどのような基準や方法によって整理したのかを考える方が、本来先に立つべきである。

清の章學誠によれば、劉向校讐学の成果を記した《漢志》は「學術を辨章して源流を考鏡」し（《校讐通義・敍》）、最も「家學」を重んずるので、他の「家」と義理が互いに通じれば、重複を厭わず一つの書物を関連する複数の分野に並載しているとする。この分類の枠を越えて「一書もて兩載」（《校讐通義・互著》）することを章學誠は「互著」もしくは「別裁」と呼んでいる。たとえば《漢志・諸子略・法家者流》の「商君二十九篇」と《同・兵書略・兵權謀家》の「公孫鞅二十七篇」や、《諸子略・雑家者流》の「尉繚二十九篇」と《兵書略・兵形勢家》の「尉繚三十一篇」などがそれに当たるが、このような整理方法は、何も書物レベルに止まらず、篇章字句のあらゆるレベルに及んでいる。たとえば、章學誠の説を祖述・敷衍した清末の孫德謙は以下のように説明している。

　《韓非子・飭令《ちょくれい》篇》と《商君書・靳令篇》は、文甚だしくは出入すること無く、向乃ち兩《ふたつ》ながら之れを存せり。其の復重を言ふを聞かざる者は則ち何ぞや。向の校讐の例は、復重すれば固より刪に就く所に在り。倘《も》し兩家の書と爲し、而《しか》も《商》・《韓》の又た倶に法に長ずれば、明かに其の復重を知ると雖も、則ち之が爲めに妄りに刪るを欲せず。此れ殆んど仍《な》ほ其の「敢へて遺失せざる」の意を抱く。凡そ事は一概もて論ずべきに非ずして、校讐も亦た是くの若きなり。……諸《およ》そ此くの如きの類ひは、正に向の學術の源流に洞然たること、尤も復重・互載を以て之れを議するを得ざらん。（孫德謙《劉向校讐學纂微・刪復重》）[19]

劉向が「學術を辨章して源流を考鏡す」という立場から、「重なれども異なる者」も「敢へて遺失せず」（劉向《晏子序錄》）とする態度をもって校書事業にあたっていたことは、《晏子・外篇重而異者》など種々の痕跡から明らかにされているが[20]、これは《戰國策》についても例外ではない。今本《戰國策》中の数多くの章が、先秦諸子や《新序》・《説苑》などで互見する章が見出せることも周知の通りである。この点からみれば、《戰國縦横家書》第一類のような、国別かつ「以人類書」型の著作群は、《漢志・六藝略・春秋家》の「戰國策三十三篇」にも、《同・諸子略・縦横家者流》の「蘇子三十一篇」にも、同時に編入しうることが容易に推察できるはずである。もちろん、これは《戰國縦横家書》と同一系統の本を劉向が見たか否かとは別の問題である。少なくとも劉向に先行する本を、安直に《漢志》中の書物に帰属させて議論することは、先秦古文献を扱う上であまり有効な手続きとは認め難い。むしろ、《戰國策》中の故事を補う未知の説話を数多く含みながら、今本《戰國策》よりも鮮明に「書き手」もしくは「伝え手」ごとのまとまりを有していることこそが、《戰國縦横家書》の真の価値であると評価すべきである。

　二点目の問題、すなわち《戰國縦横家書》の構成上の特徴についてだが、まず章次の混乱については、少なくとも現段階では筆者も明快な解答は持ち合わせていない[21]。寓言の最終的な目的が説得にあることを考えれば、吉本書評において「今日的な年代学的議論を無媒介に適用」することが必ずしも適当でないとしているのは妥当な見解と言えるし、同時にそれ以上の説明は困難である。強いていえば、後述する《戰國縦横家書》の用字分布（後掲【表六】参照）を見る限り、あるいは《戰國縦横家書》における章次は、馬王堆本に先行する伝本の章次を忠実に保存した結果かとも思われる。《戰國縦横家書》第一類の中で、第四章が総論的な性格を持ち、それが第七章の後ではなく、第四章という位置におかれていることがしばしば問題にされているが、これは先行本の章次をそのまま保存している痕跡と見て取ることができる。第一類が「趙」字を軒並み「勺」字に作っている中にあって、第一章から第四章までは「趙」字と「勺」字が混在していることが、その証左といえよう。

次に《戰國縱橫家書》中に内包されている三類を、三つの別々の書物と見なすか、三類全体をもって一つの書物と見なすかという問題がある。この問題については種々の見解があるが、《戰國縱橫家書》は戦国時代を取り扱った三つの別々の書物を一枚の帛にまとめて製本していると理解すべきである。一つの編集物として見なすには体例が不統一であるという理由もあるが、何よりこうした一枚の帛に複数の書物を同時収録する例がほかにも見られるからである。《戰國縱橫家書》が出土した馬王堆三号漢墓の例でいえば、《五行》・《九主》・《明君》・《德聖》（以上の諸書は原帛上では書題不記載）といった他の道家系古佚書群と一括されている《老子》甲本、《經法》・《十六經（十大經）》・《稱》・《道原》（書題記載有り）などと一括される《老子》乙本、《二三子問》・《易之義》・《要》・《繆和》・《昭力》・《繫辭》（《要》以下三篇は書題記載有り）などの各種易伝を含む《周易》などといった事例がある。しかもこのうち《老子》甲本の巻後古佚書《五行》は、郭店楚墓からも出土しており、先秦期における単行が確認されている。また、同じ郭店楚墓から出土している《老子》丙本も、同時に出土した古佚書《太一生水》（書題記載無し）と合わせて一策としていた痕跡が認められることが、すでに荊門市博物館の整理報告によって指摘されており[22]、こうした同種の書篇を一括製本するという傾向は、馬王堆の帛書のみならず、先秦期も含めた他所の策書にも確認し得る（銀雀山漢簡《守法等諸篇》・《論政論兵之類》・《陰陽時令占候之類》や、阜陽雙古堆漢墓出土の篇題木牘群などもこれに該当しよう）。

このように、近年の出土文献の体裁を見渡す限りでは、《戰國縱橫家書》の三種類ないし四種類の説話集が体系的な編集を経た一書であると見なす必然性はなく、むしろ元々は別行していた三種類ないし四種類の説話集を、軑侯《たいこう》利蒼の子（帛書が出土した馬王堆三号漢墓の墓主）もしくはそれ以前の所蔵者が、一枚の帛書の形に仕立てたと見なすべきである。したがって将来同様の説話集が出土したとしても、馬王堆本とは異なる構成を持っている可能性が小さくない。現存する数少ない劉向の序録には、しばしば彼に先行する官府や個人の蔵本の篇数を列挙しているが、それによれば、

《管子》86篇―中書9・卜圭蔵本27・富參蔵本41・某立蔵本11・太史官府蔵本96
《晏子》11篇―中書11・太史官府蔵本5・劉向蔵本1・杜參蔵本13
《列子》8篇―中書5・太常官府蔵本3・太史官府蔵本4・劉向蔵本6・杜參蔵本2
《關尹子》9篇―中書9・某存蔵本7・劉向蔵本9[23]

と、所蔵者ごとに保有している本の篇数が著しく異なっている。これは《孟子》の七篇や《孫子》の十三篇といった比較的早期に体裁が定着したと考えられる一部の例外を除いて、基本的に劉向の校書事業以前の古文献に定まった体裁がなかったことを示唆している。《戰國策》の序録に「國別者八篇」以外の異本の篇数が挙げられていないのは惜しむべきだが、劉向以前本《戰國策》系説話集が雑然としていたことは、如上の現有資料からだけでも充分想像しえよう。

　一方で、全体として見れば定まった体裁がなく不安定な様相を見せていても、個別の著作群単位で見ていくと、実は早い時期から定着していたのではないかとおぼしき著作群の存在も想定される。このような数篇・数章からなる比較的規模の小さな著作群の中には、《戰國縱横家書》第一類の著作群のように「書き手」ごとの著作をまとめて伝えている可能性があるものを含むことがあるようで、

先秦古文献を史料として扱う上では、むしろこちらの要素の方が重要な鍵を握っている。この点に関しては鄭良樹氏が行っている用字分布調査という方法が有効なので、以下に鄭氏作成のものを補訂した表を掲げてみよう（【表六】）。

ここで筆者は意によって特に第一類のうち燕を対象としている諸章を甲群、齊を対象としている諸章を乙群と称した。これは便宜的なものであって、必ずしも帛書本三区分説を否定するものではないが、第一類（甲群・乙群）のグループが馬王堆以前の写本の段階において別々の来歴を持っていることを示唆するものである。つまり、同じ第一類でも乙群において全く使用が認められない「趙」・「韓」

【表六】《戰國縱横家書》用字分布表

	章	梁	魏	勺	趙	乾	韓	謂	胃	功	攻
第一類（甲群）	1	4			12		2		1		
	2			5			1	1			
	3	1		16	3		1	1		8	
	4			10	2	2		3		7	
	5							1			
	6	2		1			1	1		3	
	7	2		5		1	1			4	
第一類（乙群）	8	4		8		3		3		5	
	9							1			
	10	1						1		3	
	11	7		6		3		1		6	1
	12	18		5		4				11	
	13	3		3		3				1	
	14			2				1		9	
第二類	15	7	11		10				1	1	7
	16	8	13		7		24	1			6
	17	1	7		6		1		1	1	3
	18				6				1		1
	19				1				1		5
第三類	20		2		14		2		1		
	21		4		9		4			1	
	22		13				15		5		1
	23		6		3				4		2
	24						24		2		
	25	10		1	5			1			3
	26	49									14
	27		5		1						

字の使用が甲群において認められ、各々が別の来歴を持っていることが指摘できるのである。こうした事情もあって、筆者は、第一類を一括して蘇秦の真の事跡を伝えた書信とする従来あった説には与《くみ》しない。このほかにも第一類甲群の第一章、第二類の第十五章〜第十七章、及び鄭氏の指摘する第三類の第二十五・二十六章も用字傾向に微妙な差違が見られ、馬王堆本よりも前の段階における別行が予想される。また報告当初から言われていることとして、第一類に見られる「梁」・「勺」・「乾」・「謂」が基本的に第二類・第三類において「魏」・「趙」・「韓」・「胃」などに置き換わっていることもあり、この用字分布がそのまま馬王堆以前の著作群の枠を忠実に伝えている。

では、こうした別個の著作群をどのような基準で一枚の帛にまとめて収録したのか。思うに出土文献中の著作群には概ね一定のテーマが通底している。馬王堆の帛書群で言えば、甲・乙両《老子》は道家系の著作、《周易》は《易》と易伝といったように、一括収録されている著作に一定の共通項が認められる。《戰國縱横家書》の場合で言えば、第一類は、蘇秦の書信・奏言の体裁をとった章（このうち甲群は燕の昭王に宛てたもの、乙群は齊の湣王を対象としたもの）でまとめられており、第二類は、秦が東方に勢力を拡大しつつあった昭襄王期において、いわゆる「四戦の国」である三晉が齊を背にしつつ、どのように対処していくべきかがテーマになっている。また第三類は、楚に関連する戦国故事を集めたもので一貫しており、これら三類が戦国故事を集めた説話群として、馬王堆三号漢墓の墓主もしくはその前の所蔵者によって一枚の帛書に一括収録されたと理解することができる。

以上の問題点の検討を通して、あらためて劉向以前本《戰國策》系説話集の一本である《戰國縱横家書》の特徴を整理すると、

①各説話群が一定のテーマに沿った説話を集めている。
②一部に国別に分類されている傾向が見出せるが、基本的には国別や年代順に配列したという意図は認められない。
③先行する複数の説話群を年代順に再構築せずに、先行本の旧態を残したまま収録している。

として結論づけることができる。

第三節　姚本《戰國策》の内部構造

さて、いよいよ前節で見出した劉向以前本《戰國策》系説話集の特徴が姚本中に見出せないかを検討する。

まず第一に注目すべきは、姚本《戰國策》の章次である。姚本の章次が必ずしも厳密な年代順に並んでいないことは、これまで鄭氏や藤田氏をはじめとする姚本非劉向本論者の有力な論拠となっており、姚本が劉向本の旧貌を留めているとする論者の充分な反証を得ていない。しかし、すでに何晉氏が指摘しているように、説話が厳密な年代順に並んでいないことは、劉向に先行する本である《戰國縱横家書》においても確認しうる特徴であり、劉向が彼に先行する諸本の旧態を《戰國縱横家書》

のような手法で保存していたとすれば、かえって姚本章次の齟齬は、劉向以来、ひいてはそれ以前の古体を留めている証拠にもなり、少なくとも章次の齟齬が直ちに姚本の価値を否定することには繋がらない。ただし、姚本章次の齟齬が、かえって旧来の章次を留めているとするには、《戰國縱横家書》の章次が年代順に並んでいないことを取り上げただけでは、依然、不充分である。姚本が旧来の体裁を保存しているとするには、なお劉向に先行する著作群の保存を姚本自身においても証明する必要がある。

この点に関して示唆的な言及をしているのが吉本書評である。

> 抑も姚本章次は実際に「混乱」しているのであろうか。魏策各章の主要な登場人物に注目すると、264A 知伯、264B ~ 268 文侯、269 武侯、270･271 公叔痤、272 蘇秦、273 張儀、274 田嬰、275 蘇秦、276 陳軫、277 ~ 285 張儀、286 ~ 298 犀首、299 ~ 303A 恵施、303B・304 蘇代の如く、同一人物に関わる章をまとめるという一つの配列基準が看取される。…劉向の「略以時次之」は人物（あるいは事件・関係国）ごとに章を集め、《史記》列傳の如く、人物の大体の時代順で配列する程度の作業であったと思われる[24]。

まず、吉本書評において指摘されている人物ごとのまとまりは、魏策以外の諸篇にも見出せる。たとえば、楚策一の第三章～第十二章までは昭奚恤《しょうけいじゅつ》・江乙《こういつ》に関する説話が集中しているし、同じく齊策一の第一章～第五章までが田嬰（靖郭君）、第六章～第十二章までが田忌・鄒忌、秦策三の第一章

～第八章が魏冄（穰侯）、第九章～第十八章が范睢（應侯。《戰國策》では「范睢」に作る）と、《戰國策》の広範な範囲にわたって同様の傾向が確認できる。これはちょうど《戰國縱横家書》の第一類が蘇秦

【表七】《戰國策》主要人名称謂分布

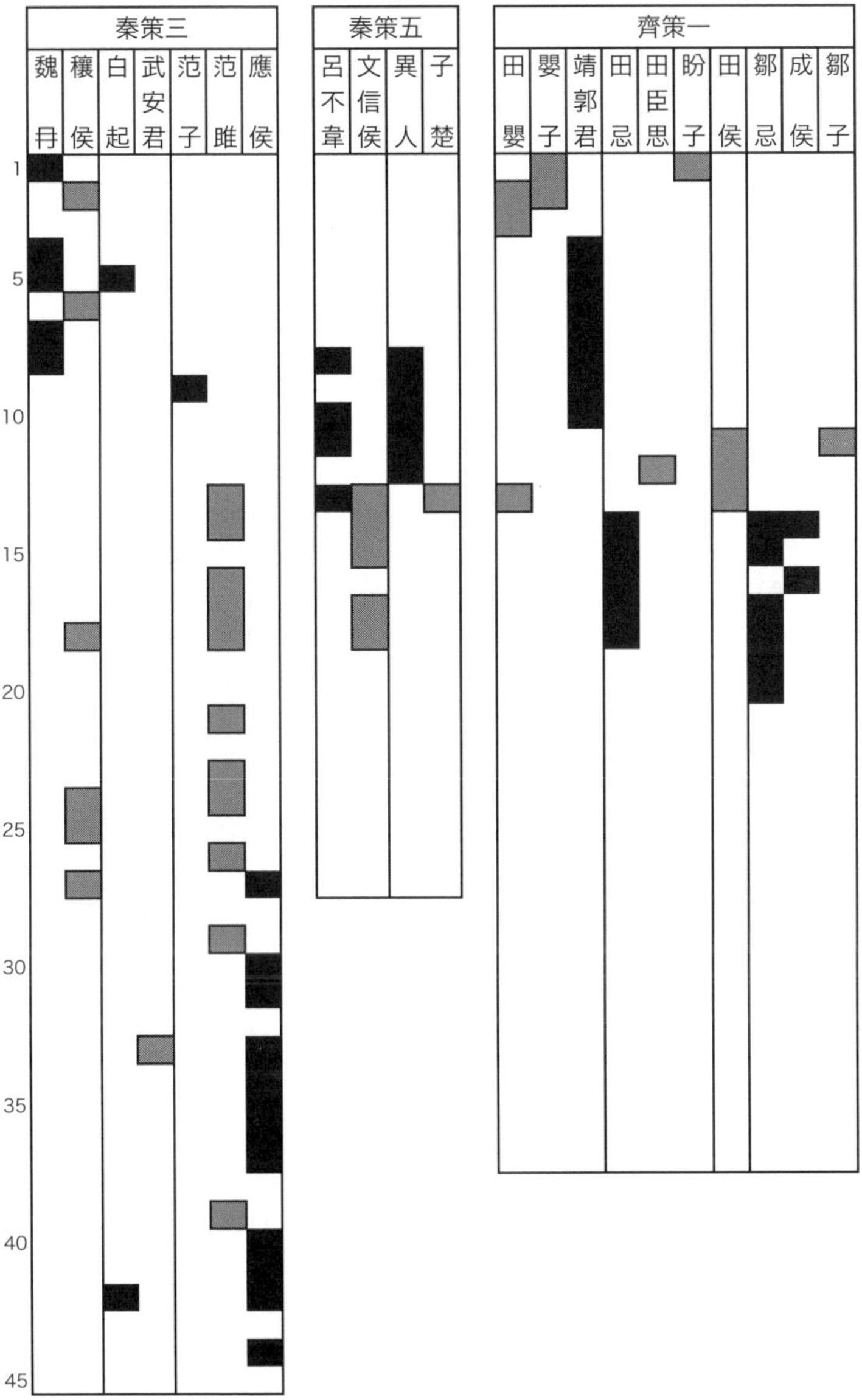

（※《戰國策》に依然、章の離合問題があることに配慮し、章ではなく段落ごとの区分とした。なお段落区分は上海古籍出版社の標点本に従っている。）

【表八】姚本・鮑本人名称謂分布対照表

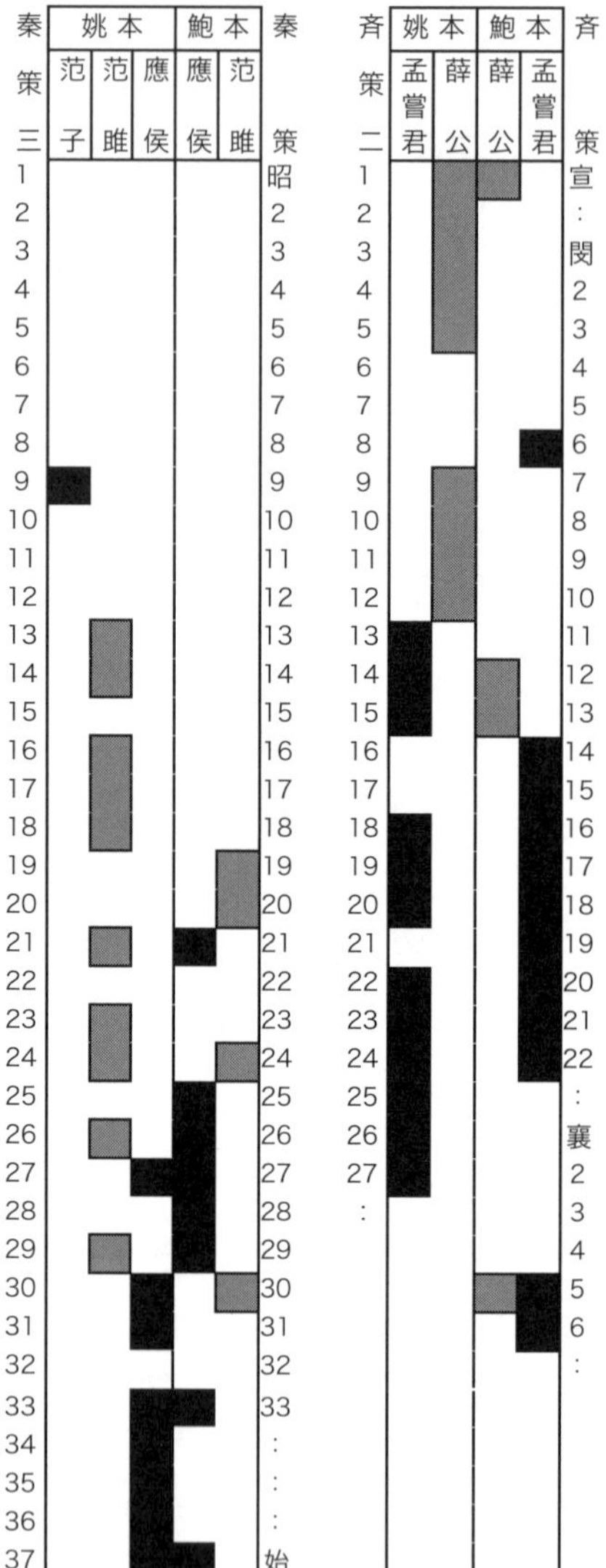

の章で固まっているようなものを彷彿させる。しかしながら、これを劉向が主体的に人物ごとに章を再編したとするのは必ずしも妥当ではない。むしろ先行する著作群を、そのまま時代順に並べている感が強いからである。試みにこれを鄭氏が《戦國縦横家書》で行った用字分布の要領で、同一人物の称謂ごとに分布を調べてみると【表七】のようになる。

まず齊策一の第一章（【表七】第1段）・第二章（同2・3）の「田嬰」「嬰子」が第三章〜第五章（4〜10）には「靖郭君」に変わり、再び第七章（12・13）において「田嬰」に変わる間、両者が混用して使用されている形跡が認められない。しかも第六章（11）以下に登場する鄒忌・田忌のグループのうち、冒頭の第六章と第七章では鄒忌を「鄒子」、田忌を「田臣思[25]」、齊王を「田侯」としていて、第八章（14・15）以降が「田忌」・「鄒忌（ないし成侯）」で称謂が一貫しているのと大きく様相を異にしている。これが第六章〜第十二章（11〜20）までの田忌・鄒忌グループの中に、少なくとも書き手や伝え手を異にする二つの先行説話群の介在が認められることを意味することは、容易に想像がつこう。さらに魏策二においても「田嬰（嬰子）」と「薛公」、「文子」と「孟嘗君」、「惠施」と「惠子」で、称謂によって異なるグループが形成されていることが見受けられるし、同様のことは、秦策三の「范子」・「范睢」・「應侯」、秦策五の「呂不韋」と「文信侯」、「異人」と「子楚」（莊襄王）のケースについても言える。

人名の称謂に止まらず、《戰國縱横家書》に見られるような「魏」と「梁」のような国名の相違を見ても、たとえば齊策二では、第一・四・六・八章で「魏」を用いるが、第二・三章は「梁」を用いている。また趙策一では、第一〜三・五・九・十・十三〜十五章で「魏」を、第六・十五・十七章で「梁」が用いられているなど、やはり称謂別に層を成しているかのように分布している。このように、今の姚本は、劉向が《戰國策》校定時に保存したと思われる先行本の体裁をそのまま保存していることが確認できる。これを、念のため鮑本の章次と比較してみると、鮑本においては、【表八】で示したように、この劉向に先行する本のまとまりが破壊されてしまっていることが看て取れる。

結語

かくして以上の結果から、以下の結論を導き出すことができる。

①姚本《戰國策》は、章次において必ずしも厳格な年代順には並んでいないが、用字や内容に一定の特徴が認められる先行著作群の介在が認められる。これは馬王堆帛書《戰國縱橫家書》が持つ劉向以前本《戰國策》系説話集の特徴と合致する。

②劉向が、先行する諸本をあえて分解・再構築せずに、元の構成を保ったまま新定本中に編入したことは、すでに《荀子》のような、他の先秦古文献の研究によっても明らかにされているが、その意味で現行の姚本《戰國策》は、劉向本、あるいは劉向以前本の原貌を忠実に伝えているといえる。

③これにより、劉向の《戰國策》の校定は、《戰國縱橫家書》のような特徴を持った先行する戦国説話集を、基本的に元の構成を保ったまま年代順に配列した。先行する個別の説話集を分解せずに編入したため、必ずしも章単位で厳密な年代順をとるという訳にはいかなかった。劉向《戰國策序錄》の「略《ほ》ぼ時を以て之れを次す」とは、そのような事情を踏まえた説明であると考えられる。

④以上の諸点から、姚本を介して、劉向以前本《戰國策》の復元は可能であると考える。司馬遷《史

記》や孔衍《こうえん》《春秋後語》・鮑本《戰國策》は、個別の説話を年代順に再構築して戦国史の通覧に便宜を図っているが、寓言の多い戦国説話の場合は、むしろ姚本《戰國策》のように史料の「書き手」や「伝え手」ごとの選別をしやすい体裁を持つものの方が、史料批判に有利であり、そのことこそが、《史記》に対する《戰國策》の優位性といえる。

劉向に先行する著作群を今本中より抽出することの意義は、何と言っても一手一時に成らずとされる、前漢以前の古文献が内包する著作群の「書き手」を選別することにある。その中には、早くから定着していたとおぼしき、一学派の文集と呼ぶに相応しい著作群が浮かび上がってくることもあろうし、あるいは一個人の手になる没交渉な著作が出現することもあろう。ともかくも、「書き手」ごとの著作群を抽出するのに《戰國策》は、最も有効な史料だと言える。劉向以前本への復元という作業が、このような「書き手」ごとの著作のまとまりを抽出するのに有効であることは、《戰國縦横家書》甲群（第一類前八章）の諸章が、同一人物の手に成るとされていることによっても理解されることと思うが（これが蘇秦の親著であるとする従来の見解については、にわかに首肯することはできないが、相互に比較的密接な繋がりを有している点については、筆者も必ずしも否定しない）、その意味で現行の姚本《戰國策》が劉向本の原貌を、また劉向本が劉向以前本の古態を忠実に保存していることを立証せんと試みた本章の成果は、決して小さなものではないと思う。かくして、今本《戰國策》を通して劉向以前本への復元が可能であることが判明したからには、次章における関心は、必然的に劉向以前本への具体的な復元作業に移ることになる。

注

1　鄭良樹《戰國策研究》（臺灣學生書局、一九七五）、および藤田勝久「《戰國策》の性格に関する一試論」・「馬王堆帛書《戰國縱橫家書》の構成と性格」（《史記戰國史料の研究》、東京大學出版會、一九九七。後者の初出は《愛媛大學教養部紀要》一八、一九八六）。このほか楊寛「馬王堆帛書《戰國策》的史料價值」（《文物》一九七五－二）も《戰國策》は唐宋間の散佚を経て、《史記》を利用して《戰國策》の文を補うなど、劉向当時の面目を保っていないとするが、鄭氏や藤田氏ほどの詳細な考証は行っていない。楊氏の《戰國策》に関する所説は《戰國史》（臺灣商務印書館、一九九七增訂版）や《戰國史料編年輯證》（臺灣商務印書館、二〇〇二）の巻首なども参照。

2　唐の太宗朝の下で編纂された《隋書・經籍志》（以下、《隋志》）に、「《戰國策》三十二卷。劉向錄」（史部・雜史類）とあって、劉向校書時の三十三篇より一巻少ないが、これはおそらく一篇散佚したのではなく、過って機械的に三十三篇から「劉向錄」を差し引いて三十二巻としてしまったものではないかと思われる。ここでは詳論しないが、《隋志》は「目」（篇目）・「錄」（解題）に由来すると思しき、このような一～二篇の増減がしばしば見られる。姚本巻末に附載されている姚宏の題辞に「《隋經籍志》三十四卷、劉向錄」とあるのは、これとは逆に「劉向錄」を三十三篇に加えてしまったものか、あるいは単なる誤写かのいずれかであろう。試みに司馬貞《史記索隱》と李善《文選注》中の《戰國策》の引文をしらべてみると、引用していない篇は僅かに齊策四・五、楚策二・三（以上《索隱》）と魏策三（《文選注》）の五篇を数えるのみであるが、この四篇は北宋初の《崇文總目》の三十三巻無注本の残存部分に相当する。

3　この楚策三末章と楚策四首章の離合帰属問題は、すでに王念孫《讀書雜志》が指摘している。王念孫は、李善注を根拠にして、楚策四首章は楚策三末章の後に続くもので、本来は同じ章だったのだろうとする。鄭氏はこれを根拠として、今の姚本の分章が劉向本の原貌を留めていないと主張している。確かに楚策四の首章は、楚策四の第二・第三章の、楚の后妃を取り扱ったグループとの連続が悪く、これを楚策三の末章に帰属させた方が、（一・二）蘇秦→（三〜九）張儀→（十）合従連衡総論という楚策三内のまとまりもはっきりする。このことから、王念孫の説はおそらく妥当なものであろうと評価しうる。しかしながら、この一事だけをもって姚本の伝本としての価値を否定することはできない。より多面的な検討を要する。

4　《戰國策》の曾鞏の序文には「編校史館書籍」という肩書きが記されている。曾鞏の弟 曾肇の手になる曾鞏の「行狀」（拠《曾鞏集》中國古典文學基本叢書、中華書局）によれば、曾鞏が編校史館書籍となったのは嘉祐二年（一〇五七）のことという。

5　鄭良樹氏（《戰國策研究》）が指摘しているように、亡佚したはずの高注本の篇目のうち、魏策二第二十三に五条、魏策四第二十五に四条、燕策二第三十に一条の都合十条の高注が現行の姚本中に見出せる。多くが曾本以降、姚本の校勘時に獲得された高注のようだが、これについては鄭氏も満足のいく説明ができないとしている。

6　この文の末尾に「上章執徐、仲冬朔日、會稽姚寛書」とある。本条を除けば文面が姚宏の題辞と大同小異であるため、黄丕烈はこれを、本来は《姚宏題》の文とすべきであって《姚寛書》とするのは誤りだとしている。

7　このほか、洪邁《容齋四筆・巻一・戰國策》（慶元三年〔一一九七〕自序）に、「予 按ずるに、今 世に傳はる者は、大抵讀むべからず。其の《韓非子》・《新序》・《説苑》・《韓詩外傳》・《高士傳》・《史記索隱》・《太平御覽》・《北堂書鈔》・《藝文類聚》諸書の引用する所の者は、多く今本の無き所なり」とあって、「上章執徐」、すなわち紹興三十年（一一六〇）に書かれた「姚寛書」の「太史公の採る所は九十三事、内 同じからざる者は五、《韓非子》十五事・《説苑》六事・《新序》九事・《呂氏春秋》一事・《韓詩外傳》一事・皇甫謐《高士傳》三事・《越絶書》の李園を記すことの一事は甚だ異なれり」で挙げられているリストと並び順まで近似している。このことは、洪邁が「姚寬書」を含む姚本を見ていることを示唆している。

　ちなみに、《四筆》の序の日付と《三筆》の序の日付（慶元二年、すなわち一一九六）の間はわずかに一年の時を隔てているだけで、《四庫全書總目提要》は「蓋し其の晩年に《夷堅志》を撰して、此の書に於いて甚だ意に關せず、草創促速、未だ少しく牴牾有るを免れず」（子部・雜家類・内府藏本容齋隨筆十六卷）と、洪邁が「徒らに取りて速成し」たとして批判している。

8 実際、これに対して錢大昕が《戰國策序》や《十駕齋養新錄》などで考証を加え、「忈」などは六朝末唐初の陸德明《論語音義》にも見えており、いわゆる則天文字にも拠りどころがあったのではないかと推察している。実は「埊」についても、《管子・輕重類・山權數》に「故に天、埊を毀《こぼ》てり」とあって、その注に「埊は、古えの『地』字なり」とある。今本《管子》の注は旧題によれば太宗朝の「房玄齡注」とあるが、実は武后の時に定王府文學になった尹知章の注とされる。いずれにせよ、この例もまた則天文字に武后以前の拠りどころがあったことを連想させる。

9 孔衍《春秋後語》十巻（亡）は、《史通・六家・國語家》に、「孔衍に至り、又た《戰國策》の書する所を以て、未だ盡くは善しと爲さず。乃ち太史公の記す所を引きて、其の異同を參じ、彼の二家を刪《けづ》りて、聚《あつ》めて一錄と爲し、號して《春秋後語》と爲す。二周及び宋・衞・中山を除きて、其の留むる所の者は七國のみ。秦の孝公自り始め、楚・漢の際に終わるまで、《春秋》に比して、亦た二百三十餘年の行時を盡《つく》す」とあるように、西晉の孔衍が《戰國策》と《史記》中の七国の二百三十年あまりの故事を集めて一本として整理したものである。

七国のうち《秦語》が三篇、《趙語》が二篇あったと推定されている。清人王謨（《漢魏遺書鈔》）・王仁俊（《玉函山房輯佚書續編》）らの輯本があり、前者が《秦語》十五条・《齊語》十八条・《楚語》七条・《趙語》十九条・《魏語》八条・《韓語》二条・《燕語》六条の佚文を、後者が《琱玉集》と《棠陰比事》に見える王謨未見の佚文を含む全五条を収めている。またこれとは別に、羅振玉の《鳴沙石室佚書》に敦煌出土の唐鈔本《春秋後語》の魏語第七（伯二五八九）・略出本（伯二五六九。趙語第五・韓語第六・魏語第七・楚語第八）を収めるほか、秦語上第一（伯二七〇二）・秦語中第二（伯五五二三）・趙語上第四（伯三六一六）・趙語下第五（伯二八七二）の残巻がそれぞれ発見されている。康世昌「《春秋後語》輯校（上・下）」（《敦煌學》十四・十五、一九八九）、「《春秋後語》研究」（《敦煌學》十六、一九九〇）、王恆傑《春秋後語輯考》（齊魯書社、一九九三）がある。

10　尤袤《遂初堂書目》（清道光二十六年海山仙館叢書本、中國歷代書目叢刊所収、現代出版社、一九八七）。

11　洪邁が姚本を見た形跡については注7を参照。

12　鮑本の章次が《史記》に基づいていることは吉本書評でも指摘されている。「1～6の配列は、『宋代の學者が認識できない情報』ではなく、魏世家に専ら基づく。そのことは1『事在此二年』・3『記四年有』・4『記十〔二〕年有』・5『十一年有』・6『記有、與上二章相次』に明示される」とある。呂祖謙《大事記》（淳熙七年、一一八〇）は、鮑本の刊行（紹興十七年、一一三七）より半世紀ほど降るが、上掲の「記」が《史記》（ここでは魏世家）の紀年を指していることは明らかである。

13　前掲藤田勝久「《戰國策》の性格に関する一試論」。郭人民氏の繫年は《戰國策校注繫年》（中州古籍出版社、一九八八）。このほか類似の書として繆文遠《戰國策繫年輯證》（巴蜀書社、一九七七）がある。繫年考証を行ったものとしては、このほか錢穆《先秦諸子繫年》（商務印書館）、平勢隆郎《新編史記東周年表》（東京大學出版會、一九九五)、吉本道雅「史記戰國紀年考」(《立命館文學》五五六、一九九八)、前掲楊寛《戰國史料編年輯證》などがある。

14　金谷治「《荀子》の文獻學的研究」(《日本學士院紀要》九－一、一九五一。のち平河出版社刊《金谷治中國思想論集》に収録)。

15　町田三郎《韓非子》(中公文庫、一九九二)解題に整理されている《韓非子》成立時期を並べてみると、今本の篇目中である程度団塊化していることがわかる。また《墨子》は旧来の形のまま伝わっているがために難解極まる書とされているが、吉本道雅氏は「墨子小考」(《立命館文學》五七七、二〇〇二)において、これが劉向以来の面貌を伝えるものあることを確認すると共に、城守諸篇を除く《墨子》各類の成立考証を通して、劉向本の構造と整理過程について論じている。さらに松本幸男「《禮記》樂記篇の成立について」(《立命館文學》三〇〇、一九七〇)は、《史記・樂書》・《禮記・樂記》及び《禮記正義》所引鄭玄《三禮目錄》に見える劉向本《樂記》の章次を比較して今本《樂記》が三群に分かれることを論じ、中でも《荀子・樂論》中に集中して引用されている中央部分(乙群)が最も成立が古いと考察している。これらの成果は全て一見構造的な問題を抱えているように見られる今本が、実は劉向が従前本の体裁を、彼の新定本中に忠実に保存した結果であることを示唆している。

16　《戰國縱橫家書》については、馬王堆漢墓帛書整理小組《馬王堆漢墓帛書〔參〕》(文物出版社、一九八三)を基本に、馬王堆漢墓帛書整理小組《馬王堆漢墓帛書　戰國縱橫家書》(文物出版社、一九七六)、佐藤武敏・工藤元男・早苗良雄・藤田勝久共編《馬王堆帛書　戰國縱橫家書》(朋友書店、一九九三)、鄭良樹「帛書本《戰國策校釋》」(《竹簡帛書論文集》學海出版社、一九九四)、大西克也・大櫛敦弘《戰國縱橫家書》(東方書店、二〇一五)等を主に参照した。

17 馬雍「帛書《別本戰國策》各篇的年代和歷史背景」（《文物》一九七五-四）。なお、《戰國縱橫家書》の用字については、前掲大西克也・大櫛敦弘《戰國縱橫家書》が、陳昭容「先秦古文字材料中的第一人稱代詞」（《中國文字》新一六、一九九二）の説を援引しつつ、一人称代名詞「吾」を「魚」に作るなど、「秦漢の用字の規範に合わない例が散見する」一方で、《戰國縱橫家書》が「原資料の表記を忠実に繼承しているのではなく、漢代の通常表記に次第に書き換えられる途上にあった」ことを併せて指摘する。

18 齊思和「戰國策著作時代考」（《燕京學報》三四、一九四八）、唐蘭「司馬遷所沒有見過的珍貴史料――長沙馬王堆帛書《戰國縱橫家書》」（《戰國縱橫家書》文物出版社、一九七六）、「座談長沙馬王堆漢墓帛書」（《文物》一九七四-九）、前掲楊寬「馬王堆帛書《戰國策》的史料價値」、鄭良樹「論簡帛本《戰國策》的分批及命名」（《竹簡帛書論文集》學海出版社、一九九四）など。

19 拙稿「孫德謙 劉向校讐學纂微譯注（二）」（《立命館東洋史學》二六、二〇〇三）参照。

20 武内義雄《支那學研究法》（岩波書店、一九四九）。

21 基本的には、第一類が国別に配列されている以外は国別にも年代順にも並んでいないという意見でこれまでのところ一致している。ただ、藤田勝久氏はこれを実は国別・年代順に配列されているとする。

22 荊門市博物館《郭店楚墓竹簡》（文物出版社、一九九八）。

23 「所校讎中《管子》書三百八十九篇、太中大夫卜圭書二十七篇、臣富參書四十一篇、射聲校尉立書十一篇、太史書九十六篇、凡中外書五百六十四、以校除復重四百八十四篇、定著八十六篇。」（《管子序錄》）

「所校中書《晏子》十一篇、臣向謹與長社尉臣參、校讐太史書五篇、臣向書一篇、參書十三篇、凡中外書三十篇、爲八百三十八章。除復重二十二篇、六百三十八章、定著八篇、二百一十五章。外書無有三十八章、中書無有七十一章、中外皆有以相定。」（《晏子序錄》）

「所校中書《列子》五篇、臣向謹與長社尉臣參校讐太常書三篇、太史書四篇、臣向書六篇、臣參書二篇、内外書凡二十篇、以校除復重十二篇、定著八篇。中書多、外書少。章亂布在諸篇中。」（《列子序錄》）

「所校中祕書《關尹子》九篇、臣向校讐太常存七篇、臣向本九篇、臣向輒除錯不可攷、增闕斷續者九篇。」（《關尹子序錄》）

このほか南宋 謝守灝《しゃしゅこう》の《混元聖紀・巻三》（正統道藏與字號）に、「劉向讐校中老子書二篇、太史書一篇、臣向書二篇、凡中外書五篇一百四十二章、除複重三篇六十二章、定著二篇八十一章、上經第一三十七章、下經第二四十四章」と、《老子序錄》と思《おぼ》しき文が見える。《混元聖紀》の内容が必ずしも虚言でないことは、拙稿「《老子》傅奕本来源考」（《漢字文獻情報處理研究》四、二〇〇三）において傅奕《ふえき》本の来源に関する記述の検証を通して明らかにした。

24　吉本書評ではこのほか、魏晉の間の鈔写にかかる樓蘭 LA.II.ii 房址出土古鈔本《戰國策》（燕策三）の例より、姚本が少なくとも魏晉以前の章次を保存していることを指摘している。LA.II.ii (33) は、姚本の燕策三・第一章（齊韓魏共攻燕章）と燕策三・第二章（張丑爲質於燕章）に相当する部分の残紙だが、鮑本では前者を楚・頃襄王の第九章に、後者を燕下・惠王の第二章に配していて、ここからも鮑彪の改易は明らかである。林梅村《樓蘭尼雅出土文書》（文物出版社、一九八五）。

[樓蘭 LA.II.ii (33)《戰國策・燕策三》残巻釈文]

…燕而攻魏雍丘取之以…

西齊軍其東楚軍欲還不可得也景陽乃開…

師怪之以爲楚與魏謀之乃引兵而去齊兵…

師乃還

張丑爲質於燕＝王欲煞之走且出竟＝吏得丑＝曰燕王所將殺我者人有言我有寶珠也王欲得之今我已亡之矣而燕不我信今子且致二且言子之奪我而呑之燕王必將煞子刳子之

…夫欲得之君不可說吾要且〼子腸亦且寸絶竟吏恐而赦之

25 《史記・田敬仲完世家》索隱に「《戰國策》は『田期思』に作り、《紀年》は之れを『徐州の子期』と謂ふ。蓋し卽ち田忌なり」とある。錢大昕《二十二史考異・巻四・史記・田敬仲完世家》は、「𦣞」「期」「忌」は音が近く通用すると指摘する。郭錫良《漢字古音手冊（增訂本）》（商務印書館、二〇一〇）によれば、「𦣞」は餘母（喩母四等）之部、「期」「忌」は羣母之部で、声韻ともに近い。

【補注】《戰國策》佚文の中でもとりわけ問題になるのは、清の牟默人《雪泥書屋雜志・巻之二》（續修四庫全書所收、上海古籍出版社）や民國の羅根澤「戰國策作始蒯通考補證」（《諸子考索》學林書店所收、［一九三三］）において、《戰國策》が蒯通の作である傍証として挙げている、《史記·淮陰侯列傳》の記事である。この記事は蒯通が韓信に「參分天下」を唆す内容だが、その末尾の索隱に「按ずるに《漢書》及び《戰國策》、皆な此の文有り」とあることが、両説の大きな根拠となっている。《淮陰侯列傳》の該当文は、千字余りの長文につき、諸祖耿《戰國策集注彙考》（江蘇古籍出版社）の「戰國策逸文」12、および鄭良樹《戰國策研究》（臺灣學生書局、一九七五）の「附錄一 戰國策佚文考證」12を参照されたい。ただし、《史記索隱》単行本（據清光緒十九年廣雅書局覆汲古閣本）の見出しは「注一云卒遂不用」で、司馬貞索隱は《史記》の正文ではなく、裴駰集解の、徐廣曰く、一本、「遂に蒯通を用いず。蒯通曰く、『夫れ細苛に迫らるる者は、與に大事を圖るべからず。臣慮に拘はるる者は、固より君王の意無し』と。説きて聽かれず、因りて去りて詳狂す」とするなり。

という異文の方に対してつけられている。したがって諸祖耿・鄭良樹の引用箇所は適切ではない。加えて、現行本《戰國策》における記事年代の上限は、三晉分立前後の趙襄子・魏桓子・韓康子と智伯に絡む故事で、一般に周の貞定王十六年（前四五三）に繋けられる。ここから劉向《戰國策序錄》のいう、《戰國策》がカバーする「二百四十五年」を加えると二世皇帝二年（前二〇八）となり、ほぼ統一秦の滅亡、すなわち「楚漢之起」年である前二〇七と重なる。つまり、「漢四年」（前二〇三）に配されている蒯通の記事自体は《戰國策》と関わりがなく、司馬貞が《戰國策》に見えるとしているのは、「夫迫於細苛者、不可與圖大事。拘於臣慮者、固無君王之意」という格言部分のみの可能性がある。同様の例を《淮陰侯列傳》から掲げておくと、

蒯通、復た説く、「夫れ聽なる者は事の候なり。計なる者は事の機なり。聽過ち計失して、而も能く久しく安ずる者は鮮し。聽、一二を失せざる者は、亂すに言を以てすべからず。計、本末を失せざる者は、紛するに辭を以てすべからず」と。

という文も、陳軫の言として、ほぼ同旨の文が秦策二（楚絶齊齊舉兵伐楚章）に出てくる。

計なる者は事の本なり。聽なる者は存亡の機なり。計失して聽過ち、能く國を有つ者は寡し。故に曰く、計に一二有る者は悖り難きなり。聽に本末を失すること無き者は惑ひ難きなり。

なお、鄭良樹が佚文として挙げる《太平御覽・卷四六〇・人事部》の酈生（101）・范增（102）・蒯通（103）・隨何（104）（※いずれも楚漢の際の人物。数字は鄭氏の佚文番号。）の《戰國策》引文については、何晉氏《戰國策研究》が、これらの出処を《史記》の誤りであるとしている。

第四章　劉向以前本戰國策への復元

はじめに

前章において、現行の姚本《戰國策》が劉向本の旧貌を保存していること、また、劉向本に内包されている先行説話群の存在を確認した。本章では、具体的に姚本三十三篇を、劉向が参照した先行本ごとに分解することを目的とする。なお、本章以降、《戰國策》中の篇章に略号を用いる。たとえば、秦策一の第1章なら、「秦一1」のように表記する。

第一節　三十三篇の分篇について

劉向が校定した《戰國策》が三十三篇であったことは《漢志》に、

《戰國策》三十三篇。《春秋》の後を記す。（六藝略・春秋類）

とあることによって明らかだが、加えて劉向本《戰國策》の篇目が、現行姚本三十三篇の篇目と変わらないことも、姚本中に保存されている劉向《戰國策序録》中の篇目によってわかる。すなわち、以下の三十三篇である。（※括弧内は各篇ごとの総字数）

東周策第一（2919）・西周策第二（2205）・秦策一第三（4520）・秦策二第四（3233）・秦策三第五（6063）・秦策四第六（2989）・秦策五第七（3186）・齊策一第八（3589）・齊策二第九（1373）・齊策三第十（2934）・齊策四第十一（3520）・齊策五第十二（2424）・齊策六第十三（3347）・楚策一第十四（4899）・楚策二第十五（1711）・楚策三第十六（1652）・楚策四第十七（3506）・趙策一第十八（5581）・趙策二第十九（5249）・趙策三第二十（6102）・趙策四第二十一（5001）・魏策一第二十二（4406）・魏策二第二十三（3700）・魏策三第二十四（4283）・魏策四第二十五（3969）・韓策一第二十六（4054）・韓策二第二十七（3329）・韓策三第二十八（3789）・燕策一第二十九（5491）・燕策二第三十（4797）・燕策三第三十一（3642）・宋衛策第三十二（1943）・中山策第三十三（3106）

ここに一つの疑問がある。それは、なぜ東周・西周・秦・齊・楚・趙・魏・韓・燕・宋・衛・中山の十二国を、わざわざ三十三篇構成にしたのかということである。序録を読むと、劉向は《戰國策》校定にあたって「國別者八篇」を下敷きにしたというが、それがどのような事情で三十三篇構成になったのだろうか。「國別者八篇」は周・秦・齊・楚・趙・魏・韓・燕の八国で構成されていたと齊思和氏は主張する[1]。これはいかにも自然な推論であり、これに別途獲得した宋・衞・中山を加えて十篇ないし十一篇にまとめたとしても常識的な手続きである。現に宋人鮑彪《ほうひょう》も、《戰國策》三十三篇を西周・東周・秦・齊・楚・趙・魏・韓・燕・中山の国別十篇に再編している[2]。しかしながら、実際には劉向本はなぜか先の三十三篇の形に定著しており、その分篇に疑問を抱かずにはいられない。

この疑問に対しては、①一定の字数ごとに等分割した可能性、②各国国君の代ごとに分割した可能性、③劉向が先行本を保持した結果、という三つの可能性が考えられる。以下、順を追って検討してみよう。

まず第一に、各国の説話を一定量ごとに等分割した可能性が考えられるが、この可能性は低い。さきに挙げた三十三篇の各篇の総字数を検討してみると、その不規則性に驚かされる。最も字数の少ない齊策二で1373字、最も多い趙策三で6102字とその差は四倍半近くにもなる。今本《戰國策》中に脱文や節略があるにしても、それが大規模なものになり得ないことは、すでに前章で紹介した何晉氏が考証している通りであり、この差が劇的に縮小される見込みは薄い。とすれば、単純に全体の分量に鑑みてこれを一定量ごとに分かったとは考えがたい。そもそも「篇」は、必ずしも一策（一束の簡策）を意味しない。銀雀山漢簡《孫子》や《守法等諸篇》はいずれも十数篇から成る書物だが、篇題木牘から推察する限り、いずれも二束の簡策に製本されており、篇末にしばしば明記されている総字数を比較しても、必ずしも一篇を一定量で統一している訳ではない。《守法等諸篇》の例で言えば、「五百卌八」（812）・「九百六」（921）・「千六十四」（957）と、やはり総字数の多い篇と少ない篇とで倍近い差が認められる。（※括弧内は文物出版社刊《銀雀山漢墓竹簡〔壹〕》の竹簡番号。）

第二に各国国君の代ごとに分けている可能性が考えられるが、やはりこれも妥当ではない。たとえば、秦策一（孝公・惠王）・秦策二（惠王・武王・昭王?）・秦策三（昭王）・秦策四（昭王・文王・莊王・始皇）・秦策五（始皇）のように、必ずしも代ごとに篇を更めているわけではないことが見て取れる。

結局、残った可能性として考えられるのが、前章でも取り上げた先行本保存の線である。比較的わかりやすい例を二・三挙げてみよう。まず、秦策三（全17章）には、前半7章に穰侯（魏冄《ぎぜん》）、後半10章に應侯（范雎《はんしょ》）に関する章が集中しているが、その前後は、秦の宣太后（秦二16）と孟嘗君《もうしょうくん》（薛公《せつこう》・田文《でんぶん》）（秦四1・2）に関する章があって、明確に線引きができる。また齊策二（全8章）は、ほぼ全篇にわたって縦横家とその所説に関する章が並んでいるが、齊策三（全12章）の冒頭は孟嘗君（1〜9章）に関する章で構成されていて、これも両篇の間に明確な傾向の違いが看取される。このように、どうやら劉向本《戰國策》三十三篇の分篇は、先行本の保持に由来するらしく思われる。つまり、劉向が《戰國策序録》において「略ぼ時を以て之れを次す」と言うのは、こうした先行本の体裁を保持しながら、一方でそれらを時系列に配したということを意味しているのであろう。必ずしも先行本を解体して、すべての章次を一律時系列に組み直したという意味ではない。

本章では、以下、三十三篇中から校書時に劉向が参照した先行本の抽出を試みる。抽出する際の基準は、第一章や第三章において筆者が明らかにした、次の劉向新定本および劉向以前本の特徴にもとづく。すなわち、

①劉向以前に行われていた著作群や説話群（定本化して広く共有・認知されているものから、旧蔵者の私的なセレクトに成る孤本まで事情は様々）には概ね一定の主題が設定されている。

②劉向本中に先行著作群が介在する場合は、劉向本中である程度団塊を成している。

の二要素である。先行説話群の主題は、原則として特定の人物・集団（勢力）・事件などが設定される。ただし、先行説話群が内包する、個別の説話の内容は、必ずしも設定された主題が軸になっているとは限らない。（たとえば、孟嘗君説話群のすべての説話が、必ずしも孟嘗君を主役としているとは限らない。）なお、馬王堆帛書《戰國縱横家書》がそうであるように、三十三篇から先行本を抽出したとしても、その中にさらに複数の先行本が重層的に内在していることがあるが、本章ではあくまで劉向が獲得した段階での著作群の抽出に重きを置き、さらなる分解や断代は後日の課題としておく。

本章の主目的は、如上の背景と方法の提示にあって、個別具体的な先行説話群の区分については、なお議論の余地があると思われる。識者による批正を願ってやまない。

第二節　東周策・西周策（2篇4群）

《史記・周本紀》によれば、周の考王（在位前四四〇～前四二六）がその弟を河南に封じて周公の官職を續《つ》がせ、これを周（のちの「西周」）の桓公とした。のち、孫の惠公の時にその少子（末子）を鞏に封じ、これが「東周の惠公」と号した。かくしてできた東西二周が、《戰國策》でいう「東周」「西周」である。《戰國策》において、この東周・西周の両策をことさら立てているからには、やはり劉向所見本の段階で、東周説話群と西周説話群とで別々の本として独立して行われていたと見なすべきだろう。関連する新出出土文献では、阜陽雙古堆漢簡に、「西周」（N004・N006・N008）・「東周」（N085）を含む、年経国緯の共観年表が発見されているほか[3]、北京大學蔵漢簡《周馴》において、東周の「昭文公」（《戰國策》でいう「昭文君」）が西周の「恭太子」（同、「共太子」）に訓戒を垂れる形式を採っているあたりが注目される[4]。

東周策（全28章）は、中央の9～21章において周最《しゅうしゅ》（または周冣）関連の説話が団塊を成しており、これを挟む形で三本以上の先行本を内包しているものと思われる。このうち1～8章は、概ね周の惠王時に集中しているが、第22章以降については、これといった主題を特定しがたい。これはちょうど馬王堆帛書《戰國縱横家書》の第三類が、楚に関する説話群という以外にこれといった主題を見出せない例を想起させる。あるいは、ここも東周関連の説話群というだけで、それ以上の主題はないのかもしれない。このことは、次の西周策（全17章）についても同様のことが言える。ひとまず東周策は、周最とその周辺に関する9～21章までを乙群とし、その前後を仮に甲群・丙群として区別しておくに止め、また西周策も細かく細分せずに全体で一群と見なしておくことにする。

第三節　秦策（5篇13群）

秦策一（全13章）は、総じて縦横家に関する諸章（秦一2～13）で占められているが、冒頭の商鞅《しょうおう》に絡む《衛鞅亡魏入秦章》（秦一1）だけが独立しており、今これを甲群とする。特定人物の章が独立しているケースは、後述する魏一1・韓一1の智伯の例がある。《衛鞅亡魏入秦章》は、商君変法に関する説話だが、文中に「恵王」の謚が登場することからも、その後代性は明らかで、もとより作時が秦の恵王の没年より遡ることはない。乙群は比較的主題が明瞭で、必ずと言って良いほど蘇秦・張儀・陳軫《ちんしん》ら縦横家が登場する。中でも2・3章が蘇秦、5～10章が張儀、11～13章が陳軫というように、これをさらに三群に分けることも可能だが、秦二甲群も縦横家関連章が群塊を形成していることから推して、秦一乙群と秦二甲群は別本であった可能性が高い。秦一乙群の諸章が三つのグループに分かれて行われていたとしても、それは劉向よりもさらに前の段階のことで、劉向所見本の段階では、秦一2～13までで一本を形成していたと考えられる。もし秦一乙群が劉向の時点で三つの独立した本であったとすれば、秦二甲群の縦横家群も秦策一に編入するのが自然である。そうしなかったのは、やはり劉向校書時点で、秦一2～13で一本、秦二1～4で一本だったことを示唆している。

なお、秦一乙群と秦二甲群の間には、もうひとつ重要な違いがある。それは秦一乙群、就中、《蘇秦始將連横章》（秦一2）と《張儀説秦王章》（秦一5）の両章における人物・地勢・名物といった語彙や修辞技巧《レトリック》が、秦二甲群に比して遥かに豊かな点である。たとえば《蘇秦始將連横章》は、清の江有詰が《先秦韻讀》で指摘しているように韻文を含んでいる[5]。

古者使車轂擊馳、言語相結、天下爲一［脂部］。約從連横、兵革不藏［陽部］。文士竝（餝）〔飭〕、諸侯亂惑。萬端倶起、不可勝理。科條既備、民多僞態［之部］。書策稠濁、百姓不足［侯部］、上下相愁、民無所聊［幽部］。明言章理、兵甲愈起。辯言偉服、戰攻不息。繁稱文辭、天下不治［之部］。舌弊耳聾、不見成功。行義約信、天下不親［眞部］。

このような特徴から、本章は賦との関わりが従来から指摘されているが、詳細は第五章に譲り、本章ではそうした指摘があることを喚起するに止めて話を先に進める。

上述した通り、秦策二（全16章）の1～4章は、張儀・陳軫・公孫衍ら縱横家に関する群《グループ》である（甲群）。陳軫・公孫衍（犀首《さいしゅ》）は、《漢志・諸子略・縱横家者流》にその著作こそ著録されていないが、彼らが縱横家に位置づけられていることは、《史記・張儀列傳》の附伝として陳軫・犀首（公孫衍）の伝が立てられていることや、劉向が《戰國策序錄》において「是を以て蘇秦・張儀・公孫衍・陳軫・（蘇）代・（蘇）厲の屬、從横《しょうこう》短長の說を生み、左右傾側せり」と括っている点からも明らかである。5～7章は、おそらく秦の武王（悼武王）に関する群であろう（乙群）。5・6章において明確に「武王」の諡が見える上、第7章の「秦王」も、秦の武王四年（前三〇七）の宜陽の戦役（秦本紀・六國年表の当該年にいずれも「拔宜陽（城）、斬首六萬」とある）に関する話題になっていることから、これを秦の武王であるとして問題ない。したがって三章通じて秦の武王が登場している点で共通する。8～14章（丙群）は、甘茂の群として括ることができるが、秦策二末尾の15・16章は、甘茂と直接の関わりがなく、にわかに判断しがたい。この二章については、秦の武王から昭襄王前半期に相当する内容を持った残余の章を、この篇の末尾に配したことが可能性として考えられる。次項で明らかにするように、秦策三は、明確に穰侯（魏冄《ぎぜん》）・應侯（范雎《はんしょ》）の二つの説話群のみで構成されており、この両人以外の、武王から昭襄王前半期にかけての説話を挿入するとすれば、この位置に挿入するのが最も都合が良い。

秦策三（全17章）の構成は極めて明確である。1～7章までが昭襄王前半期の秦において、外戚として専権を奮った魏冄《ぎぜん》（穰侯）の説話（甲群）、8～17章までが昭襄王後半期の秦で宰相として実権を握った范雎《はんしょ》（應侯）の説話（乙群）で構成される。なお、このうち王稽の手引きによって、魏から亡命してきた経歴を持つ范雎は、秦では「張祿」という偽名を使用していたことが《史記・范雎蔡澤《さいたく》列傳》に見える。この事実は、睡虎地秦簡《編年記》に「（昭王）五十二年、王稽・張祿死す」とあることによっても裏づけられる。ところが、その「張祿」の名で登場する范雎の説話は、既見の限り、《説苑・善説》の一例を見出せるのみである。《戰國策》はことごとく「范雎」もしくは「應侯」の称を用いており、「張祿」の名は全く見えない。ゆえに「范雎（范子）」の称を用いている秦三8・9・11・16が同時代的に生まれた章でないことは明らかである。また、王稽の通謀罪に連坐して棄市されたことを示唆する、睡虎地秦簡《編年記》の記述と齟齬している秦三17もまた、同時代的な作とは考えがたい。思うに、秦三17のように、范雎が相印を返上して病と称して引退したとするような、事実と反する説話が制作されたのは、秦において范雎に関する公的な記録が抹消されたことに起因しているのではなかろうか。昭襄王後半期の秦において宰相として実権を握り、《史記》において列伝まで立てられている范雎が、《秦本紀》や《六國年表》においてその名が全く見えず、睡虎地秦簡《編年記》の「王稽・張祿死」に対応する《史記》の記事までもが「王稽、棄市」（《六國年表》）と王稽の事のみ記されているのは、何とも思わせぶりな事象である。このようにしてみると、范雎説話は、右のような事情に充分留意した史料批判が求められよう。

秦策四（全10章）は、第1・2章が秦で宰相を務めた時分の孟嘗君（薛公・田文）の説話（甲群）、3〜10章はいささか大雑把だが、戰國末の秦を扱った群として括る。秦四4において「昭王」が登場する一方で、秦四9においては「文王」（孝文王）・「莊王」（莊襄王）・「秦王」（始皇帝）が見える。なお、秦四9の《頃襄王二十年章》には「（楚）頃襄王二十年」（前二七九）という紀年があるが、紀年部分は、姚宏が《史記・春申君列傳》や《新序・善謀上》の互見章をも勘案の上、晉の孔衍《春秋後語》によって補塡した部分であって《戰國策》の原文ではない。

秦策五（全8章）は全体が八章しかないが、これを四群構成とみなした。まず第1・2章の甲群は戰國末「秦王」の群と理解した。「秦王」を秦五1の高誘注は「始皇」とするが、いずれの王かを特定できる決め手はない。この甲群は3・4章（乙群）の華陽太后と一線を画すことができること、また以下に示すように、秦五1が明らかに秦四9と対応する内容を持った同源の章で、秦四乙群と秦五甲群とが各々別本であったと見なされることが、群を分けた主な理由である。

詩云「靡不有初、鮮克有終。」故先王之所重者、唯始與終。何以知其然。昔智伯瑤、殘范・中行、圍逼晉陽、卒爲三家笑。吳王夫差、棲越於會稽、勝齊於艾陵、爲黃池之遇、無禮於宋。遂與句踐禽、死於干隧。…三者非無功也。能始而不能終也。…

王若能爲此尾、則三王不足四、五伯不足六。

王若不能爲此尾、而有後患、則臣恐諸侯之君、河濟之士、以王爲呉智之事也。（秦五1）

王若能持功守威、省攻伐之心、而肥仁義之誡、使無復後患、三王不足四、五伯不足六也。

王若負人徒之衆、材兵甲之強、壹毀魏氏之威、而欲以力臣天下之主、臣恐有後患。

詩云「靡不有初、鮮克有終」、易曰「狐濡其尾」、此言始之易、終之難也。何以知其然也。

智氏見伐趙之利、而不知楡次之禍也。呉見伐齊之便、而不知干隧之敗也。此二國者、非無大功也、
設利於前、而易患於後也。（秦四9）

5～7章には文信侯（呂不韋）の説話が並ぶが、第8章は姚賈が韓非を謀殺する章で、この章は単独で行われていたものと見なした。なお《史記・老子韓非列傳》では、李斯と姚賈の二人が韓非を謀殺したことになっているが、秦五8に李斯は登場しない。

以上で検討してきたように、秦策 五篇は十三群以上の先行本を内包しているとみられる。

第四節　齊策（6篇11群）

まず齊策一は、1～5章までの甲群が靖郭君、6～12章までの乙群が田忌・鄒忌の「二忌」（齊一10）、15～17章の丙群が縱横家という三部構成になっている。（第13・14章の帰属は不明。）

甲群において靖郭君の説話が群塊を形成していることについては、概ね異論無いものと思うが、田忌・鄒忌の説話を乙群として括ったことについては、いささか説明を要しよう。田忌・鄒忌の二名を同一群としたことについては、鄒忌の策謀によって楚に亡命した田忌の説話《田忌亡齊而之楚章》（齊一10）に、「此れ二忌を用ふるの道なり」とあることから、反目していたこの両名を、ひと括りに捉えることがあったことが分かる。また《南梁之難章》（齊一7）には、鄒忌・田忌の名が見えないが、この章に登場する「田臣思」が田忌を指していることは、つとに銭大昕が指摘している通りであり（《廿二史考異・巻四・史記田敬仲完世家》）、かくして この齊策一の6～12章を、田忌・鄒忌の説話をまとめた群として見なし得ることになる。なお、この説話群は、6・7章で齊王を「田侯」と呼び、9章で魏を「梁」と呼んでいるなど、勢力や人物の称謂に若干の揺れが認められ、さらに異なる複数の作者の介在が予想される。

丙群15～17章は、陳軫・蘇秦・張儀ら縱横家の合從連衡説が列んだ群である。当群は齊策の中でも際立って名物・語彙や表現が豊かで、おそらく他群よりも作時が降るものと思われる。この丙群の諸章、就中《蘇秦爲趙合從說齊宣王章》（齊一16）は従来から賦との関わりを指摘されているところでもあるが、その辺りの詳細な考察は秦一乙群と共に次章に譲ることにする。

齊策二もまた、蘇秦・張儀・陳軫・犀首（公孫衍）らが登場し、内容的にも8章全てが縱横家説に絡むものとしてひと括りにできるが、齊一丙群に比して名物・景勝が激減しており、明らかにそれとは別の由来を持った群であることがわかる。また、第2・3章が魏王を「梁王」としており、当群の中でも複数の来源を持つ説話が混在している。

続く齊策三は二部構成。甲群は1～9章まで孟嘗君（薛公・田文）の説話が続く。第1・2章は「薛公」とあるのみで、これが孟嘗君（田文）なのか父親の靖郭君（田嬰）なのかが明記されていない。《楚王死章》（齊三1）には「薛公は田嬰なり」という高誘の注があるが、仮に本章の「楚王死す。太子、齊に在りて質たり」の「楚王」が秦で抑留中の懷王、「太子」がこのあと楚で即位することになる頃襄王だとすると、すでに薛は孟嘗君に代替わりしている可能性が高い。劉向もおそらくそれを酌んで、齊一甲群の靖郭君説話群と切り離して、当群をこの位置に別置しているのだろう。ただ、楚の懷王が秦に抑留中の頃といえば、孟嘗君もまた秦の相となっていて齊を留守にしている頃でもある（《史記・秦本紀》昭襄王十年、《史記・六國年表》秦昭襄王八年・楚懷王三十年・齊湣王二十五年）。この時期の孟嘗君入秦・相邦任官を裏づける考古史料として、「(昭襄王)八年相邦薛君造」銘の漆豆がある[6]。おそらく齊三1は、頃襄王即位の経緯を借りた、縦横家の教本の類いだろう。なお、《孟嘗君在薛章》（齊三4）が秦の莊襄王の諱を避けて楚を「荊」に作り、さらにこれと同様の説話が《呂氏春秋》にもあることなどを併せて考えると、齊三4は秦地で作られたものかもしれない。

10・11章の乙群は、滑稽の士 淳于髡に関するものだが、そうなると齊策三末章の《國子曰秦破馬服君之師章》（齊三12）が浮いた形で残る。「國子」（高注に「齊の大夫なり」とある）が淳于髡であれば乙群に帰属することになるが、決め手を欠くため存疑としておく。

齊策四は1～4章の甲群が孟嘗君、10・11章の丙群が蘇秦に関するもので、齊三甲群（孟嘗君）や、齊一丙群（縦横家Ⅰ）・齊二甲群（縦横家Ⅱ）と主題が重なる。おそらく同じ孟嘗君伝承でも、齊三甲群と齊四甲群とでは伝本を異にしているのだろう。齊一丙群・齊二甲群・齊四丙群（蘇秦Ⅰ）も同様。5～9章までの乙群は、齊に関連するという以外に特定の主題を見出し難いが、丙群は秦（昭襄王）・齊（閔王）が西帝・東帝を称する時期（前二八八頃）に繋かるため、宣王在世時の稷下先生の説話群と見なした。齊策中の説話が必ずしも齊人の手に係るとは限らないことは、すでに齊三4の例を挙げているが、この齊四乙群は逆に比較的齊地の色が濃いと言える。たとえば、《先生王斗造門而欲見齊宣王章》（齊四6）の「正諫」は、先秦古文献では《呂氏春秋》に2見するほかは、《戰國策》に2見（いずれも本章）、以下《六韜《りくとう》・文韜・文師》に1見、《晏子・外篇重而異者》に1見、《管子・管子解・形勢解》に2見、《大戴禮・保傅》に1見と、齊地の文献、それも成立の比較的新しいものに偏重して見える。「直言正諫」で直ちに想起させられるのは、「（賢良・方正・）直言・極諫（之士）」（《史記・孝文本紀》・《同・梁孝王世家》・《漢書・武帝紀》など）だが、「極諫」は先秦古文献では《韓非子》の外儲説右下・難一・難二の齊の桓公と管仲、晉の平公と師曠に絡むものに見出せるのみである（このほか《呂氏春秋》に「極言之士」が4見する）。また同章の「九合」「一匡」も基本的に覇者となった齊の桓公に対して限定的に用いられる常套句で、本章が齊人の手に成る可能性が高いことを示唆している。

齊策五は長編一章のみという《戰國策》でも珍しい篇だが、章中に登場する国の多さ（齊・趙・衞・魏・楚・韓・秦・中山・宋・越・呉・萊・莒・陳・蔡・燕・胡・鄒・魯の19勢力）から言っても出色である。本章に出現する勢力・地名・人名は基本的に春秋・戰國期の中国全体を俯瞰するかのようで、少なくとも六国興亡時の作とは考えがたい。その一方で内容がやや呉越や齊魯といった三晉以東に偏重している傾向が見られ、あるいは楚漢の際から漢初の頃の呉・楚・齊周辺の游士による作なのではないかと思わせる要素が認められる。

最後の齊策六は、全体としては燕が臨淄をはじめとする齊の七十余城を抜いた後を扱っている。1・2章は齊の閔王を殺害した淖齒絡み、3～6章は田單の反攻、8～10章は、齊の襄王・王建期の説話で括ることができるが、齊六7《濮上之事章》だけ収まりが悪い。林春溥《戰國紀年》・顧觀光《國策編年》・楊寛《戰國史料編年輯證》・范祥雍《戰國策箋證》7は、本章を《史記・六國年表》「魏、齊を撃ち、聲子を濮に虜とす」とあるのによって、周赧王三年（前三一二）に繫ける（郭人民《戰國策校注繫年》は周愼靚王五年に繫ける）が、本篇各章とは年代に隔たりがある。なお、1～6章で毎章燕が登場するが、それはこの時期の齊を語る上で燕が欠かせない存在であるからにほかならず、燕系説話群であることを必ずしも意味しない。「壤削」（《管子・國蓄》）・「説士」（趙一9、《呂氏春秋・先識覽・正名》「齊湣王是以知説士」）など、燕より齊に関連する著作に見える語が散見することもその傍証となろう。あるいは齊策六全体が、閔王殺害以降の齊の没落という主題でひと括りにされているのかも知れない。

以上、齊策六篇を通観してきたが、齊策には概ね11の群が内包されていると言えそうである。

第五節　楚策（4篇9群）

楚策一は都合三群で構成される。楚一1の「子象」は、鮑彪の注には楚人とあるが詳細は分からない。もし昭氏の誰かであるとすれば、楚一2の「昭陽」と共に楚一甲群に帰属する可能性があるが、この冒頭二章の帰属はひとまず留保しておく。

3~12章までの甲群は昭奚恤《しょうけいじゅつ》・江乙《こういつ》の説話がならぶ。「江一《こういつ》」（楚一3）・「江尹」（楚一6）も江乙を指す。「一」と「乙」は同音、「江尹」と「江乙」が同一人物であるとするのは鮑注だが、近藤光男・范祥雍両氏も「尹は官名（長官）か」、「疑うらくは江乙、江の尹爲り」として基本的に同意する。このように「江乙」・「江一」・「江尹」と、同一人物に対して三種類の称謂が使われているのは、この楚一甲群も複数の作者の手に成る説話を内包していることを意味する。なお、一つの群に二人の主役格を同時に設定する形式は、すでに齊一乙群の田忌・鄒忌の「二忌」のケースを例示したが、昭奚恤と江乙のケースで附言しておくべきは、馬王堆帛書《戰國縱横家書・麛皮對邯鄲君章》で昭奚恤が「工（江）君奚洫《けいじゅつ》」と呼ばれていることである。ここで整理小組は「江」を昭奚恤の封地としている[8]。昭奚恤・江乙ともに「江」地に縁があるとすれば興味深いが、今のところ、それを傍証する史料はない。

13~16章までの乙群は存疑。17~19章までの丙群は、蘇秦・張儀ら縦横家がならぶ。齊一丙群同様、ここも他群に常見しない語彙や表現が頻見し、文飾や比喩が大幅に増える。《戰國策》を論じる上でこの楚一丙群は非常に重要な部分ではあるが、ここも詳細は次章においてまとめて論じることにする。第20章はもと単行の章か。

楚策二は、1~4章の甲群に昭睢に関する章が列ぶが、問題は5~9章の乙群。楚二5・6・9に張儀・蘇秦が出てくるが、間の楚二5・6の両章は縦横家とは無関係である。存疑。

楚策三は全体で一群と見なす。蘇秦・張儀・陳軫といった縦横家系の説話で一貫しており、楚に絡む縦横家系説話群であることは登場人物を追っていくだけでも概ね明らかである。末尾の《唐且見春申君章》（楚三10）は、すでに王念孫が指摘しているように楚四1の《或謂楚王章》と結合して一章とすべきで[9]、そのように理解すると楚四1に「従者」「横人」とあることから、これもまた縦横家関係の章であることが判明する。よって、楚四1までをもって楚関連縦横家説話群として一括することができる。

楚策四の甲群は第2章より始まる。第2・3章の《魏王遺楚王美人章》と《楚王后死章》はいずれも楚王の幸妃の寵愛に関する章であり、これらをまとめて一群とすることが出来る。僅か2章で構成される説話群だが、前後の説話群との内容の違いに照らして、このように判断した。なお楚四3の《楚王后死章》と、齊三2の《齊王夫人死章》とは同主旨の説話である。すなわち、臣下が人数分用意した王の妾のイヤリング（齊三2では「七珥」、楚四3では「五雙珥」）の中に、一つだけ上等なものを混ぜて王に献じ、王の寵姫を見極めようという趣旨である。しかしながら、この両章は、字句の枠を超えた異同が多く、直接的な親子・兄弟の継承関係にあるとは言いがたい。

次の乙群（4～8章）は雑多で特定の主題を見出しづらい。特に《或謂黄齊章》は舞台となっている勢力すら全く明かされていない。あるいは乙群は、（頃襄王期？）楚に関する説話群という程度の大雑把な主題であって、それ以上の細かい主題設定はないのかも知れない。

最後の楚四丙群（9～13章）が春申君の説話群であることは多言を要すまい。ただ、実はこの楚四丙群の末章（楚四13）の最後尾とほぼ同一の文が韓一22にも見えており（次頁表を参照。参考まで

楚四13	迺謂魏王曰、「夫楚亦強大矣。天下無敵、乃且攻燕。」魏王曰、「鄉也子云『天下無敵』、今也子云『乃且攻燕』者何也。」對曰、「今爲馬多力、則有矣。若曰勝千鈞、則不然者何也。夫千鈞非馬之任也。今謂楚強大、則有矣。若越趙・魏、而鬬兵於燕、則豈楚之任也。我非楚之任、而楚爲之、是敝楚也。敝楚見强魏也、其於王孰便也。」
韓一22	王曰、「向也子曰『天下無道』。今也子曰『乃且攻燕』者何也。」對曰、「今謂馬多力、則有矣。若曰勝千鈞、則不然者何也。夫千鈞非馬之任也。今謂楚強大、則有矣。若夫越趙・魏、而鬬兵於燕、則豈楚之任也哉。且非楚之任、而楚爲之、是弊楚也。强楚弊楚、其於王孰便也。」
《戰國縱横家書》23	乃謂魏王曰、「今謂馬多力、則有。言曰勝千鈞、則不然者何也。千鈞非馬之任也。今謂楚強大、則有矣。若夫越趙・魏、鬬甲於燕、豈楚之任哉。非楚之任、而爲之、是敝楚也。敝楚強楚、其於王孰便。」

に《戰國縱横家書》第三類に見える互見部分も対照させておく）、加えて韓一23・24にも韓とは直接関わりのない春中君の説話が連なっている。呉師道と黄丕烈は、この韓一22から韓一24までを一括して錯簡であると理解し、これを楚策の末尾に帰属させるべきだと指摘する。この指摘はまさしく的を得たものであって、韓一22～24の三章は、これを楚策四の末尾に移動させることによって、楚四丙群の春中君説話群に帰着することができる。またさらに、韓一22～24の移転によって一見宙に浮いたかのように見える韓一25も、韓一15～21の韓一戊群——すなわち韓朋（公仲）説話群と体よく結合させることができる。

なお当群は、《客説春中君章》（楚四9）が「《春秋》之れを戒めて曰く」と称して《左傳・昭公元年》と《同・襄公二十五年》を、「(孫子=孫卿子=荀子) 賦を爲りて曰く」と称して《荀子・賦》を、「詩に曰く」と称して《詩・小雅・菀柳》をそれぞれ引用している点が特筆に値する。《戰國策》では、他書を引用することも、その出典を明示することも共に極めて珍しい。

以上を要するに、若干分類が曖昧な箇所もあるが、楚策四篇が最低でも9つ以上の説話群から成ることを示した。

第六節　趙策（4篇17群）

趙策一（全17章）は、まず第1～4章（甲群）が智伯の説話で固められている。趙一1～4・魏一1・韓一1の智伯章は、おそらく、もともとひとつの本であったものを、劉向が趙策・魏策・韓策に分置したのだろう。三晉の中で趙策のみが四章に渡って智伯説話を保有しているのは、やはり張孟談の活躍に依る面が大きい。以下、8・9章（丙群）を蘇秦と奉陽君李兌《りたい》、11～13章（丁群）は秦、14・15章（戊群）は皮相國の説話として区分したが、5～7章（乙群）と16・17章（残余章）についてはこれといった主題を見出せない。なお、丁群を秦系説話群としたことには、三章一貫して秦が話題に上っていることや、趙一11・13に秦王・應侯・甘茂・樗里疾らが登場していることのほかに、趙一13に趙勝（平原君）の奏請として「請ふ、三萬戸の都を以て太守に封じ、千戸もて縣令に封じ、諸々の吏皆な爵三級を益せ」という一文があることも大きな要因になっている。「守」や「令」はともかく、

「太守」と明記する用例は先秦の文献や文書類では《墨子・號令》や雲夢睡虎地秦簡《封診式》にしかなく、また「爵幾級」という表現も先秦の書では《韓非子・外儲説右上》に楚の莊王の「茅門之法」に関する章に「益爵二級」と出てくる以外は、《商君書・境内》・《韓非子・定法》・睡虎地秦簡《軍爵律》など、ほとんど秦の軍功爵制に絡んだものにしか見出せない。

　趙策二（全7章）は1～3章（甲群）の縦横家と、4～7章の武靈王の胡服騎射論争という至って明快な構成になっている。なお《武靈王平晝間居章》（趙二4）は、《史記・趙世家》に互見するのとは別に、秦の商鞅の変法論争に換骨奪胎した説話が、《商君書・更法》・《史記・商君列傳》・《新序・善謀》に見える。商君変法論争の側にも、晉の文公に仕えた「郭偃」の「法」が引き合いに出されていて三晉法家の影響を感じさせるが、いずれの説話も、作時は早くとも戰國晩期以降に降るものと思われる。

　趙策三（全23章）は都合六群。5・6章（乙群）が富丁、7～9章（丙群）が平原君趙勝、10～12章（丁群）が虞卿、16～22章（己群）が建信君の説話群にそれぞれなっている。一方で、1～4章（甲群）、13～15章（戊群）、23章（残余章）は一貫する主題が見当たらない。なお、趙三13は比較的長編だが、「魏」↓「梁」・「湣王」↓「閔王」と、章の途中から称謂や用字が変わることから、複数の説話を綴合したものと思われる。

　最後の趙策四（全19章）は、全体的に内容が雑多で線引きが困難だが、1～5章（甲群）はおそらく齊と宋に関連する群、11・12章（丙群）は馮忌説話群とすることができよう。このうち甲群は宋衛策もしくは齊策に編入しても良さそうな内容だが、5章全てに登場している唯一の勢力が趙であって、この点から趙策に編入されたものと思われる。なお一貫した主題が見出せないとした諸章のうち、丁群に所属している章の幾つかは単篇単行していた可能性がある。たとえば、《趙太后新用事章》（趙四18）は、趙の太后が、寵愛している息子の長安君を齊に人質に出すのに猛反対し、それに対して左師の觸龍がその息子を引き合いに出して説得を試みる説話だが、觸龍の身上話や穏やかな所作の叙述など、他の諸章にはない独特の文気がある。趙四19の趙の滅亡の事を扱っている章と共に、劉向以前に単行本があったと考えることも充分可能である。

第七節　魏策（4篇15群）

魏策一（全28章）の首章（甲群）は、智伯と魏桓子に関するもの。第2～6章（乙群）は、魏の文侯とその賢臣（樂羊・西門豹・田子方）を扱った説話群、7～9章（丙群）は、秦の西河の地まで侵攻した呉起と、武侯期の宰相公叔痤に関する説話群。いずれも魏において君臣ともに最も充実していた時期を扱っている。このうち呉起と公叔痤は、武侯期に宰相の座をめぐって争い、敗れた呉起が楚に亡命している（《史記・孫子呉起列傳》）。齊一乙群の「二忌」（田忌・鄒忌）同様、この呉起・公叔痤の事例も、反目していた名士を主題にしている。第10章以下（丁群）は縦横家の章が並ぶが、このうち14～16章に陳軫、17～23章に張儀、24～28章に犀首公孫衍の説話が集中している。これまでの事例から、10・11章の蘇秦・張儀縦横家賦と、縦横家説話群は分離させても良いかも知れない。なお、

第12章には蘇秦・張儀・陳軫・公孫衍ら縦横家の名が見えないが、「魏、（齊の）楚に合するを怒る」とあることから、これも縦横家の説話として括った。

魏策二（全18章）は、甲群（1～6章）が犀首公孫衍の説話群。おそらく、魏一丁群とは別本として行われていたものだろう。7～12章（乙群）には、齊や田嬰ら齊人がしばしば登場することから、あるいは馬陵の戦い周辺期における齊と魏という主題になっているのかもしれない。魏二9の「郊迎」の《戰國策》以外の用例を検《しら》べてみると、《新序・雜事五》が寧戚と齊の桓公の話、《說苑・尊賢》が楚に亡命した田忌の話、《列子・力命》が管鮑の交わり、《管子・小匡》が桓公と管仲のいわゆる「參國伍鄙」の条と、ことごとく齊に絡んでおり、内容や登場人物のみならず用語の上からも、齊との関わりの深さを窺わせる。13・14章の丙群は田需の説話。15章以降は残余章。魏二18がいわゆる「登高能賦」の特徴（高台に登って四方の景勝を賦すという漢賦の特徴の一つ）を備えていることは、以下に掲げる前漢の游士 枚乘《七發》と対比させても窺い知ることができよう。

梁王魏嬰、諸侯を范臺に觴す。酒 酣にして、魯君に觴を擧ぐるを請ふ。魯君 興ちて、席を避き言を擇びて曰く、「昔者、…楚王 强臺に登りて、崩山を望み、江を左にして湖を右にし、以て彷徨を臨み、其の樂しみて死を忘れ、遂に强臺に盟ひて登らずして曰く、『後世、必ずや高臺・陂池を以て其の國を亡す者有らん』」と。（魏二18）

客曰く、「既に景夷の臺に登り、南に荊山を望み、北に汝海を望み、江を左にして湖を右にし、其の樂しむこと有ること無し。是に於て博辯の士をして、山川を原本して、草木を極命し、物に比して事に屬け、辭を離れて類を連ねしむ…」と。（枚乘《七發》）

魏策三（全11章）は全体を二群に分けた。甲群（1～3章）は芒卯説話群、それ以外（4～11章）を乙群とした。乙群は話題が雑多で、この群もこれと言った主題を見出しがたい。なお、魏三7には孟嘗君が登場するが、前半で一貫して「孟嘗君」と称するのに対して、途中「又」とあって話題が転換して以降は「田文」と称謂が変わることから、本章が本来別行していた二話を合わせたものであることが分かる。

魏策四（全27章）は四群。1～18章までの甲群も雑多で特定の主題を見出しがたいものの、全体的に他篇に比して断片的で著しく短い章が並んでいるという傾向があり、雑多ながらも一つの団塊を成しているかのような感がある。19・21章の乙群は、周策に登場した周冣《しゅうしゅ》（周最）、22～24章の丙群は唐且と信陵君の説話群になっている。25～27章は残余章。甲群の諸章に比べると、この残余章の諸章は一章が余程長めになっているので、少なくとも甲群とは別の本に基づいているのだろう。なお《秦魏爲與國章》（魏四22）の「東藩を稱し、冠帶を受け、春秋に祠る」という文言は、魏一丁群の蘇秦・張儀の縱橫家賦と、やはり韓一丙群の蘇秦・張儀の縱橫家賦にも見出せるもので、密接な関係があるものと思われる。

第八節　韓策（3篇10群）

韓策一（全25章。実質22章）も趙策一・魏策一同様、首章（甲群）を智伯説話が占めているが、本章では本来「韓康子」とすべきところを、いきなり「韓王」に作っている。韓が「侯」となったのは康子の孫の景侯の時（前四〇八）、「王」を称したのはさらに降って宣惠王の時（前三三二～前三一二）に当たる。2～4章（乙群）は、昭釐侯の時の刑名家 申不害の説話が並ぶ。事件の年代を単純に比較しただけでも、乙群の説話は甲群（韓一1）から一世紀近くも時代が降ってしまい、加えて説話自体が後代的に作られている形跡が認められるなど、韓独自の史料がいかに欠乏しているかを間接的に物語っている。5～8章（丙群）はすっかり定位置を確保した感のある蘇秦・張儀・犀首らの縱橫家説話群で、このうち5・6章が縱橫家賦になっている。9～14章（丁群）は明確な判断を下しがたいが、その全ての章が秦に絡んでいる。15章以下の戊群は、公仲（韓朋）の説話群になっているものの、23・24章に突如、楚の春申君の説話が登場し、特に22・23両章は全く韓が絡んでいない。これは既に楚策の末尾で述べたように、吳師道・黃丕烈の説に従って22～24章を錯簡としてまとめて楚策四の末尾に移動させることによって解決する。韓一22は、楚四13と元来同一章であって、ちぎれた後半部分が韓一22である。楚四13の前半部を確認すると、これが春申君と虞卿に関する説話であることがわかる。韓一23・24も春申君説話なので、これら三章をまとめて楚四13・14・15として帰属させることで、楚四丙群（9～13＋14・15）は春申君説話群として矛盾なく治まる。一方で飛び地のような形で孤立していた韓一25の公仲説話も、春申君説話の移動によって、韓一戊群の公仲説話群の一章として無事治まる。呉師道・黄丕烈の錯簡説が、本稿で指摘する劉向本における先行説話群保存の妥当性を、はからずも傍証する形になった。

韓策二（全22章）は、1・2章で再び公仲が登場するが、話題は楚の雍氏の役でほぼ限定される。したがって、おそらく韓一戊群とは別の本に由来すると思われる。なおここで出てくる雍氏の役については、その年代比定や戦役の回数に諸説あって定まらない。年代については、周の赧王三年（前三一二）・同八年（前三〇七）・同九年（前三〇六）・同十五年（前三〇〇）の四説、戦役の回数については一回から三回の間で割れている。この問題の専論に緒形暢夫氏の「戰國策諸篇における紀年の問題」があるが[10]、緒形氏は韓二1を周の赧王八年（前三〇七）＝秦昭王元年、韓二2を同三年（前三一二）に繫けている。これは韓二1に「宣太后」が秦の武王を「先王」と呼んでおり、その上限を秦の昭王元年に置くべきこと、また韓二2に前三〇九に没した張儀が登場しており、本章の内容もその没年以前にあるべきことなどを根拠とする。ただ韓二1のうち張翠と甘茂に関わる部分は、韓三15において登場人物を田苓と穰侯にすげ替えて全く同じ内容が見えていることから、後になって説話の骨格に人名を充てた寓言の類いと思われ、また韓二2も張儀の「故謀」とあって、必ずしもその生前にあった事件でなくてはならない訳ではない。特に前者については史料的信頼性の本質に関わる部分であり、別に考察の必要がある。本稿はあくまで《戰國策》を劉向以前の旧貌に復元せしめることが目的であるので、しばらく紀年の問題は置いておく。3〜9章（乙群）は韓公叔、10〜19章（丙群）は幾瑟の説話群が並ぶが、このうち10〜15章は公叔・幾瑟が同時に登場している。20章以降の残余章のうち、韓二20は《韓非子・説林下》にも互見しているように、法家系の性格が比較的濃い章であるのに対し、韓二21は道家で知られる列禦寇《れつぎょこう》（列子）が登場する。また韓二22は聶政の義侠説話で、明らかに韓策二の他の章とは毛色を異にしている。

韓策三（全23章）は、中央の第9～13章を韓珉の説話群と括れる以外は、全体的に雑多で明確な説話群の線引きが困難である。強いて言っても、韓三1・2が公仲（韓朋）、韓三22・23が新城君で一致しているくらいで、これとてたかだか二章程度の連続であって説話群と呼べるかどうかは甚だ疑問である。おそらくは零細的な説話群や単篇単行の章などが混在しているものと思われる。なお、韓三11の「韓侈」について、銭大昕の《新刻剡川姚氏本戰國策序》は、「隷書、『多《し》』は『朋』に似る。故に『倗』、譌《あやま》りて『侈』と爲る。『倗』・『朋』は本《も》と一字なり」として、韓朋・韓侈・公仲朋・公仲侈は、もとその名を「倗」に作り、同一人物であるとする。加えて韓三11には、「公仲侈」と「韓珉」の混同も見受けられる。

第九節　燕策（3篇6群）

燕策一（全14章）は全篇通じて蘇秦・蘇代・張儀ら縦横家に関する章が並んでいる。例外的に《權之難燕再戰不勝章》（燕一3）と《宮他爲燕使魏章》（燕一7）、さらに「隗より始めよ」の《燕昭王收破燕後卽位章》（燕一11）のみが「從人」・「横人」の類いが登場しない。ただ燕一3は、わずか六十字足らずの短い章の中に「埊（地）を以て齊に合するを請ふに如かず」とあり、合従策が主張されている。燕一7（乙群）・11（丁群）の両章を単行章、1～6章（甲群）を蘇秦・張儀らの縱横家説話群、8～10章（丙群）を燕王噲・子之と「蘇氏」（蘇秦・蘇代・蘇厲）の群11、12～14章（丙群）を蘇代説話群と分けた。燕策は三篇通じて蘇秦・蘇代が頻繁に登場する上、《戰國縱横家書》の第一類に見られるような書信の体裁をとった章もしばしば看取される。そもそも《戰國縱横家書》第一類の甲群自体、燕王と蘇秦に関する書信でほぼ固められており、蘇秦・蘇代と燕の関係の深さを思わせる。その意味で《秦召燕王章》（燕二1）に「天下、此れに由り、蘇氏の從約を宗とす。（蘇）代・（蘇）厲も皆な壽を以て死し、名 諸侯に顯はる」とあるのは象徴的である。

燕策二（全13章）は都合三群。1～5章の甲群は蘇代説話群。当然、燕一丙群とは別本であったことが予想される。中でも燕二1は秦の六国併合を懐古するかのような内容になっており、遥か蜀地・漢中のことまで触れられているなど、燕の実情に関する記述がむしろ希薄な印象を受ける。同章には「（楚）十七年、秦に事ふ」という年代に関わる貴重な記述もあるが、「楚、枳を得て國亡ぶ」と話題が燕の昭王の没後の楚の亡国の事に話題が及ぶなどの理由から繆文遠《戰國策考辨》はこれを後世の依託と断じている。なお《史記・六國年表》を検べてみると、秦が楚王負芻を虜にして楚を滅ぼした前二二三から十八年遡ると前二四一の楚の壽春遷都に行き当たり、「十七年、秦に事ふ」はこの間のことを言っている可能性がある。だとすれば、この章の作時も前二二三以降ということになろう。《史記・蘇秦列傳》の論賛に「世の蘇秦を言ふもの多く異あり。異時の事もて之れに類すること有る者は、皆な之れを蘇秦に附す」とあるが、燕二1はその典型的な例の一つということになる。6～9章の乙群は齊に関わる章で占められており、これも一群を成していると思われる。なお《昌國君樂毅爲燕昭王合五國之兵章》（燕二9）は燕の惠王に先代の昭王の志を説いた樂毅の長編章である。10～13章の丙群はみたび、蘇代説話群である。このうち燕二10に蘇代は登場しないが、冒頭の説者の名が欠けている。（「或（あるひと）」とあるのは宋の錢藻が付加したもの）。《戰國策》の説話は、時折、説者の名を省くことがあり、そうした例は蘇秦の燕王に宛てた書信を集めた《戰國縱横家書》第一類甲群の諸章でも看取される。本章も「獻書」の体裁をとっていることもあり、燕二10も蘇代の説話として理解した。

燕策三（全5章）は燕の滅亡前までのことを扱っている。わずか五章で構成されている篇だが、各章の内容や長さにかなりのばらつきがあって、各章の単行を思わせる。特に燕三5の荊軻の義侠説話は長編で、活劇を思わせる細かい所作の描写まで含んだ異例の章である。

第十節　宋衞策（1篇2群）

宋衞策（全15章）は1～8章が甲群で宋を扱い、9～15が乙群で衞を扱う。このうち乙群は9・10章に南文子、13・14に衞嗣君が並ぶが、劉向が参照した本の時点では少なくとも衞全体で一群として統合されていたと判断した。というのも、量の多寡の問題はあるにせよ、周策をわざわざ東西二周に分けているにも関わらず、宋・衞の二国を一篇に統合してしまっていること自体が不可解だからである。すでに本章冒頭で明らかにしたように《戰國策》各篇の字数に一定性が認められないことからも、宋衞策を一篇とする理由はこの二国分の説話が一群の本として行われていたとする以外には見出し得ない。よって、国別に二群に分けたが、実質的には一本だったと思われる。

第十一節　中山策（1篇3群＋1章）

中山策（全10章）は三群。首章の魏の文侯の中山攻略に関する章は単行章。以下2・3章の張登説話を甲群、4～6章の司馬憙説話を乙群、中山6の「中山王」に対して「中山（之）君」の称謂を用いる7～9章を丙群とした。なお、姚宏も問題にしている末尾の《昭王既息民繕兵章》（中山10）は、中山とは一切関わりのない、長平の戦い後の白起と秦の昭襄王のやりとりになっている。秦策中に白起説話群がないため、仮に韓一戊群中の春申君説話のような錯簡であったとしても、どこに帰着させるべきかを定めるのは困難である。

注釈

1 齊思和「《戰國策》著作時代考」（《中國史探研》、中華書局、一九四八）。

2 このほか、《戰國策》と《史記》に依って戰國史を整理した、晉の孔衍《こうえん》《春秋後語》が、秦語（第一・第二・第三）・趙語（第四・第五）・韓語（第六）・魏語（第七）・楚語（第八）・齊語（第九）・燕語（第十）の七国十篇構成としている。

3 胡平生著・田中幸一訳「阜陽漢簡『年表』整理札記」（《史泉》七〇、一九八九）。「『史記』六國年表においては、東周・西周は、みな周王紀年の一欄に付屬しているが、阜陽漢簡『年表』では、それらは別々に一欄を占有しているようである。」しかも「表では、それは第一欄に竝べられてはいない」という。

4 北京大學出土文獻研究所《北京大學藏西漢竹書〔參〕》（上海古籍出版社、二〇一五）。この《周馴》は、韓巍「西漢竹書《周馴》若干問題的探討」（《北京大學藏西漢竹書〔參〕》所収）をはじめ、《漢志・諸子略・道家者流》の「周訓十四篇」に比定する説が主流となっているが、程少軒「談談北大漢簡《周馴》的幾個問題」（《出土文獻與古文字研究》五、二〇一三）は、これを同名の別の書だろうとして否定する。思うに《漢志》の、特に六藝・諸子・詩賦・兵書の四略に著録される二劉（劉向・劉歆父子）新定本の書名は、本書第二章でも取り上げたように、「人を以て書を類す」を原則としている。沈濤《銅熨斗齋随筆・巻四・六弢》（《清人考訂筆記》所収、清咸豐七年刊本、中華書局、二〇〇四）において「周史六弢六篇」が《六韜》ではなく「周史大弢」を指すと指摘されているように、「周訓十四篇」もまた「周の訓戒」ではなく、特定の人名を指している可能性がある。《漢志》の書名を考える際は、二劉新定本の命名規則も併せて考慮すべきであり、二劉校書に先行する出土文献の書名を、二劉校書本に比定することには慎重に臨むべきと考える。

5　江有誥《音學十書》（音韻學叢書、中華書局、一九九三）。

6　王輝・尹夏清・王宏「八年相邦薛君・丞相殳漆豆考」（《文物與考古》二〇一一―二）。「薛君」は孟嘗君、さらに王輝氏らは「丞相殳」を、《史記・秦本紀》の「金受」と、《戰國策・東周策・或爲周最謂金投章》（東周13）および《同・周最謂金投章》（東周14）の「金投」に比定する。

7　林春溥《戰國紀年》（中國學術名著、世界書局、一九六二）、顧觀光《國策編年》（清光緒五年金山高氏刊本）、楊寛《戰國史料編年輯證》（臺灣商務印書館、二〇〇二）、范祥雍《戰國策箋證》（上海古籍出版社、二〇〇六）。

8　馬王堆漢墓帛書整理小組《馬王堆漢墓帛書（參）》（文物出版社、一九七八）。

9　王念孫《讀書雜志・或謂楚王篇》（上海古籍出版社、二〇一五）。「念孫案、此篇在第十七卷之首、而《文選・爲齊明帝讓宣城郡公表》注引此『或謂楚王』作『唐睢謂楚王』、則合上卷末『唐且見春申君曰云云』爲一篇。是李善所見本、此處不分卷、而謂楚王之上、亦無『或』字也。」

10　緒形暢夫「戰國策諸篇における紀年の問題」（《漢文學會々報》二三、一九六四）、「戰國策諸篇における紀年に就いて――特に『秦策』・『齊策』の紀年考定、竝びにその思想史的意義」（《東方學》三一、一九六五）。

11　燕王噲と子之への禅譲～燕昭王の年次について、吉本道雅「史記戰國紀年考」（《立命館文學》）は燕一9を援引しつつ、次のように考証する。

『史記』の燕王噲9年（前320-前312）・昭王33年（前311-前279）の年数は、7年（前320-前314）・35年（前313-前279）の王名表の年数に基づきある段階で年表が作成された際、昭王元年を誤って2年降して置いたため生じたものと考える。燕策一「燕王噲既立」章「燕噲三年，与楚・三晋攻秦，不勝而還，子之相燕，貴重主断，……（斉宣）王因令章子将五都之兵，以因北地之衆以伐燕，士卒不戦，城門不閉，燕王噲死，斉大勝燕，子之亡，二年，燕人立公子平，是爲燕昭王」は燕王噲の年次を最も原初的に伝える。（中略）話題の構成に留意すれば，「燕噲三年」こそが禅譲年次となる。王噲3年＝子之元年＝前318を起点として，王噲5年＝子之3年＝前316が内乱と斉の出兵，王噲7年＝前314が燕昭王の立年で，翌前313年が昭王元年となる。

はたして、周亞「郾王職壺銘文初釋」（《上海博物館集刊》八、二〇〇〇）にて公表された郾王職壺の銘文に、

唯燕王職、踐阼承祀、擇期卌、東會盟國、命日壬午、克邦毀城、滅齊之獲。

とあり、《史記・六國年表》の「（燕昭王）二十八（年）與秦・三晉擊齊、燕獨入至臨菑、取其寶器」に二年の齟齬があることが確認されている。※釈文は黄錫全「燕破齊史料的重要發現——燕王職壺銘文的再研究」（《古文字研究》二四、二〇〇二）による。

附表・《戰國策》章目および内包故事群

篇	章	章　名	群	勢　力	人　物	互見文献
東周策	1	秦興師臨周而求九鼎	甲群:周惠王期?	秦・周・齊・梁・楚・殷	周君・顔率・齊王・陳臣思（=田忌）	《春秋後語・秦語中》
	2	秦攻宜陽		秦・周（東周）・楚・韓	周君・趙累・公仲（公中）・景翠・甘茂・周公旦・秦王	
	3	東周與西周戰		東周・西周・韓	韓王	《周本紀》
	4	東周與西周爭		東周・西周・楚・韓	齊明・東周君	
	5	東周欲爲稻		東周・西周	蘇子・東周君・西周君	
	6	昭獻在陽翟		周・楚・魏・韓	昭獻・周君・相國・蘇厲・楚王・魏王・陳封・向公・許公	
	7	秦假道於周以伐韓		秦・周（東周）・韓・楚	史黶・周君・韓公叔・秦王	《周本紀》
	8	楚攻雍氏		楚・周・秦・韓	楚王・周之君	
	9	周最謂石禮	乙群：周最	(周)・秦・齊・魏	**周最**・石禮（呂禮？）	
	10	周相呂倉見客於周君		周	呂倉・**周君**・工師藉	
	11	周文君免士工師藉		周・宋・齊	**周文君**（=周昭文君？）・工師藉・呂倉・宋君・子罕・齊桓公・管仲	《韓非子・說林上》
	12	溫人之周		周	**周君**	
	13	或爲周最謂金投		(周)・秦・齊・趙・韓・魏	**周最**・金投	
	14	周最謂金投		(周)・秦・齊・韓・魏・楚・三晉	**周最**・金投	

篇	章	章　　名	群	勢　力	人　物	互見文献
東周策	15	石行秦謂大梁造		兩周	石行秦・大梁造（大良造？）・**周君**	
	16	謂薛公		（周）・齊・秦・趙・魏	薛公（田文？）・**周最**・齊王・祝弗・呂禮	《孟嘗君列傳》
	17	齊聽祝弗		齊・（周）・秦・趙	祝弗・**周最**・齊王・呂禮	
	18	蘇厲爲周最謂蘇秦		（周）・魏・趙・齊・楚	蘇厲・**周最**・蘇秦	
	19	謂周最曰仇赫之相宋		（周）・宋・秦・趙・韓・魏・齊	**周最**・仇赫	
	20	爲周最謂魏王		（周）・魏・秦・趙・齊	**周最**・魏王	
	21	謂周最曰魏王以國與先生		（周）・魏・秦・齊	**周最**・魏王・薛公	
	22	趙取周之祭地	残余章	趙・周	周君・鄭朝・太卜・（趙）王	
	23	杜赫欲重景翠於周		周・（楚）	杜赫・景翠・周君	
	24	周共太子死		周・楚	周共太子・司馬翦・楚王・公子咎・左成・展子・廧夫空・相國	
	25	三國隘秦		秦・周・齊・三國（＝韓・魏・齊）	相國・秦王	
	26	昌他亡西周		西周・東周	昌他・馮旦	
	27	昭翦與東周惡		東周・西周・楚	昭翦	
	28	嚴氏爲賊		周・韓	嚴氏（＝嚴遂）・陽豎（陽堅？）・周君	
西周策	1	薛公以齊爲韓魏攻楚	―：西周	齊・韓・魏・楚・秦・西周・楚三晉	薛公（高注：田嬰／鮑注：田文）・韓慶・秦王・楚王	《孟嘗君列傳》

篇	章	章　名	群	勢　力	人　物	互見文献
西周策	2	秦攻魏將武軍於伊闕		秦・魏・周・趙	犀武・周最・李兌	
	3	秦令樗里疾以車百乘入周		秦・周・楚・(晉)・蔡	樗里疾・楚王・周君・游騰・智伯・由(=仇首)・(齊)桓公	《樗里疾甘茂列傳》《春秋後語・秦語中》
	4	雍氏之役		韓・周	周君・蘇代・公中・昭應・楚王	《周本紀》
	5	周君之秦		秦・周	周君・周最・秦王・太后	《周本紀》
	6	蘇厲謂周君		周(兩周)・韓・魏・趙・楚・(秦)	蘇厲・周君・犀武・白起・養由基	《周本紀》
	7	楚兵在山南		楚・周	吾得(=五得/伍得)・楚王・周君・太子	
	8	楚請道於二周之間		楚・二周・韓・魏・齊・秦	周君・蘇秦	
	9	司寇布爲周最謂周君		周・齊・越	司寇布・周最・周君・齊王・太子・函冶氏・齊太公	
	10	秦召周君		秦・周・魏	周君・魏王	《周本紀》
	11	犀武敗於伊闕		周・魏	犀武・周君・魏王・綦毋恢・孟卯	
	12	韓魏易地		韓・魏・西周(周・二周)・楚・趙	樊餘・楚王	
	13	秦欲攻周		秦・周・齊	周最・秦王	《周本紀》
	14	宮他謂周君		周・秦・晉・鄭・魏・韓・蔡・邾・莒・齊・陳・楚・趙	宮他・周君・周最	
	15	謂齊王		齊・周	齊王・周最・太子・司馬悍・左尚	

篇	章	章　名	群	勢　力	人　物	互見文献
西周策	16	三國攻秦反		三國（＝魏・韓・齊）・秦・西周・魏・楚・宋	魏王	
	17	犀武敗		周・秦	犀武・周足・周君	
秦策一	1	衞鞅亡魏入秦	甲群：商君	魏・秦	**衞鞅（商君）**・（秦）孝公・太子（＝惠文王）・傅	
	2	蘇秦始將連横	乙群：縱横家Ⅰ（蘇秦・張儀・陳軫）	秦・燕・趙・楚	秦惠王・**蘇秦**（武安君）・神農・補遂・黄帝・蚩尤・堯・舜・禹・共工・湯・文王・崇・武王・紂・齊桓（公）・趙王・楚王	《蘇秦列傳》《春秋後語・秦語上》
	3	秦惠王謂寒泉子		秦	秦惠王・寒泉子・**蘇秦**・趙固・武安子起（白起）・**張儀**	
	4	冷向謂秦王		秦・齊・宋・晉・燕・趙	冷向・秦王	
	5	張儀說秦王		秦・燕・魏・荊・齊・韓・宋・趙	**張儀**・秦王・荊王・穰侯・紂・周武（王）・智伯・趙襄主（襄子）・張孟談	《韓非子・初見秦》
	6	張儀欲假秦兵以救魏		秦・魏	**張儀**・左成・甘茂	
	7	司馬錯與張儀爭論於秦惠王前		秦・蜀・韓・魏・楚・二周	司馬錯・**張儀**・秦惠王・周主（天子）・桀・紂・蜀主・陳莊	《張儀列傳》《新序・善謀》《春秋後語・秦語中》
	8	張儀之殘樗里疾		秦・楚	**張儀（張子）**・樗里疾・楚王・秦王	
	9	張儀欲以漢中與楚		秦・楚	**張儀**・秦王・甘茂	

篇	章	章　名	群	勢　力	人　物	互見文献
秦策一	10	楚攻魏張儀謂秦王		楚・魏・秦	**張儀**・秦王・**犀首**・(楚) 威王	
	11	田莘之爲陳軫說秦惠王		秦・晉・郭(虢？)・虞・楚	田莘之・**陳軫**・秦惠王・郭君・晉獻公・舟之僑・荀息・宮之奇・横 (門) 君・**張儀**	
	12	張儀又惡陳軫於秦王		秦・楚	**張儀**・**陳軫**・秦王・孝己・(伍) 子胥	《張儀列傳》《春秋後語・秦語中》秦一13
	13	陳軫去楚之秦		秦・楚	**陳軫**・**張儀**・秦王・楚王・昭陽・(伍) 子胥・孝己	《春秋後語・秦語中》秦一12
秦策二	1	齊助楚攻秦	甲群：縱横家Ⅱ(張儀・陳軫・公孫衍)	齊・楚・秦	(秦) 惠王・**張儀**・楚王・齊王・**陳軫**	《楚世家》《張儀列傳》
	2	楚絶齊齊舉兵伐楚		楚・齊・秦	**陳軫**・楚王・秦王・管與・管莊子	《張儀列傳》
	3	秦惠王死公孫衍欲窮張儀		秦・魏・韓	秦惠王・**公孫衍**・**張儀**・李讐・甘茂・公孫顯・樗里子 (＝樗里疾)	
	4	義渠君之魏		義渠・魏・秦	義渠君・**公孫衍**・**陳軫**・秦王	《張儀列傳》
	5	醫扁鵲見秦武王	乙群：秦武王？	秦	扁鵲・**秦武王**	
	6	秦武王謂甘茂		秦・周・魏・韓・巴蜀	**秦武王**・甘茂・向壽・張儀・魏文侯・樂羊・樗里疾・公孫衍・公仲侈 (韓侈)・曾子	《樗里子甘茂列傳》《新序・雜事二》《春秋後語・秦語中》
	7	宜陽之役馮章謂秦王		秦・韓・楚	馮章・**秦王**・楚王	
	8	甘茂攻宜陽	丙群：甘茂	秦・韓	**甘茂**・公孫衍・樗里疾・公中 (＝韓侈)	

篇	章	章　名	群	勢　力	人　物	互見文献
秦策二	9	宜陽未得		秦	**甘茂**・左成・樗里疾・公孫衍・韓侈	
	10	宜陽之役楚畔秦而合於韓		楚・秦・韓	秦王・**甘茂**	
	11	秦王謂甘茂		楚・秦	秦王・**甘茂**	
	12	甘茂亡秦且之齊		秦・齊・韓・魏	**甘茂**・蘇子（蘇代）・秦王・齊王	《樗里子甘茂列傳》
	13	甘茂相秦		秦	**甘茂**・秦王・公孫衍（犀首）	《韓非子・外儲說右上》
	14	甘茂約秦魏而攻楚		秦・魏・楚	**甘茂**・屈蓋・秦王	
	15	陘山之事	残余章	趙・秦・齊・楚・韓・魏（三晉）	田章・(田) 順子・趙王・秦王・公子他・蘇代・穰侯	《穰侯列傳》
	16	秦宣太后愛魏醜夫		秦	宣太后・魏醜夫（魏子）・庸芮	
秦策三	1	薛公爲魏謂魏冄	甲群:穰侯（魏冄）	齊・秦・三晉	薛公（文）・**魏冄**・秦王・呂禮	《孟嘗君列傳》
	2	秦客卿造謂穰侯		秦・齊・陶・燕・吳・越	客卿造・**穰侯**・天子・舜・堯・湯・武・桀・紂・(燕) 惠王・(燕) 昭王	《戰國縱横家書》19
	3	魏謂魏冄		魏・秦・楚・三國	**魏冄**・辛張？・陽毋澤？・魏王・薛公・公叔・楚王・張儀・禹	
	4	謂魏冄曰和不成		趙・(秦)	**魏冄**・白起	
	5	謂穰侯		陶・宋・齊	**穰侯**	
	6	謂魏冄曰楚破秦		楚・秦・齊・韓・魏・九夷・宋・衛・越	**魏冄**	
	7	五國罷成睪		秦・韓・魏	秦王・成陽君・秦太后・**魏冄**	
	8	范子因王稽入秦	乙群:應侯（范雎）	秦・周・宋・梁・楚	**范子**・王稽・昭王・堯・舜・禹・湯	《范雎蔡澤列傳》

篇	章	章　名	群	勢力	人物	互見文献
秦策三	9	范雎至秦		秦・義渠・殷・楚・吳・韓・魏・齊・趙・中山	**范雎**・秦王・呂尚（呂望）・文王・烏獲・奔育・伍子胥・闔廬・箕子・接輿・太后・穰侯・田單・涇陽・華陽（高陵）・淖齒・閔王・李兌・主父（=武靈王）・齊公・管仲（仲父）	《范雎蔡澤列傳》・秦三10
	10	應侯謂昭王		秦・陶	**應侯**・昭王・華陽・穰侯・太后	秦三9
	11	秦攻韓圍陘		秦・韓・魏	**范雎**・秦昭王・穰侯・張儀	
	12	應侯曰鄭人謂玉未理者璞		鄭・周	**應侯**・平原君	《尹文子・大道下》
	13	天下之士合從相聚於趙		趙・秦	**應侯**・（秦）王・唐睢	
	14	謂應侯曰君禽馬服乎		秦・趙・韓・齊・魏・燕・楚	**應侯**・馬服（君）・武安君・秦王・周呂望	《白起王翦列傳》
	15	應侯失韓之汝南		韓・秦	**應侯**・秦昭王・東門吳・蒙傲	《列子・力命》
	16	秦攻邯鄲		秦・邯鄲（=趙）・楚・魏	莊・王稽・杜摯・秦王・**范雎**	

篇	章	章　名	群	勢　力	人　物	互見文献
秦策三	17	蔡澤見逐於趙		趙・韓・魏・秦・燕・楚・吳・越・齊・周	蔡澤・**應侯**・鄭安平・王稽・昭王（秦王）・商君（公孫鞅）・吳起・大夫種・孝公・悼王・越王（勾踐）・微子・孔子・申生・比干・（伍）子胥・管仲・閎夭・文王・周公・成王・齊桓公・吳王夫差・夏育・太史啓・白起・范蠡（陶朱）・伯夷・（王子）僑・（赤）松（子）・孝文王・莊襄王・始皇帝・燕太史丹	《范睢蔡澤列傳》
秦策四	1	秦取楚漢中	甲群：薛公（孟嘗君）	秦・楚・韓・魏	**薛公**（＝田文）	
	2	薛公入魏而出齊女		魏・齊・秦	**薛公**・韓春・秦王・負蒭・（韓）珉・佐	
	3	三國攻秦入函谷	乙群：戰國末秦？	秦・三國（＝齊・韓・魏）	秦王・樓緩・公子池	
	4	秦昭王謂左右		秦・韓・魏・趙・六晉（＝智・范・中行・魏・韓・趙）	秦昭王・如耳・魏齊・孟嘗・芒卯・中期・趙襄子・智伯・韓康子・魏桓子	
	5	楚魏戰於陘山		楚・魏・秦	營淺・秦王・魏王・楚王	
	6	楚使者景鯉在秦		楚・秦・魏・周	景鯉・秦王・魏王・周威（＝周最）・楚王	
	7	楚王使景鯉如秦		楚・秦・齊・魏	楚王・景鯉・秦王	
	8	秦王欲見頓弱		秦・韓・魏・楚・燕・趙・齊	秦王・頓弱（頓子）・李牧	

篇	章	章　名	群	勢　力	人　物	互見文献
秦策四	9	頃襄王二十年 *「〇」以前は《春秋後語》補填部分。		楚・秦〇齊・韓・燕・楚・魏・秦・趙・吳・越	(楚) 頃襄王 (襄王)・白起・黃歇・(秦)昭王〇〔鮑:秦王 (=始皇)〕・(秦) 文王・(秦) 莊王・智氏 (智伯瑤)・越王	《春申君列傳》《新序・善謀上》姚本所引《春秋後語》秦五1
	10	或爲六國說秦王		秦・趙・齊・魏・宋・衞・燕	秦王・桀・紂・齊太公・梁王・陳侯・郢威王・申縛・陳毛・强臨	
秦策五	1	謂秦王	甲群:戰國末秦王	秦・齊・楚・韓・魏・趙・吳・越・宋・兩周	**秦王**・智伯瑤・吳王夫差・勾踐・梁君・天子	
	2	秦王與中期爭論		秦	**秦王**・中期・桀・紂	
	3	獻則謂公孫消	乙群:華陽太后	秦・楚・東周	獻則・公孫消・**太后**・芈戎	
	4	樓啎約秦魏		秦・魏・東周	樓啎 (樓子)・魏太子・紛彊・**太后**・秦王・昭衍・梁王	
	5	濮陽人呂不韋賈於邯鄲	丙群:文信侯 (呂不韋)	秦・趙・楚	**呂不韋** (**文信侯**)・異人 (子楚)・子傒・秦王后 (華陽太后)・陽泉君・太子・士倉・秦王 (=昭王)	
	6	文信侯欲攻趙以廣河間		秦・趙・燕	**文信侯**・剛成君蔡澤・燕太子丹・張唐 (張卿)・少庶子甘羅・孔子・項橐・武安君 (=白起)・應侯・趙王	
	7	文信侯出走		秦・趙	**文信侯**・司空馬・趙王・平原津令郭遺・武安君 (=李牧)・韓倉	

篇	章	章　　名	群	勢　力	人　物	互見文献
秦策五	8	四國爲一將以攻秦	丁群：姚賈・韓非？（単行？）	秦・荊呉・趙代・梁・趙・齊・中山・西戎	**姚賈**・秦王・**韓非**・曾参・（伍）子胥・桀・紂・太公望・子良・文王・管仲・桓公・百里奚・穆公・卞隨・務光・申屠狄	
齊策一	1	楚威王戰勝於徐州	甲群：靖郭君（田嬰）	楚・齊	楚威王・**嬰子**・趙丑・盼子・申縛	《楚世家》
	2	齊將封田嬰於薛		齊・楚・魯・宋	**田嬰**（**嬰子**）・楚王・齊王・公孫閈	
	3	靖郭君將城薛		齊	**靖郭君**	《韓非子・說林下》《淮南子・人間》《新序・雜事二》
	4	靖郭君謂齊王		齊	**靖郭君**・齊王	
	5	靖郭君善齊貌辨		齊	**靖郭君**（**嬰**）・齊貌辨・孟嘗君・威王・宣王・衞姫・郊師・昭陽	
	6	邯鄲之難	乙群：「二忌」（鄒忌・田忌）	趙・齊・魏	田侯（＝齊侯）・**鄒子**・段干綸	《田敬仲完世家》
	7	南梁之難		韓・齊・魏	田侯・張丏・**田臣思**	《田敬仲完世家》
	8	成侯鄒忌爲齊相		齊・魏	**成侯鄒忌・田忌**・公孫閈	《田敬仲完世家》
	9	田忌爲齊將		齊・梁	**田忌**・太子申・龐涓・孫子・齊君・**成侯**	
	10	田忌亡齊而之楚		齊・楚	**田忌**・**鄒忌**・杜赫・楚王	
	11	鄒忌事宣王		（齊）	**鄒忌**・宣王・晏首	
	12	鄒忌脩八尺有餘		齊・燕・趙・韓・魏	**鄒忌**・徐公・威王	

篇	章	章　名	群	勢　力	人　物	互見文献
齊策一	13	秦假道韓魏以攻齊	？	秦・韓・齊	齊威王・章子・秦王・啓（章子之母）	
	14	楚將伐齊	？	楚・齊・魯	齊王・張丐・魯君	
	15	秦伐魏	丙群：縱横家Ⅰ	秦・魏・趙・韓・梁・齊・楚・燕・三晉・六國	**陳軫**・齊王	
	16	蘇秦爲趙合從說宣王		趙・齊・韓・魏・秦・衞	**蘇秦**・齊宣王（齊王）・趙王	《蘇秦列傳》《春秋後語・趙語》
	17	張儀爲秦連横齊王		秦・齊・魯・趙・楚・韓・魏	**張儀**・齊王	《張儀列傳》《春秋後語・秦語中》
齊策二	1	韓齊爲與國	－：縱横家Ⅱ	韓・齊・秦・魏・趙・楚・燕	**張儀**・齊王・田臣思・子噲・子之	
	2	張儀事秦惠王		秦・齊・梁・韓・周・楚	**張儀**・秦惠王・武王（秦王）・齊王・天子・梁王・馮喜	《張儀列傳》《春秋後語・秦語中》
	3	犀首以梁爲齊戰於承匡而不勝		梁・齊・秦・衞	**犀首**（**衍**）・**張儀**（**張子**）・梁王・衞君	
	4	昭陽爲楚伐魏		楚・魏・齊	昭陽・**陳軫**・齊王	
	5	秦攻趙		秦・趙・齊	**樓緩**（**樓子**）・齊王・趙足	
	6	權之難齊燕戰		齊・燕・秦・趙	魏冄・薛公・魏處・李向	
	7	秦攻趙長平		秦・趙・齊・燕	**蘇秦**・齊王	《田敬仲完世家》
	8	或謂齊王		齊・周・韓・秦・趙・魏	齊王	
齊策三	1	楚王死	甲群：孟嘗君（薛公・田文）	齊・楚	楚王・太子・蘇秦（武貞君）・**薛公**・景鯉	《楚世家》

篇	章	章　　名	群	勢　力	人　物	互見文献
齊策三	2	齊王夫人死		齊	齊王夫人・七孺子・**薛公**	《韓非子・外儲說右上》《淮南子・動應》
	3	孟嘗君將入秦		秦	**孟嘗君**・蘇秦	《孟嘗君列傳》《說苑・正諫》《風俗通・祀典・桃梗》
	4	孟嘗君在薛		齊・荊	**孟嘗君**（**文**）・淳于髡・齊王	《呂氏春秋・愼大覽・報更》
	5	孟嘗君奉夏侯章			**孟嘗君**（**文**）・夏侯章（夏侯公）・董之繁菁	
	6	孟嘗君讌坐		魏	**孟嘗君**（**文**）・田瞀・勝瞖・魏文侯・田子方・段干木	
	7	孟嘗君舍人有與君之夫人相愛者		衞	**孟嘗君**（**文**）・衞君	
	8	孟嘗君有舍人而弗悅			**孟嘗君**・魯連・曹沫・堯	
	9	孟嘗君出行國至楚		楚	**孟嘗君**・公孫述	
	10	淳于髡一日而見七人於宣王	乙群：淳于髡	（齊）	**淳于髡**・齊王・柴葫・桔梗	
	11	齊欲伐魏		齊・魏・秦・楚	**淳于髡**・齊王・韓子盧・東郭逡	
	12	國子曰秦破馬服君之師	（乙群？）	秦・齊・魏・趙・衞・楚・韓	**國子**・馬服君・公子無忌	
齊策四	1	齊人有馮諼者	甲群：孟嘗君（薛公・田文）	齊・梁	馮諼・**孟嘗君**・（梁）惠王	《孟嘗君列傳》
	2	孟嘗君爲從		秦・（齊）	**孟嘗君**（**薛公**）・公孫弘・秦王（昭王）・管（仲）・商（鞅）	《呂氏春秋・季冬紀・不侵》
	3	魯仲連謂孟嘗			魯仲連・**孟嘗**（**文**）・雍門・椒亦・陽得子・毛廧・西施	

篇	章	章　名	群	勢　力	人　物	互見文獻
齊策四	4	孟嘗君逐於齊而復反		齊	孟嘗君・譚拾子	《孟嘗君列傳》
	5	齊宣王見顏斶	乙群：稷下先生？	齊・秦	齊宣王・顏斶・柳下季（＝柳下惠）・大禹・舜・湯・周文王・老子	
	6	先生王斗造門而欲見齊宣王		齊	先生王斗・齊宣王・先君桓公・天子・東郭俊・盧氏・毛嬙・西施	《說苑・尊賢》
	7	齊王使使者問趙威后		齊・趙	齊王・趙威后・鍾離子・葉陽子・於陵子仲	
	8	齊人見田駢		齊	田駢	
	9	管燕得罪齊王		齊	齊王・管燕・田需	《說苑・尊賢》《韓詩外傳・卷七》
	10	蘇秦自燕之齊	丙群：蘇秦Ⅰ	燕・齊・秦	**蘇秦**・齊王・魏冄	
	11	蘇秦謂齊王		齊・秦・趙・宋・衛・楚・梁・燕	**蘇秦**・齊王・湯・（周）武（王）	《田敬仲完世家》
齊策五	1	蘇秦說齊閔王	－：蘇秦Ⅱ	齊・趙・衛・魏・楚・韓・秦・中山・宋・越・吳・萊・莒・陳・蔡・燕・胡・鄒・魯・智・范・中行	**蘇秦**・齊閔王・干將・莫邪・趙氏・衛君・魏王・吳王夫差・孟賁・智伯瑤・范（氏）・中行氏・闔閭・吳起・天子・秦王・衛鞅	
齊策六	1	齊負郭之民有狐咺者	甲群：淖齒	齊・燕	狐喧（狐咺）・閔王・陳舉・司馬穰苴・昌國君（＝樂毅）・向子（＝觸子？）・達子・**淖齒**・襄王（太子）・太史氏・君王后・田單・齊王建	

篇	章	章　名	群	勢　力	人　物	互見文献
齊策六	2	王孫賈年十五事閔王		齊	王孫賈・閔王・**淖齒**	
	3	燕攻齊取七十餘城	乙群：田單	燕・齊・楚・魏・趙・魯・吳	**田單**・騎劫・魯連（仲連）・燕王・栗腹・墨翟・孫臏・吳起・陶（=陶朱公）・衞（=范蠡）・管仲（管子）・桓公・公子糾・曹沫（曹子）・魯君	《魯仲連鄒陽列傳》
	4	燕攻齊齊破		燕・齊	**田單**・淖齒・襄王（太子）・貫珠	
	5	貂勃常惡田單		齊・燕・楚	貂勃・**田單（安平君）**・跖・堯・公孫子・徐子・楚王・周文王・齊桓公・呂尚（太公）・管夷吾（仲父）	
	6	田單將攻狄		齊・狄・燕	**田單**・魯仲子	《說苑・指武》
	7	濮上之事	?	齊・楚・梁	贅子・章子・盼子・齊王・宋王・梁氏	
	8	齊閔王之遇殺	丙群：戰國末齊	齊	齊閔王・法章（襄王）・太子敫・君王后・王建・秦昭王・后勝	
	9	齊王建入朝於秦		齊・秦・三晉・楚	齊王建・陳馳	
	10	齊以淖君之亂		齊・秦・楚	淖君・蘇涓・任固・齊明・楚王・秦王	
楚策一	1	齊楚構難	?	宋・齊・楚	子象・宋王	
	2	五國約以伐齊		齊・楚・秦・韓・（燕）・趙	昭陽・楚王・太公事・（韓）公仲	
	3	荊宣王問羣臣	甲群：昭奚恤・江乙	荊（楚）	（楚）宣王・**昭奚恤・江一**	《新序・雜事二》《春秋後語・楚語》

篇	章	章　名	群	勢　力	人　物	互見文獻
楚策一	4	昭奚恤與彭城君議於王前		楚	**昭奚恤**・彭城君・楚王・**江乙**	
	5	邯鄲之難		楚・魏・趙・齊・秦	**昭奚恤**・楚王・景舍	
	6	江尹欲惡昭奚恤於楚王		楚・梁	**江尹**・**昭奚恤**・楚王・山陽君	
	7	魏氏惡昭奚恤於楚王		楚・魏	**昭子**（**昭奚恤**）・楚王	
	8	江乙惡昭奚恤		楚・魏・（趙）	**昭奚恤**・**江乙**・楚王	
	9	江乙欲惡昭奚恤於楚		楚	**昭奚恤**・**江乙**・楚王	
	10	江乙說於安陵君		楚	**江乙**・安陵君・楚王	《說苑・權謀》
	11	江乙爲魏使於楚		楚	**江乙**・楚王・白公・州侯	
	12	郢人有獄三年不決		楚	**昭奚恤**・郢人某氏	
	13	城渾出周	乙群：？	周・楚・鄭（韓）・魏・秦	城渾・楚王・新城公	
	14	韓公叔有齊魏		韓・齊・魏・楚・秦	（韓）公叔・鄭申・太子・楚王	韓二
	15	楚杜赫說楚王以取趙		楚・趙	杜赫・楚王・陳軫	
	16	楚王問於范環		楚・秦	楚王・范環（蠉）・甘茂・史舉・（秦）惠王・（秦）武王・張儀	《樗里子甘茂列傳》《韓非子・内儲說下》
				楚・越・秦	滑（召滑／昭滑／卓滑／淖滑？）昧（唐昧？）・公孫郝	
	17	蘇秦爲趙合從說楚威王	丙群：縱橫家Ⅰ	趙・楚・秦・韓・魏・齊・燕・衞	**蘇秦**・楚威王	《蘇秦列傳》《春秋後語・趙語上》
	18	張儀爲秦破從連横		秦・楚・韓・魏・吳・衞・宋・燕・齊	**張儀**・楚王・**蘇秦**（**武安君**）・燕王・齊王・秦太子・秦女・秦王	《張儀列傳》《春秋後語・秦語中》

篇	章	章　名	群	勢　力	人　物	互見文献
楚策一	19	張儀相秦		楚・秦・韓・魏・周・齊	**張儀**・昭睢・**陳軫**・楚王・工陳藉（工師藉）	
	20	威王問於莫敖子華	(単行？)	楚・吳・秦	(楚) 威王・莫敖子華（章？）文王・令尹子文・葉公子高・白公・莫敖大心・棼冒勃蘇・秦王・子滿・子虎・蒙穀・(楚) 昭王・(楚) 靈王	
楚策二	1	魏相翟強死	甲群：昭睢	魏・楚・秦・齊	翟強・甘茂・楚王・公子勁・樗里疾	
	2	齊秦約攻楚		齊・秦・楚	景翠（公）・(楚) 太子・**昭睢**・景鯉・蘇厲	
	3	術視伐楚		楚・秦	術視・宛公昭鼠・**昭睢**・蘇厲・芈戒	
	4	四國伐楚		楚・秦・(齊？)・趙・魏・燕	**昭睢（昭侯）**・楚王・桓臧	
	5	楚懷王拘張儀	乙群：？	楚・秦	懷王・張儀（張子）・靳尚・鄭袖・秦王	《張儀列傳》《楚世家》
	6	楚王將出張子		楚	楚王・張儀（張子）・靳尚・張旄	
	7	秦敗楚漢中		楚・秦	楚王・秦王・游騰	
	8	楚襄王爲太子之時		楚・齊	楚襄王・齊王・傅慎子・上柱國子良・昭常・景鯉	
	9	女阿謂蘇子		楚・秦・三國	女阿・蘇子（蘇秦）・楚王・太子	
楚策三	1	蘇子謂楚王	一：縦横家Ⅱ（蘇秦・張儀・陳軫・惠施）	楚	**蘇子**・楚王	
	2	蘇秦之楚三日		楚	**蘇秦**・楚王	

篇	章	章　名	群	勢　力	人　物	互見文献
楚策三	3	楚王逐張儀於魏		楚・魏	楚王・**張儀**・**陳軫**	
	4	張儀之楚貧		楚・晉	**張儀**・南后・鄭褎・楚王・晉君	
	5	楚王令昭雎之秦重張儀		楚・秦・齊・魏・韓	楚王・昭雎・**張儀**・（秦）惠王・武王・桓臧・公孫郝・甘茂	
	6	張儀逐惠施於魏		楚・魏・宋	**張儀**・**惠施**（**惠子**）・楚王・馮郝・宋王	
	7	五國伐秦		秦・魏・齊・越・晉	**惠施**・杜赫・昭陽（昭子）	
	8	陳軫告楚之魏		楚・魏	**陳軫**・**張儀**・魏王・左爽・楚王	魏一5
	9	秦伐宜陽		秦・楚	楚王・**陳軫**・韓侈	
	10	唐且見春申君		齊・楚	唐且・春申君・（孟）賁・（專）諸・西施	
楚策四	1	或謂楚王 *楚三10に帰属（王念孫説）		楚	楚王	
	2	魏王遺楚王美人	甲群：楚后（楚王后・鄭褎）	楚・魏	魏王・楚王・**鄭褎**	《韓非子・内儲說下》《春秋後語・楚語》
	3	楚王后死		楚	**楚王后**・（楚）王・昭魚	齊三2
	4	莊辛謂楚襄王	乙群：頃襄王期楚？	楚・趙・蔡・秦	莊辛（陽陵君）・楚襄王・州侯・夏侯・鄢陵君・壽陵君・蔡聖侯（=靈侯？）・子發・宣王・穰侯・秦王	《新序・雜事二》
	5	齊明說卓滑以伐秦		秦・楚	齊明・卓滑・樗里疾	
	6	或謂黃齊			黃齊・富摯・老萊子・孔子・王	

篇	章	章　名	群	勢　力	人　物	互見文献
楚策四	7	長沙之難		楚・齊・韓・魏・秦	楚太子横（＝頃襄王）・楚王・薛公・昭蓋・屈署・芈戒	
	8	有獻不死之藥於荊王者		荊	荊王	
	9	客說春申君	丙群：春申君	楚・趙・夏・殷・魯・齊	**春申君**・湯・(周)武王・孫子（＝孫卿・荀子）・伊尹・管仲・楚王子圍・崔杼・(齊)莊公・景公・李兌・主父・淖齒・閔王	
	10	天下合從		趙・楚・秦	魏加・**春申君**・臨武君・更羸・魏王	
	11	汗明見春申君		(楚)・梁	汗明・**春申君**・堯・舜・伯樂	
	12	楚考烈王無子		楚・趙・齊	楚考烈王・**春申君**・李園女弟（王后）・齊王・太子（楚幽王）・朱英・伊尹・周公・始皇・嫪毐・呂不韋	
	13	虞卿謂春申君 *韓一22 が後半部として接続する（吳師道・黃丕烈説）		楚・秦・燕・趙・齊・魏	虞卿・**春申君**・楚王・秦孝公・商君（公孫鞅）・秦惠王・冄子（魏冄）・太公望・邵公奭・魏王	《戰國縱橫家書》23
趙策一	1	知伯從韓魏兵以攻趙	甲群：知伯（智伯）	知・韓・魏・趙・齊	**知伯**・郗疵	
	2	知伯帥趙魏韓而伐范中行氏		知・韓・魏・趙・范・中行	**知伯**・韓康伯・段規・魏宣子・趙葭・趙襄子・張孟談・董安于（董子）・簡主（＝趙簡子）・尹澤・延陵生・知過（輔氏）	《韓非子・十過》《春秋後語・趙語上》

篇	章	章　名	群	勢　力	人　物	互見文献
趙策一	3	張孟談旣固趙宗		趙・韓・魏・齊・燕・知	張孟談・襄子・簡之塗・國地君・**知氏**	
	4	晉畢陽之孫豫讓		晉・范・中行・知	畢陽・豫讓・范（氏）・中行氏・**知伯**・趙襄子	《刺客列傳》《呂氏春秋・恃君覽・恃君》《春秋後語・趙語上》
	5	魏文侯借道於趙攻中山	乙群：？	魏・趙・中山	魏文侯・趙侯・趙利	《韓非子・說林上》
	6	秦韓圍梁燕趙救之		秦・韓・梁・燕・趙・周	山陽君	
	7	腹擊爲室而鉅			腹擊（腹子）・荊敢	
	8	蘇秦說李兌	丙群：蘇秦・李兌	秦	**蘇秦**（**蘇公**）・**李兌**	
	9	趙收天下且以伐齊		趙・齊（韓？）・韓・兩周・魏・晉・楚・秦・中山・燕	**蘇秦**・趙王	《趙世家》《戰國縱橫家書》21
	10	齊攻宋奉陽君不欲		齊・宋・韓・魏・（趙）・衞（燕？）・楚・中山	**奉陽君**（＝**李兌**）	趙四3
	11	秦王謂公子他	丁群：秦	**秦**・韓・楚・趙	**秦王**・公子他・陽城君・守靳黈・韓陽・**應侯**・馮亭・趙王・平原君（平陽君？）・趙彪・趙勝・趙禹・韓王・公孫起・王齮	《趙世家》
	12	蘇秦爲趙王使於秦		**秦**・趙	蘇秦・趙王	
	13	甘茂爲秦約魏以攻韓宜陽		**秦**・魏・韓・趙	**甘茂**・泠向・强國・齊王・**秦王**・公孫赫・**樗里疾**	
	14	謂皮相國	戊群：皮相國	趙・齊・秦・魏・楚	**皮相國**・建信君・涉孟・春申（君）	
	15	或謂皮相國		魏・衞・齊・秦・楚・趙（三晉）	**皮相國**・呂遼・文信侯（呂不韋）	

篇	章	章　名	群	勢　力	人　物	互見文献
趙策一	16	趙王封孟嘗君以武城	残余章	趙	趙王・孟嘗君(文)	
	17	謂趙王曰三晉合而秦弱		趙・秦・燕・梁・楚・韓・周	趙王・楚王	
趙策二	1	蘇秦從燕之趙始合從	甲群：縱横家	燕・趙・齊・秦・韓・魏・楚・周・衛	**蘇秦**（武安君）・趙王・奉陽君・堯・舜・禹	《蘇秦列傳》《春秋後語・趙語上》
	2	秦攻趙		秦・趙・齊・楚・魏・韓	**蘇子**・秦王・田單・如耳・（齊）威（王）・（齊）宣王・司馬（穰苴）・趙奢・鮑接	
	3	張儀爲秦連横說趙王		秦・趙・兩周・殷・齊・楚・韓・魏	**張儀**・趙王・秦王・大王御史・殷紂・**蘇秦**・奉陽君	《張儀列傳》《春秋後語・秦語中》
	4	武靈王平晝間居	乙群：武靈王と胡服騎射論争	（趙）・胡狄・有苗・裸國・中山・大吳之國・齊・燕・東胡・樓煩・秦・韓・夏・殷・鄒・魯・吳・越	**武靈王**・肥義・簡主（＝簡子）・襄主（＝襄子）・舜・王孫緤・公子成・(趙) 公叔・趙文・趙造・宓戯・神農・黄帝・堯・三王	《趙世家》《商君書・更法》《商君列傳》《新序・善謀》
	5	王立周紹爲傅			**王**（＝**武靈王**）・周紹・王子	
	6	趙燕後胡服			趙燕・**王**（＝**武靈王**）	
	7	王破原陽			**王**（＝**武靈王**）・牛贊・襄主（＝襄子）	
趙策三	1	趙惠文王三十年	甲群：？	趙・吳・齊・中山・韓	趙惠文王・都平君田單・趙奢・馬服・干（將）	
	2	趙使机郝之秦		趙・秦	机郝・魏冄・宋突・樓緩・秦王	《穰侯列傳》
	3	齊破燕趙欲存之		齊・燕・趙・楚・魏	樂毅・趙王・淖滑・惠子	

篇	章	章　名	群	勢　力	人　物	互見文献
趙策三	4	秦攻趙藺離石祁拔		秦・趙・魏	公子部・秦王・公子繒・趙王・鄭朱・衞胡易（＝胡傷）・趙奢・公子咎・廉頗	
	5	富丁欲以趙合齊魏	乙群：富丁	趙・齊・魏・秦・楚・韓・中山	**富丁**・樓緩・主父（＝武靈王）・司馬淺	
	6	魏因富丁且合於秦		魏・秦・趙・齊	**富丁**・薛公（＝孟嘗君）・子欬・李兌・主父・周最・魏王	
	7	魏使人因平原君請從於趙	丙群：平原君	魏・趙	**平原君**・趙王・虞卿	《平原君虞卿列傳》
	8	平原君請馮忌		趙・秦・燕・吳・越	**平原君**・馮忌・武安君（＝白起）・公孫起・馬服子	
	9	平原君謂平陽君		秦	**平原君**・平陽君・公子牟・應侯	《說苑・敬愼》
	10	秦攻趙於長平	丁群：虞卿	秦・趙・魯・韓・魏（三晉）・齊	樓緩・趙王・公甫文伯・孔子・**虞卿**・齊王	《平原君虞卿列傳》《說苑・善謀》
	11	秦攻趙平原君使人請救於魏		秦・趙・魏・楚	平原君・信陵君・**虞卿**・趙王・公孫龍	
	12	秦趙戰於長平		秦・趙・楚・魏	趙王・樓昌・**虞卿**・平陽君・鄭朱・秦王・應侯	

篇	章	章　名	群	勢　力	人　物	互見文献
趙策三	13	秦圍趙之邯鄲	戊群：？	秦・趙・魏（梁）・齊・燕・楚・周・魯・鄒	安釐王・將軍晉鄙・魏王・客將軍新垣衍（辛垣衍）・平原君・趙王・齊湣王（閔王）・秦昭王・魯仲連（魯連）・齊威王・周烈王・田嬰・梁王・鬼侯・鄂侯・文王・紂・夷維子・鄒君・公子無忌	《魯仲連鄒陽列傳》《春秋後語・趙語下》
	14	說張相國		趙	張相國	
	15	鄭同北見趙王		趙・魏	鄭同・趙王・魏昭王・許由・隋侯・孟賁・（成）荊・慶（忌）	
	16	建信君貴於趙	己群：建信君	趙・秦	**建信君**・公子魏牟・趙王・犀首	
	17	衛靈公近雍疸彌子瑕 *趙三16に帰属（吳師道・黄丕烈説）		衛	衛靈公・雍疸・彌子瑕・復塗偵・司空狗	《韓非子・難四》《同・内儲說上》
	18	或謂建信君之所以事王者			**建信君**	
	19	苦成常謂建信君		趙・秦・魏	苦成常・**建信君**・呂遺・文信（＝呂不韋）	
	20	希寫見建信君			希寫・**建信君**・文信侯・（周）文王・武王・紂	
	21	魏魀謂建信君			魏魀・**建信君**	
	22	秦攻趙鼓鐸之音聞於北堂		秦・趙	希卑・**建信君**	
	23	齊人李伯見孝成王	残余章	齊・燕・趙	李伯・孝成王	
趙策四	1	爲齊獻書趙王	甲群：趙と齊・宋？	**齊**・趙・燕・韓・魏・秦	趙王	
	2	齊欲攻宋		**齊**・**宋**・秦・趙・魏（三晉・五國）・燕	起賈・秦王・李兌・魏王・齊王・韓呡・薛公・韓徐・虞商・丹・順	

篇	章	章　名	群	勢　力	人　物	互見文献
趙策四	3	齊將攻宋而秦楚禁之		**齊**·**宋**·秦·楚·趙·韓·魏（三晉）·燕·中山	公孫衍·李兌（奉陽君）·齊王·（宋）太子·襄安君	
	4	五國伐秦無功		秦·趙·楚·魏·韓·**齊**·**宋**·燕·二周·中山	蘇代·齊王·奉陽君·魏冄·秦王·韓呡·成陽君·魏懷·(公孫)衍·王賁·韓他	
	5	樓緩將使伏事辭行		趙·**宋**	樓緩（樓子）·趙王·公子牟夷·文張	
	6	虞卿請趙王	乙群：？	趙·魏·秦	虞卿·趙王·范座·魏王·信陵君	《魏世家》《說苑·善說》
	7	燕封宋人榮蚠爲高陽君		燕·宋·趙·齊	榮蚠（高陽君）·安平君·馬服君·平原君	
	8	三國攻秦趙攻中山		秦·趙·中山·齊·衞	戎郭·宋突·仇郝	
	9	趙使趙莊合從		趙·齊	趙莊·齊明·趙王·張懃	
	10	翟章從梁來		梁·趙	翟章·趙王·田駟·柱國韓向·建信君	
	11	馮忌爲廬陵君謂趙王	丙群：馮忌	趙·燕·秦	**馮忌**·廬陵君·趙王·虞卿	
	12	馮忌請見趙王		趙	**馮忌**·趙王·服子·堯·舜·伊尹·湯	《淮南子·齊俗》
	13	客見趙王	残余章	趙	趙王·建信君·紀姬·燕郭（郭偃？）	
	14	秦攻魏取寧邑		秦·魏·趙·齊	趙王·諒毅·秦王·趙豹·平原君·葉陽君·涇陽君	
	15	趙使姚賈約韓魏		趙·韓·魏	姚賈·舉茅（茅舉？）·趙王	

篇	章	章　名	群	勢　力	人　物	互見文献
趙策四	16	魏敗楚於陘山		魏・楚・秦・宋・趙	唐明・楚王・昭應・太子・薛公・主父・仇郝・樓緩	
	17	秦召春平侯		秦・趙	春平侯・世鈞・文信侯・趙王・平都侯	《趙世家》
	18	趙太后新用事		趙・秦・齊	趙太后・長安君・左師觸龍（左師公）・舒祺・子義	《趙世家》《戰國縱横家書》18
	19	秦使王翦攻趙		秦・趙	王翦・李牧・司馬尚・桓齮・趙王遷・郭開・趙葱・顔冣	
魏策一	1	知伯索地於魏桓子	甲群：知伯	知・魏・趙・韓	**知伯**・魏桓子・任章	《韓非子・說林上》《說苑・權謀》《淮南子・人間》
	2	韓趙相難	乙群：魏文侯とその賢臣	韓・趙・魏	**魏文侯**	《韓非子・說林下》
	3	樂羊爲魏將而攻中山		魏・中山	**樂羊**・中山之君・**(魏) 文侯**・覩師贊	《韓非子・說林上》《春秋後語・魏語》《說苑・貴德》《淮南子・人間》
	4	西門豹爲鄴令		魏	**西門豹・魏文侯**	
	5	文侯與虞人期獵		魏	**文侯**・期獵	
	6	魏文侯與田子方飲酒而稱樂		魏	**魏文侯・田子方**	
	7	魏武侯與諸大夫浮於西河	丙群：吳起と公叔痤？	魏（晉國）・三苗・夏・殷	魏武侯・王鍾・**吳起**・禹・夏桀・湯・殷紂・(周) 武王	《孫子吳起列傳》《說苑・貴德》
	8	魏公叔痤爲魏相		魏・韓・趙	**公叔痤**・樂祚・魏王・**吳起**・巴寧・迫襄	
	9	魏公叔痤病		魏・(秦)	**公叔痤**・(魏) 惠王・公孫鞅・(秦) 孝公	《商君列傳》《呂氏春秋・仲冬紀・長見》《春秋後語・秦語上》

篇	章	章　名	群	勢　力	人　物	互見文献
魏策一	10	蘇子爲趙合從說魏王	丁群：縱横家	趙・魏・楚・越・秦・(六國)	**蘇子**・魏王・越王勾踐・夫差・干遂・(周) 武王・紂・趙王	《蘇秦列傳》《春秋後語・趙語上》
	11	張儀爲秦連横說魏王		秦・魏・楚・韓・趙・齊・衛	**張儀**・魏王・**蘇秦**	《張儀列傳》《春秋後語・秦語中》
	12	齊魏約而伐楚	?	齊・魏・楚	董慶・田嬰・旰夷	
	13	蘇秦拘於魏		魏・齊・宋・秦	**蘇秦**・**蘇厲**・魏王・涇陽君・齊王	《蘇秦列傳》燕一11
	14	陳軫爲秦使齊	(陳軫)	秦・齊・魏・燕・趙	**陳軫**・犀首 (衍)・魏王・李從・齊王・楚王	《張儀列傳》
	15	張儀惡陳軫於魏王		魏・楚	張儀・**陳軫**・魏王・左華・楚王	楚三8
	16	張儀欲窮陳軫		魏・楚・齊・宋・魯	張儀・**陳軫**・魏王・陳應・鄭彊・齊王	
	17	張儀走之魏	(張儀)	魏	**張儀**・張丑・魏王	
	18	張儀欲以魏合於秦韓		魏・秦・韓・齊・楚	**張儀**（**張子**）・惠施・(惠子)	《韓非子・內儲說上》
	19	張子儀以秦相魏		秦・魏・齊・楚	**張子儀**（**張子**・**張儀**）・雍沮・秦王	
	20	張儀欲幷相秦魏		秦・魏・楚・韓	**張儀**・魏王・史厭・趙獻	
	21	魏王將相張儀		魏・秦・韓	魏王・**張儀**・犀首・公叔	
	22	楚許魏六城		楚・魏・齊・燕・趙・秦・兀夷・宋・衛	**張儀**・魏王	
	23	張儀告公仲		韓・魏・秦・齊・楚	**張儀**（**張子**）・公仲・韓王・魏王	
	24	徐州之役	(犀首公孫衍)	梁・齊・楚	**犀首**・梁王・太子	

篇	章	章　名	群	勢　力	人　物	互見文献
魏策一	25	秦敗東周		秦・東周・魏・趙	犀武・**公孫衍**・竇屢・魏王・奉陽君（＝李兌）・周君・穰侯・太后（＝宣太后）	
	26	齊王將見燕趙楚之相於衞		齊・燕・趙・楚・衞・魏	齊王・魏王・**公孫衍**（**犀首**・**公孫子**）	
	27	魏令公孫衍請和於秦		魏・秦	**公孫衍**・綦毋恢	
	28	公孫衍爲魏將		魏	**公孫衍**・田繻・季子・梁王	
魏策二	1	犀首田盼欲得齊魏之兵以伐趙	甲群：公孫衍（犀首）	齊・魏・趙	**犀首**・田盼・梁君・田侯	
	2	犀首見梁君		魏・齊・韓	**犀首**・梁君・田需・田嬰・文子（＝田文）	
	3	蘇代爲田需說魏王		魏・齊・韓	蘇代・田需・魏王・（**公孫**）**衍**	
	4	史舉非犀首於王			史舉・**犀首**（衍）・張儀・堯・舜・許由	
	5	楚王攻梁南		魏・韓	楚王・成恢・**犀首**・韓王	
	6	魏惠王死		魏	魏惠王・太子・**犀首**・惠公（惠子？）・王季歷・文王	《呂氏春秋・開春論・開春》《春秋後語・魏語》
	7	五國伐秦	乙群：魏と齊？	秦・**齊**・宋・魏・楚・韓・燕・西戎・三苗・東夷	宋郭・秦王・魏王・魏冄・黄帝・禹・奉陽君・孟嘗君・韓呡・周寂・韓餘・蘇脩・朱嬰・齊王	
	8	魏文子田需周宵相善		魏・**齊**	文子（＝田文）・田需・周寂・犀首・魏王・嬰子（＝田嬰）	
	9	魏王令惠施之楚		魏・楚・**齊**	魏王・惠施・犀首	

篇	章	章　名	群	勢　力	人　物	互見文献
魏策二	10	魏惠王起境内衆		魏・**齊**	魏惠王・太子申・公子理（之傅）・王太后・田盼・孫子	
	11	齊魏戰於馬陵		**齊**・魏・趙・秦・楚	太子申・魏王・惠施・楚王・田嬰・張丑・齊侯	
	12	惠施爲韓魏交		**齊**・魏・楚	惠施・太子鳴・朱倉・嬰子・魏王・公子高	
	13	田需貴於魏王	丙群：田需	魏	**田需**・魏王・惠子	《春秋後語・魏語》
	14	田需死		魏・秦・齊・韓	**田需**・昭魚・蘇代・張儀・薛公・犀首・太子・梁王	《魏世家》《春秋後語・魏語》
	15	秦召魏相信安君	残余章	秦・魏・趙	信安君・蘇代・秦王・魏王（魏信）・堯・舜	
	16	秦楚攻魏圍皮氏		秦・楚・魏	楚王・魏王・太子・樗里疾	
	17	龐葱與太子質於邯鄲		魏・（趙）	龐葱・太子・魏王	
	18	梁王魏嬰觴諸侯於范臺		魏・魯・齊・晉	梁王魏嬰（惠王？）・魯君・儀狄禹・齊桓公・易牙・晉文公・南之威・楚王・白台・閭須	
魏策三	1	秦趙約而伐魏	甲群：芒卯	秦・趙・魏	魏王・**芒卯**・張倚・趙王	
	2	芒卯謂秦王		秦・魏・齊	**芒卯**・秦王・魏王	
	3	秦敗魏於華走芒卯而圍大梁		秦・魏・趙・齊・燕・宋・中山・晉・楚・衞	**芒卯**・須賈・穰侯・魏王（惠王）・子之・湯・武	《穰侯列傳》《戰國縱横家書》16
	4	秦敗魏於華魏王且入朝於秦	乙群：？	秦・魏・宋・楚	魏王・周訢・堯・舜・許綰・支期・楚王・應侯・長信侯・樓公	

篇	章	章　名	群	勢　力	人　物	互見文献
魏策三	5	華軍之戰		魏・秦	段干崇（段干子）・孫臣・魏王	
	6	齊欲伐魏		齊・魏	淳于髡・齊王	
	7	秦將伐魏		秦・魏・趙・燕・韓	魏王・孟嘗君（田文）・趙王・燕王・公子常	
	8	魏將與秦攻韓		魏・秦・韓・楚・趙・衞・齊・晉・周（二周）	朱己・魏王・太后（＝宣太后）・穰侯・智伯・安陵氏	
	9	葉陽君約魏		魏・趙	葉陽君・魏王	
	10	秦使趙攻魏		秦・趙・魏・晉・虞・虢・齊	趙王・荀息・宮之奇	
	11	魏太子在楚		魏・楚・齊・秦・韓	魏太子・樓子（樓庳）・翟子（翟强）・齊王・張子・魏王・秦王・樗里疾（樗里子）・楚王	
魏策四	1	獻書秦王	甲群：？	秦・梁	秦王・梁王・湯・桀・密須氏	
	2	八年謂魏王		魏・曹・齊・晉・釐・莒・繒・越・韓・鄭・原・秦・翟・中山・楚・趙	魏王・和子（＝田和）・春申君	
	3	魏王問張旄		魏・秦・韓	魏王・張旄	
	4	客謂司馬食其		魏・秦	司馬食其・茲公	
	5	魏秦伐楚		魏・秦・楚	魏王・樓緩	
	6	穰侯攻大梁		魏・楚・齊	穰侯・魏王・秦王	
	7	白珪謂新城君			白珪・新城君	韓三22
	8	秦攻韓之管		秦・韓・魏・趙・燕・荊・齊	魏王・昭忌・秦王	
	9	秦趙構難而戰		秦・趙・魏	魏王	
	10	長平之役		魏・秦・趙	平都君・魏王	
	11	樓梧約秦魏		秦・魏・齊	樓梧・秦王	

篇	章	章　名	群	勢　力	人　物	互見文献
魏策四	12	芮宋欲絶秦趙之交		秦・趙・魏	芮宋・秦太后・秦王・李郝	
	13	爲魏謂楚王		魏・楚・秦・齊	楚王	
	14	管鼻之令翟强與秦事		魏・晉・楚・秦	管鼻之(樓鼻?)・翟强・魏王	
	15	咸陽君欲以韓魏聽秦		韓・魏・秦	成陽君・魏王・白圭	
	16	秦拔寧邑		秦・魏	魏王・秦王・魏丹	
	17	秦罷邯鄲		秦・魏・二周・邯鄲（＝趙）	吳慶・魏王	
	18	魏王欲攻邯鄲		魏・楚	魏王・季梁	
	19	周肖謂宮他	乙群：周肖・周冣	齊・魏	**周肖**・宮他・齊王	
	20	周冣善齊		齊・楚・魏	**周冣**・翟强・張儀（張子）	
	21	周冣入齊		齊・秦・魏・趙	**周冣**・秦王・姚賈・魏王	
	22	秦魏爲與國	丙群：唐且・信陵君	秦・魏・齊・楚	**唐且**・魏王・秦王	《魏世家》《新序・雜事三》《春秋後語・魏語》
	23	信陵君殺晉鄙		秦・趙・(魏)	**信陵君（無忌）**・晉鄙・趙王・**唐且**	《魏公子列傳》
	24	魏攻管而不下		魏・秦・(韓)	縮高・**信陵君**・安陵君・成侯・襄王	《春秋後語・魏語》
	25	魏王與龍陽君共船而釣	残余章	魏	魏王・龍陽君	
	26	秦攻魏急		秦・魏	魏王・嫪氏（嫪毐）・呂氏（＝呂不韋）・太后	《孔叢子・論勢》
	27	秦王使人謂安陵君		秦・韓・魏	秦王・安陵君・唐且・專諸・王僚・聶政・韓傀・要離・慶忌	《說苑・奉使》《春秋後語・魏語》
韓一	1	三晉已破智氏	甲群：智伯	三晉・智・韓・鄭	智氏（＝智伯）・段規・韓王	

篇	章	章　名	群	勢　力	人　物	互見文献
韓策一	2	大成午從趙來	乙群：申不害	趙・韓	大成午・**申不害**	
	3	魏之圍邯鄲		魏・韓	**申不害**・韓王・趙卓・韓鼂	
	4	申子請仕其從兄官		（韓）	**申子**・韓昭侯	《韓非子・外儲說左上》
	5	蘇秦爲楚合從說韓王	丙群：縱橫家	韓・秦・趙・楚	**蘇秦**・韓王・趙王（楚王？）	《蘇秦列傳》《春秋後語・趙語上》
	6	張儀爲秦連横說韓王		秦・韓・楚	**張儀**・韓王・孟賁・烏獲・秦王	《蘇秦列傳》《春秋後語・秦語中》
	7	宣王謂留		（韓）・晉・魏	（韓）宣王・摎留・公仲・公叔・（齊）簡公・田成・**犀首**・**張儀**	《韓非子・說林上》《同・難一》
	8	張儀謂齊王		齊・魏・（韓）	**張儀**・齊王・韓朋・**犀首**・公叔・公仲	
	9	楚昭獻相韓	丁群：秦	楚・韓・**秦**	昭獻・公叔	
	10	秦攻陘		**秦**・韓	陳軫・秦王	
	11	五國約而攻秦		**秦**・楚・（韓）	楚王・魏順・市丘君	《孔叢子・論勢》
	12	鄭彊載八百金入秦		**秦**・韓・楚	鄭彊・泠向・公叔・幾瑟・楚王・秦王・昭獻	
	13	鄭彊之走張儀於秦		**秦**・楚	鄭彊・張儀・秦王	
	14	宜陽之役		成周・**秦**・韓	楊達・公孫顯・甘茂	
	15	秦圍宜陽	戊群：韓朋（公仲）	秦・趙・韓・魏・楚	游騰・**公仲**・樓鼻・甘茂・翟强	
	16	公仲以宜陽之故仇甘茂		秦・韓	**公仲（朋）**・甘茂・秦王・杜赫・樗里疾	
	17	秦韓戰於濁澤		秦・韓・楚	**公仲朋（韓朋）**・韓王・張儀・楚王・陳軫	《韓世家》《韓非子・十過》《戰國縱横家書》24

篇	章	章　名	群	勢　力	人　物	互見文献
韓策一	18	顏率見公仲		(韓)	顏率・**公仲**	
	19	韓公仲謂向壽		韓・秦・楚・魏・齊	**公仲**・向壽（向子）・公孫郝・甘茂	《樗里子甘茂列傳》
	20	或謂公仲曰聽者聽國		秦・齊・魏・楚・趙・韓	**公仲**・公孫郝・甘茂・秦王・(秦)惠王・(秦) 武王	
	21	韓公仲相		齊・楚・秦・魏・韓	景鯉・楚王・**韓公仲**	
	22	王曰向也子曰天下無道 *楚四13に帰属（吳師道・黃丕烈説）	**楚四丙群：春申君** *錯簡	燕・楚・趙・魏		楚四13
	23	或謂魏王王儆四疆之内		魏・楚・秦	魏王・**春申君**・秦王	
	24	觀鞅謂春申		楚・秦・兩周・韓・魏	觀鞅・**春申**	《春申君列傳》
	25	公仲數不信於諸侯	戊群:韓朋（公仲）	楚・趙・齊・魏	**公仲（朋）**・楚王・蘇代・尾生	
韓策二	1	楚圍雍氏五月	甲群：雍氏の役と公仲	**楚**・**韓**・秦・魏	向靳（向子）・秦王・宣太后・韓王・張翠・甘茂・**公仲**	《樗里子甘茂列傳》韓三15
	2	楚圍雍氏韓令泠向借救於秦		**楚**・**韓**・秦・魏・齊	泠向・公孫昧・**公仲**・秦王・張儀・楚威王・司馬康・甘茂・昭獻	韓世家
	3	公仲爲韓魏易地	乙群：公叔	韓・魏・趙・楚	公仲・**公叔**・史惕	
	4	錡宣之教韓王取秦		秦・韓・楚	錡宣・韓王・**公叔**・公仲・秦王・襄子・太子	
	5	襄陵之役		楚・魏・(韓)	畢長・**公叔**・公子高・昭子（昭揚＝昭陽）・太子扁・梁王	
	6	公叔使馮君於秦		秦・韓	**公叔**・馮君・陽向・秦王・太子	

篇	章	章　名	群	勢　力	人　物	互見文献
韓策二	7	謂公叔曰公欲得武遂於秦		秦・楚・韓	**公叔**・楚王・秦王	
	8	謂公叔曰乘舟		秦・(韓)	**公叔**・陽侯・薛公	
	9	齊令周最使鄭		齊・周・鄭（=韓）	周最・韓擾・**公叔**・周君・史舍・諸子・鄭王（=韓王）	
	10	韓公叔與幾瑟爭國鄭强爲楚王使於韓	丙群：幾瑟	韓・楚・魏	公叔・**幾瑟**・鄭强（鄭彊）・楚王	楚一14
	11	韓公叔與幾瑟爭國中庶子强謂太子		韓・齊	公叔・**幾瑟**・中庶子强（鄭强？）・太子	
	12	齊明謂公叔		齊・楚・韓	齊明・公叔・**幾瑟**・齊王・楚王	
	13	公叔將殺幾瑟		韓	公叔・**幾瑟**・太子	
	14	公叔且殺幾瑟		秦・楚・韓	公叔・**幾瑟**・宋赫・太子・伯嬰	
	15	謂新城君曰		秦・楚・魏・韓・齊	新城君・公叔・伯嬰・**幾瑟**・楚王	《韓世家》
	16	胡衍之出幾瑟於楚		楚・韓・魏	胡衍・**幾瑟**・公仲・魏王・太子・公子咎・楚王	
	17	幾瑟亡之楚		楚・秦・韓・魏・齊	**幾瑟**・芈戎・公叔・秦王・伯嬰	
	18	冷向謂韓咎		楚・韓	冷向・韓咎・**幾瑟**・楚王	《韓世家》
	19	楚令景鯉入韓		楚・韓・秦	景鯉・伯嬰・冷向・太子・**幾瑟**	
	20	韓咎立爲君而未定	残余章	周・韓	韓咎・綦毋恢	《韓非子・說林下》
	21	史疾爲韓使楚		韓・楚	史疾・楚王・列子圉寇	
	22	韓傀相韓		韓・齊・衛・晉・楚	韓傀・嚴遂（仲子）・聶政・韓君（韓王・哀侯）	《刺客列傳》《春秋後語・韓語》

篇	章	章　名	群	勢　力	人　物	互見文献
韓策三	1	或謂韓公仲	甲群：？	韓・秦・魏	公仲・安成君	
	2	或謂公仲		秦・韓・西周・東周	公仲・周佼・周啓	
	3	韓人攻宋		宋・秦・韓・楚・魏・晉	韓珉・秦王・蘇秦	《田敬仲完世家》
	4	或謂韓王		韓・秦・周・梁・趙	韓王・秦王・伯夷・桀・紂	
	5	謂鄭王		韓・魏・秦・晉・吳・越	鄭王・昭釐侯・申不害・梁君・穆公・晉文公・越王・大夫種・夫差	
	5'			韓・齊・周	聶政・陽堅・許異・哀侯（鄭君）・齊桓公・周襄王	
	6	韓陽役於三川而欲歸		（韓）	韓陽・足強・韓王	
	7	秦大國		秦・韓		
	8	張丑之合齊楚講於魏		齊・楚・魏・韓	張丑・公仲	
	9	或謂韓相國	乙群：韓珉	韓・秦	**韓相國**・扁鵲・平原君	
	10	公仲使韓珉之秦求武隧		秦・楚・韓	公仲・**韓珉**・唐客	
	11	韓相公仲珉使韓侈之秦		韓・秦・魏	**韓相公仲珉**・韓侈・秦王・韓辰・魏王	
	12	客卿爲韓謂秦王		韓・秦・齊・宋・魏・燕・陳・蔡・楚・趙	秦王・**韓珉**・公仲・張儀・公孫郝・甘戊（甘茂）・樗里疾	
	13	韓珉相齊		齊・周・秦・韓・楚	**韓珉**・公疇豎・成陽君・楚王	
	14	或謂山陽君	残余章	秦・齊・韓・楚	山陽君	
	15	趙魏攻華陽		趙・魏・韓・秦	田苓・穰侯	《韓世家》韓二1
	16	秦招楚而伐齊		秦・楚・齊・燕・趙	泠向・陳軫・秦王	
	17	韓氏逐向晉於周		韓・周・魏	向晉・成恢・魏王・韓王	

篇	章	章　名	群	勢　力	人　物	互見文献
韓策三	18	張登請費緤		韓・西周・東周	張登・費緤・公子年（＝公子牟？）・韓王	
	19	安邑之御史死			公孫綦	
	20	魏王爲九里之盟		魏・韓	魏王・房喜・韓王	《韓非子・説林上》
	21	建信君輕韓熙		魏・韓・楚・秦・趙	建信君・韓熙・趙敖	
	22	段産謂新城君			段産・新城君	魏四7
	23	段干越人謂新城君		秦	段干越人・新城君・王良・造父	
燕策一	1	蘇秦將爲從北説燕文侯	甲群：縱横家	燕・趙・秦	**蘇秦**・燕文侯・燕王	《蘇秦列傳》
	2	奉陽君李兌甚不取於蘇秦		燕・趙・齊	奉陽君李兌・**蘇秦**	
	3	權之難燕再戰不勝	？	燕・趙・齊	噲子・文公・郭任	
	4	燕文公時		燕・秦・齊	燕文公・秦惠王・燕太子・易王・齊宣王・**武安君蘇秦**・（齊）桓公・（晉）韓獻	《蘇秦列傳》
	5	人有惡蘇秦於燕王		燕・齊・東周・楚・秦	**蘇秦（武安君）**・燕王・尾生・伯夷・曾參・（周）武王・堯・舜	《蘇秦列傳》燕一13
	6	張儀爲秦破從連横謂燕王		燕・趙・齊・秦・代	**張儀**・燕王・趙王・代王	《張儀列傳》《春秋後語・秦語中》
	7	宮他爲燕使魏	（単行）	燕・魏	宮他・魏王・湯・桀	
	8	蘇秦死其弟蘇代欲繼之	乙群：燕王噲と蘇氏（蘇秦・蘇代・蘇厲）	東周・燕・齊・趙・楚・魏・秦・韓・宋	**蘇秦・蘇代・燕王噲**・齊王	《蘇秦列傳》

篇	章	章　名	群	勢　力	人　物	互見文献
燕策一	9	燕王噲既立		燕・齊・楚・三晉・秦	**燕王噲**・**蘇秦**・子之・**蘇代**・齊宣王・毛壽・堯・許由・禹・益・啓・太子平（燕昭王）・市被・儲子・孟軻・章子・（周）文（王）・武（王）	《燕召公世家》《蘇秦列傳》《韓非子・外儲說右下》
	10	初蘇秦弟厲因燕質子而求見齊王		燕・齊	**蘇秦**・**（蘇）厲**・齊王・子之・**蘇代（蘇子）**・**燕王噲**・（燕）昭王・魏王・涇陽君	《蘇秦列傳》魏一13
	11	燕昭王收破燕後即位	（単行）	魏・燕・齊・宋・秦	燕昭王・郭隗先生・樂毅・鄒衍・劇辛	《燕召公世家》《新序・雜事三》
	12	齊伐宋宋急	丙群：蘇代Ⅰ	燕・齊・魏・趙（三晉）・秦・楚・衞・魯・宋	**蘇代（蘇氏）**・燕昭王・越王勾踐・秦王・涇陽君・高陵君・子之・閔王	《蘇秦列傳》《戰國縱橫家書》20
	13	蘇代謂燕昭王		燕・齊・宋・秦・楚・周	**蘇代**・燕昭王・曾參・孝己・尾生・鮑焦・史鰌・烏獲	燕一5
	14	燕王謂蘇代		燕・周	燕王・**蘇代**	
燕策二	1	秦召燕王	甲群：蘇代Ⅱ	秦・燕・楚・齊・宋・兩周・韓・趙・魏（三晉）	燕昭王・**蘇代**・楚王・宋王・齊王・公子延・犀首・太后・穰侯・龍賈・趙莊・蘇秦・（蘇）厲	《蘇秦列傳》

篇	章	章　名	群	勢　力	人　物	互見文献
燕策二	2	蘇代爲奉陽君說燕於趙以伐齊		齊・燕・趙・韓・魏・秦・楚・魯・衞・中山	**蘇代**（**蘇子**）・奉陽君（說）・(燕) 昭王・韓爲・蜀子・張孟談・智伯・朱讙・趙足・齊王・公王曰（公玉曰）・順・堯・舜・禹・湯・孟賁・烏獲・伊尹・桀・伍子胥・(齊) 桓公・管仲・陽虎・孔子・張儀・白圭・望諸・薛公	
	3	蘇代爲燕說齊		燕・齊	**蘇代**（**蘇子**）・齊王・淳于髡・伯樂	
	4	蘇代自齊使人謂燕昭王		燕・齊・趙・晉	**蘇代**（**蘇子**）・燕昭王・(齊) 閔王・樂毅	
	5	蘇代自齊獻書於燕王		齊・燕・趙	**蘇代**・燕王・田伐・參・去疾・慶	
	6	陳翠合齊燕	乙群：？	燕・齊	陳翠・公子（燕王之弟）・燕王・太后	
	7	燕昭王且與天下伐齊		燕・齊	燕昭王	
	8	燕饑趙將伐之		燕・趙・楚・魏・吳・齊・越・秦	趙恢・伍子胥・宮之奇・燭之武・張孟談・趙王・燕昭王	
	9	昌國君樂毅爲燕昭王合五國之兵而攻齊		燕・齊・趙・魏・宋・楚	昌國君樂毅（望諸君）・燕昭王・(燕) 惠王・騎劫・田單・魏王・伍子胥・闔閭（吳王）・夫差	《樂毅列傳》《新序・雜事三》
	10	或獻書燕王	丙群：蘇子（蘇代）	燕・秦・胡・越・韓・梁・趙（三晉）・楚・中山	燕王	

篇	章	章　名	群	勢　力	人　物	互見文献
燕策二	11	客謂燕王		燕・齊・楚・秦・韓・魏・趙・宋	燕王・**蘇子**・齊王・宋王	
	12	趙且伐燕		趙・燕・秦	**蘇代**・（燕）惠王	
	13	齊魏爭燕		齊・魏・燕・趙	燕王・**蘇子**	
燕策三	1	齊韓魏共攻燕	－：各章単行？	齊・韓・魏・燕・楚・宋	太子・楚王・景陽	樓蘭出土《戰國策》残巻
	2	張丑爲質於燕		燕	趙丑・燕王	樓蘭出土《戰國策》残巻
	3	燕王喜使栗腹以百金爲趙孝成王壽		燕・趙・魯	燕王喜・栗腹・趙孝成王・昌國君樂間・慶秦・廉頗・樂乘・殷紂・商客・箕子・柳下惠	《燕召公世家》《樂毅列傳》《新序・雜事三》
	4	秦幷趙北向迎燕		秦・趙・燕	燕王・秦王・趙王	
	5	燕太子丹質於秦亡歸		燕・秦・韓・魏・趙・匈奴・齊・楚	太子丹・太傅鞫武・秦王（秦皇帝）・樊將軍（樊於期）・單于・田光先生・荊軻・韓王・王翦・李信・曹沫・齊桓公・趙王・徐夫人・秦武陽・高漸離・中庶子・蒙嘉・侍醫夏無且・燕王喜・代王嘉・兼天下	《刺客列傳》《燕丹子》
宋衞策	1	齊攻宋宋使臧子索救於荊	甲群：宋	齊・**宋**・荊	臧子・荊王	《韓非子・說林上》
	2	公輸般爲楚設機		楚・**宋**	公輸般・墨子・楚王	《墨子・公輸》
	3	犀首伐黃		衞	犀首・衞君・南文子	
	4	梁王伐邯鄲		梁・**宋**・趙	梁王・宋君・趙王	
	5	謂大尹曰		楚・**宋**	大尹・太后	《韓非子・說林下》

篇	章	章　名	群	勢　力	人　物	互見文献
宋衞策	6	宋與楚爲兄弟		**宋**・楚・齊	楚王・蘇秦・齊相	
	7	魏太子自將過宋外黃		魏・**宋**・齊	魏太子・徐子	《春秋後語・魏語》
	8	宋康王之時		**宋**・齊	宋康王	《賈子新書・春秋》《新序・雜事四》
	9	智伯欲伐衞	乙群：衞	**衞**・智（晉）	智伯・衞君・南文子	
	10	智伯欲襲衞		**衞**・智（晉）	智伯・南文子・太子顏	
	11	秦攻衞之蒲		秦・**衞**・魏	胡衍・樗里疾・秦王	《樗里子甘茂列傳》
	12	衞使客事魏		**衞**・魏・秦	梧下先生・魏王	
	13	衞嗣君病		**衞**	衞嗣君（公孫氏）・富術・殷順且・緤錯・挐薄・公期	
	14	衞嗣君時胥靡逃之魏		**衞**・魏	衞嗣君	《韓非子・内儲說上》
	15	衞人迎新婦		**衞**		
中山策	1	魏文侯欲殘中山	（単行？）	魏・中山・趙	魏文侯・常莊談・趙襄子・公子傾	
	2	犀首立五王	甲群：張登	中山・齊・趙・魏	犀首・**張登**・田嬰（嬰子）・中山之君・張丑	
	3	中山與燕趙爲王		中山・燕・趙・齊	藍諸君・**張登**・齊王	
	4	司馬憙使趙	乙群：司馬憙	趙・中山	**司馬憙**・公孫弘・中山之君	
	5	司馬憙三相中山		中山・趙	**司馬憙**・陰簡（＝陰姬）・田簡	
	6	陰姬與江姬爭爲后		中山・趙	陰姬・江姬・**司馬憙**・陰姬公・中山王・趙王	
	7	主父欲伐中山	丙群：中山君	趙・中山	主父（＝趙武靈王）・李疵・中山之君	

篇	章	章　名	群	勢　力	人　物	互見文献
中山策	8	中山君饗都士		中山・楚	中山君・司馬子期・	
	9	樂羊爲魏將		魏・中山	樂羊・中山君	
	10	昭王既息民繕兵	長平後の秦の昭襄王と白起？(単行？)	趙・秦・楚・韓・魏	(秦) 昭王・武安君（白起）・王陵・應侯・楚王・平原君・勾踐・王齕・趙王	

第五章　「國別者八篇」考 ——劉向新定本《戰國策》の藍本

緒　言

すでに筆者は第三章において、姚宏本《ようこう》《戰國策》が劉向本の面貌《めんぼう》を遺していること、そして劉向本もまた校書前の旧本の面貌を保持していること、それらの旧本の篇章が一定の共通項を持った群塊《ぐんかい》を形成していることなどを明らかにした。さらに第四章においては、《戰國策》全書を、劉向校書前の個々の旧本（群塊）ごとに腑分《ふわ》けした。

本章では、それらの成果に基づいて、《戰國策序錄》において劉向が《戰國策》の藍本《らんぽん》としたという「國別者八篇」が、具体的にどの章で構成されていたのかを特定する。また、併せて「國別者八篇」の作時や背景を、可能な範囲で明らかにしたい。

第一節　「國別者八篇」とは

《戰國策》の藍本にされたという「國別者八篇」とは、劉向《戰國策序錄》に、

> 校する所の中《戰國策》書、中書の餘卷は錯亂して相糅莒（?）し、又た國別者八篇有れども少《か》きて足らず。臣向、國別者に因りて、略《ほ》ぼ時を以て之れを次し、序を以てせざる者を分別して以て相補ひ、復重を除きて、三十三篇を得たり。

とあるところの本である。ほかの例に漏れず、序錄の本文が乱れて訓みづらい個所があるが、大意としては次のような趣旨だろう。祕府に所蔵されていた中書《戰國策》は、「國別者八篇」と「余卷」があったが、「國別者八篇」は「余卷」と比べると不足している章があり、一方で「余卷」の方は時系列が錯乱していた。これを「國別者八篇」をベースにして、「余卷」によって「國別者八篇」の不足を補い、概ね時系列に列ぶように分配して、それらの重複章を除き、三十三篇とした、と。

劉氏校書において「國別」ごとにまとめるというモデルは、《漢書・藝文志》（以下《漢志》）の六藝略・春秋家にある、以下の諸書に見られる。

> 《國語》二十一篇。　左丘明、著《しる》す。

《新國語》五十四篇。　劉向、《國語》より分つ。
《世本》十五篇。　古の史官、黄帝以來、春秋の時に訖《いた》るまでの諸侯大夫を記す。
《戰國策》三十三篇。　春秋の後を記す。

《戰國策》において「國別者八篇」が底本として採用されたのは、《國語》《世本》の存在が多分に意識されたものと思われる。すなわち、春秋時代の「國別」の史書として《國語》（および《新國語》）があったのに対応させるように、戰國時代の「國別」の史書として《戰國策》を立てたのだろう。

本章では、この《戰國策》のいわば底本となった「國別者八篇」の章立てと背景を具体的に明らかにする。

第二節　「國別者八篇」中、七篇の比定

《戰國策》中で類似した群塊を複数国間に見出だすとすれば、蘇秦（？～前三一七）・張儀（？～前三〇九）らの合従連横論と、三晉（趙・魏・韓）の智伯絡みの諸章しかない[1]。このうち「國別者八篇」に相当する可能性があるとすれば、秦策・齊策・楚策・趙策・魏策・韓策・燕策の七国にみえる縦横家絡みの群塊をおいてほかにない。これを第四章において腑分けした群塊に照らすと、次の諸章が「國別者八篇」（中の七篇）に該当しそうである。

秦策一（乙群）2〜13（章）
齊策一（丙群）15〜17
楚策一（丙群）17〜19
趙策二（甲群）1〜3
魏策一（丁群）10〜28[2]
韓策一（丙群）5〜8
燕策一（甲群）1〜6

これら七群には以下の共通点がある。

- 七群のすべてが、蘇秦・張儀・陳軫・公孫衍（犀首）ら、縦横家絡みの故事や合従連横論の雄弁で構成されている。中でも蘇秦・張儀の合従連横論が必ずどの群にも含まれる。
- 蘇秦・張儀の合従連横論は、秦一2・齊一16・楚一17・趙二1・魏一10・同13・韓一5・燕一1・同4・同5の各章が《史記・蘇秦列傳》に、秦一7・齊一17・楚一18・趙二3・魏一11・同14・韓一6・燕一6の各章が《同・張儀列傳》にそれぞれ互見し、早くから定着・別行していたことが示唆される。

こうした共通点から上掲七群については、ひとまず「國別者八篇」のうちの七篇に比定して良いと考える。（残りの一篇については、第四節で述べる。）

なお、これら七群のうち、蘇秦・張儀の雄弁は、事物敷陳・形勢敷陳・侈麗閎衍といった賦が持つ特徴を備えているものがある。以下、そのうちの蘇秦のものを「合從賦」、張儀のものを「連横賦」（両者を総称する時は「合從連横賦」）と呼び、それ以外の「故事」類と区別することとする。

第三節　縱横家と辞賦の関連性

前節で「國別者八篇」に比定した諸章は、「賦」の特徴を持ったものが中心を占めている。就中、蘇秦・張儀の合從連横賦は「賦」抜きには語れない。

清の章學誠（一七三八～一八〇一）は、《戰國策》に見える蘇秦・張儀の合從連横賦を、早期賦家の支流のひとつとして位置づけている。

賦家者流は、縱横の派別にして、諸子の餘風を兼ぬ。此れ其の後世の辭章の士に異なる所以なり。故に文を戰國而下《じか》に論ぜんとすれば、作者の意指を求むるを貴び、形貌に拘はるべからざるなり。（《文史通義・詩教下》）

古の賦家者流、《詩》《騒》を原本とし、戰國諸子に出入す。假設問對は《莊》《列》寓言の遺なり。恢廓聲勢は《蘇》《張》縱横の體なり。排比諧隱は《韓非・儲說《ちょぜい》》の屬なり。徵材聚事は《呂覽》類聚の義なり。（《校讐通義・漢志詩賦第十五》）

一般に辞賦は、屈原（？～前二七七）らの「辭（詞）」（「騒賦」「古賦」とも）から、枚乘（？～前一四〇）・司馬相如（前一七九～前一一七）・揚雄（前五三～後一八）ら漢代の「賦」（「辭賦」「駢賦」とも）という流れの中で説明されることが多いが、両者を別個の性質をもった文学ジャンルとして区別すべきだという説も根強い[3]。「辭」は、巫（シャーマニズム）との関係が深い祭祀文学より発し、それらは楚声で誦謡された[4]。また「賢人失志」や「発憤著書」としばしば結びつけられるように、叙情がこの「辭」の特徴とされる。一方で「賦」は、司馬相如の「上林賦」や「凡將篇」に象徴的に顕れているように、耳以上に目で鑑賞する文学へと変質している。内容も「諷諭の義」が「沒し」、故事や名物を敷陳した叙事的で「侈麗閎衍」な（極端に雄麗に誇張された表現が多い）もので占められるようになり（《漢志・詩賦略・大序》）、「辭」とはかなり毛色を異にする[5]。本章が問題にする蘇秦・張儀のいわば「合從連横賦」は、後者――すなわち「賦」の源流のひとつとして位置づけられるべきものである。ゆえに、その特徴や作時を考える上で「辭」の系統、および「賢人失志」などの叙情的な賦は除外して考察を進めることにする。

第四節　合從連横賦群の特徴

一般に賦の特徴として《漢志》に、

傳に曰く、「歌はずして誦す、之れを『賦』と謂ふ。高きに登りて能く賦すれば、以て大夫爲るべし」と。（《漢志・詩賦略・後序》。また《詩・鄘風・定之方中》毛傳にも同文あり。）

とあり、高台より四方を遠望するように名勝山川を詠み込み朗誦するという要素がある。たとえば前漢の枚乘の吳王濞を諫める上書に、

昔者《むかし》秦は、西は胡戎の難を擧げ、北は楡中の關に備へ、南は羌筰の塞を距て、東は六國の從に當たる。六國は信陵の籍に乘り、蘇秦の約を明かにし、荊軻の威を勵まし、力を幷せ心を一にして以て秦に備ふ。（《漢書・枚乘傳》）

と戦国期の秦を取りまく四境内外の様子を俯瞰的に描写しているが[6]、これと同様に四方分叙した例が、秦・齊・楚・趙・魏・韓・燕の七策の蘇秦合從賦中に見えている。

蘇秦　始め將に連横せんとして秦の惠王に說きて曰く、「大王の國は、西に巴蜀・漢中の利有り、北に胡貉・代馬の用有り、南に巫山・黔中《けんちゅう》の限有り、東に肴・函の固有り…」と。（秦一2）

蘇秦　趙の爲めに合從せんとして齊の宣王に說きて曰く、「齊は南に太山有り、東に琅邪有り、西に清河有り、北に渤海有り。此れ所謂『四塞の國』なり。…」と。（齊一16）

蘇秦　趙の爲めに合從せんとして楚の威王に說きて曰く、「楚は天下の强國なり。大王は天下の賢王なり。楚の地は、西に黔中・巫郡有り、東に夏州・海陽有り、南に洞庭・蒼梧有り、北に汾陘の塞・郇陽《しゅんよう》有り…」と。（楚一17）

蘇秦　燕從り趙に之き、始めて合從し、趙王に說きて曰く、「…西に常山有り、南に河漳有り、東に清河有り、北に燕國有り…」と。（趙二1）

蘇子　趙の爲めに合從せんとして魏王に說きて曰く、「大王の埊《ママ》（地）は、南に鴻溝・陳・汝南・許・鄢・昆陽・邵陵・舞陽・新郪《しんせい》有り、東に淮・穎・沂・黃・煮棗・海鹽・無疏有り、西に長城の界有り、北に河外・卷・衍・燕・酸棗有り…」と。（魏一10）

蘇秦　楚の爲めに合從せんとして韓王に說きて曰く、「韓は、北に鞏・洛・成皋の固有り、西に

宜陽・常阪の塞有り、東に宛・穰・洧水有り、南に陘山有り…」と。（韓一5）

蘇秦 將に從を爲さんとして、北のかた燕の文侯に說きて曰く、「燕は、東に朝鮮・遼東有り、北に林胡・樓煩有り、西に雲中・九原有り、南に呼沱・易水有り…」と。（燕一1）

東西南北の叙述順や対偶の精粗にばらつきはあるものの、これら四方分叙の例が判を押したように蘇秦合從賦に集中して現れていることは注目すべきである。

また賦のもう一つの特徴として、蕭梁の劉勰《文心雕龍・通變》に「夫れ聲貌を誇張するは、則ち漢初 已に極まれり」と指摘されているように、誇張された情景描写がある。たとえば《七發》では、「上に千仞の峯有り、下は百丈の谿《たに》を臨む」、「千鎰の重きを射、千里の逐を爭はしむ」といった表現を見出すことができるが、「蘇秦、武安君の爲めに車百乘を飾り、黄金千鎰、白璧百雙、錦繡千純、以て諸侯に約す」（趙二1）・「虎賁の士 百餘萬、車千乘、騎萬疋、粟は丘山の如し」（楚一18）といったように、やはり《戰國策》の合從連横賦においてもこうした誇張表現は頻見する。中でも特徴的なのは白川靜氏が「国ぼめ」の名残り（《中国の古代文学》）と指摘する部分で、これも大方の合從連横賦に見える。

（秦の地は）田は肥美、民は殷富、戰車萬乘、奮擊百萬、沃野千里、蓄積饒多、地勢形便なり。此れ所謂「天府」にして、天下の雄國なり。大王の賢、士民の衆き、車騎の用、兵法の教へを

以てすれば、以て諸侯を幷せて天下を呑み、帝を稱して治むべし。（秦一2）

齊の地は方二千里、帶甲數十萬、粟は丘山の如し。齊車の良、五家の兵、疾きこと錐矢の如く、戰ふこと雷電の如く、解くこと風雨の如し。卽《も》し軍役有れども、未だ嘗て太山に倍《そむ》き、清河を絶ち、渤海を渉らざらしむるなり。（齊一16）

（楚の）地は方五千里、帶甲百萬、車千乘、騎萬匹、粟は十年を支ふ。此れ霸王の資なり。（楚一17）

今の時に當りて、山東の建國、趙の強きに如くは莫し。趙の地は方二千里、帶甲數十萬、車千乘、騎萬匹、粟は十年を支ふ。（趙二1）

（魏の地）は方千里、峚《ママ》（地）の名は小と雖も、然るに廬田廡舍《ぶしゃ》、曾《かつ》て牛馬を芻牧する所の地無し。人民の衆き、車馬の多き、日夜行きて休已せず、以て三軍の衆に異ること無し。（魏一10）

（韓の）地は方千里、帶甲數十萬、天下の強弓勁弩は皆な韓自り出づ。（韓一5）

（燕の）地は方二千餘里、帶甲數十萬、車七百乘、騎六千疋、粟は十年を支ふ。南に碣石・鴈

門の饒有り、北に棗栗《さうぞく》の利有り。民は田作に由らずと雖も、棗栗の實もて、民を食《やしな》ふに足れり。此れ所謂「天府」なり。（燕一1）

右に挙げたのは七策の蘇秦合従賦中にある「国ぼめ」の一部を抜粋したものであるが、多少の出入りはあるものの、ほとんどの章で「地方幾千里、帯甲幾萬、戦車幾乘、騎幾匹（疋）、粟支十年（粟如丘山）」という定形文を見出すことができる。ここまで来ると、もはやこれら諸章を、時も場所も異にする複数の人物による独立した著作と見なすのは困難であり、むしろこれらの合従連横賦群は同一人物による連作と見なされるべきであろう。しかし以上の七章を内包している七群を併せても「八篇」にはなお一篇不足している。

ここで注目されるのは東周2で、「宜陽は城方八里、材士十萬、粟は數年を支ふ」と、この合従連横賦とよく似た表現を使用している。あるいはこの東周2を含む東周甲群を、既述の七群に加えて「國別者八篇」とすべきなのかも知れない。東周2に蘇秦は登場しないが、本群も縦横家的な要素が含まれており、また東周5に「蘇子」が、東周6に「蘇厲」がそれぞれ登場している。仮にこの推測が妥当であるとすれば、これで周・秦・齊・楚・趙・魏・韓・燕で八国八篇となり、「國別者八篇」が揃うことになる。（【附表】を参照。）

【附表】「國別者八篇」章目内訳

篇	群	章	章　名	互見書篇
東周策	甲群	1	秦興師臨周而求九鼎	春秋後語
		2	**秦攻宜陽**	
		3	東周與西周戰	周本紀
		4	東周與西周爭	
		5	東周欲爲稻	
		6	昭獻在陽翟	
		7	秦假道於周以伐韓	周本紀
		8	楚攻雍氏	
秦策一	乙群	2	**蘇秦始將連横**	**蘇秦列傳**
		3	秦惠王謂寒泉子	
		4	泠向謂秦王	
		5	**張儀說秦王**	韓非子・初見秦
		6	張儀欲假秦兵以救魏	
		7	司馬錯與張儀爭論於秦惠王前	張儀列傳○新序・善謀
		8	張儀之殘樗里疾	
		9	張儀欲以漢中與楚	
		10	楚攻魏張儀謂秦王	
		11	田莘之爲陳軫說秦惠王	
		12	張儀又惡陳軫於秦王	張儀列傳○秦一13
		13	陳軫去楚之秦	秦一12
齊策一	丙群	15	秦伐魏	
		16	**蘇秦爲趙合從說齊宣王**	**蘇秦列傳**
		17	**張儀爲秦連横齊王**	**張儀列傳**○春秋後語
楚策一	丙群	17	**蘇秦爲趙合從說楚威王**	**蘇秦列傳**
		18	**張儀爲秦破從連横**	**張儀列傳**
		19	張儀相秦	
趙策二	甲群	1	**蘇秦從燕之趙始合從**	**蘇秦列傳**
		2	秦攻趙	
		3	**張儀爲秦連横說趙王**	**張儀列傳**○春秋後語

篇	群	章	章　名	互見書篇
魏策一	丁群	10	**蘇子爲趙合從說魏王**	**蘇秦列傳**
		11	**張儀爲秦連横說魏王**	**張儀列傳**
	丁群b（※「國別者八篇」外の可能性あり）	12	齊魏約而伐楚	
		13	蘇秦拘於魏	蘇秦列傳○燕一11
		14	陳軫爲秦使於齊	張儀列傳
		15	張儀惡陳軫於魏王	楚三8
		16	張儀欲窮陳軫	
		17	張儀走之魏	
		18	張儀欲以魏合於秦韓	韓非子・内儲說上
		19	張子儀以秦相魏	
		20	張儀欲拜相秦魏	
		21	魏王將相張儀	
		22	楚許魏六城	
		23	張儀告公仲	
		24	徐州之役	
		25	秦敗東周	
		26	齊王將見燕趙楚之相於衞	
		27	魏令公孫衍請和於秦	
		28	公孫衍爲魏將	
韓策一	丙群	5	**蘇秦爲楚合從說韓王**	**蘇秦列傳**
		6	**張儀爲秦連横說韓王**	**張儀列傳**○春秋後語
		7	宣王謂摎留	
		8	張儀謂齊王	
燕策一	甲群	1	**蘇秦將爲從北說燕文侯**	**蘇秦列傳**
		2	奉陽君李兌甚不取於蘇秦	
		3	權之難燕再戰不勝	
		4	燕文公時	蘇秦列傳
		5	人有惡蘇秦於燕王者	蘇秦列傳○燕一13
		6	**張儀爲秦破從連横謂燕王**	**張儀列傳**○春秋後語

第五節　「國別者八篇」が作られた時と場

「賦」でひとつ留意しておきたいことは、制作時に「徵材聚事」（前掲《校讐通義》）…すなわち丹念な取材と材料の厳選が不可欠であったことである。たとえば、司馬相如《子虛賦》《上林賦》は、「幾百日して而る後に成る」（《西京雜記・巻二》）とされ、やはり入念な下準備と推敲を経ていることが分かる[7]。

この「徵材聚事」の傾向は初期の賦からすでに垣間見ることができる。その貴重な例が、章學誠が早期賦家の支流のひとつとして縦横家と共に挙げている、《韓非子》内・外儲說の「經」に相当する部分である。以下に対偶が把握しやすいよう、適宜、改行や字下げを挟みながら原文を掲げる。

愛多者則法不立、
威寡者則下侵上。
是以
刑罰不必
則禁令不行。
其說在
董子之行石邑、（→《說二》董閼于《とうおう》、石邑の険から必罰を学ぶ故事）

與子産之敎游吉也。（↓《說二》鄭子産、游吉に厳しくあれと遺言）

故

仲尼說隕霜、而殷法刑棄灰。（↓《說二》孔子の「隕霜」說と「殷之法」說）

將行去樂池、而公孫鞅重輕罪。（↓《說二》中山相樂池と商鞅の人治論）

是以

麗水之金不守、（↓《說二》麗水采金之禁における損得勘定）

而積澤之火不救。（↓《說二》積澤の狩りにおける孔子の賞罰論）

成歡、以太仁弱齊國、（↓《說二》齊王の太仁は亡国の本）

卜皮、以慈惠亡魏王。（↓《說二》魏惠王の慈惠は亡国の本）

管仲知之、故斷死人。（↓《說二》管仲の厚葬を罰する故事）

嗣公知之、故買胥靡。（↓《說二》衞嗣君が一都を以て一胥を買おうとした故事）

《韓非子・内儲說上・七術・經・必罰二》

右は「七術」と呼ばれる連作のひとつで、のちの枚乘「七發」、東方朔「七諫」などの先駆的作品とされる[8]。修辞的には対偶の多さと、その頻繁な更改、さらに豊富な故事の敷陳が、後の漢賦を彷彿させる。特に故事については、「徵材聚事」によって集めた材料が「說」に遺されている点が貴重で、右の例で言えば、「愛多き者は則ち法立たず、威寡き者は則ち下、上を侵す」「是を以て刑罰 必ならざれば、則ち禁令行はれず」という主題に沿った故事・寓言が収集・厳選されている。賦の事物敷陳の制作プロセスを窺う上でも貴重な資料といえよう。
こうした特定の主題に沿って故事・寓言が「類聚」される古典文献として、我々はこれまた章學誠が指摘する《呂氏春秋》を知る。「登高能賦」「事物敷陳」型の賦は、主に宮廷や名士のサロンにおいて制作される。漢賦も呉王濞・梁孝王・淮南王安ら文帝・景帝期の諸侯王サロンや、武帝・宣帝期の宮廷で制作されたものが多い。あるいはその源流は、秦の呂不韋（?～前二三五）のサロンにあったかも知れない。というのも「合従連横賦」の中に秦で制作された痕跡が認められる作品があるからである。

臣聞く、天下は燕を陰とし魏を陽とし、荊（楚）を連《つら》ね齊を固とし、韓を収め從《ママ》［趙?］を成とし、將に西面して以て與に秦强と難を爲さんとす。（秦一5）

右の一節の鮑彪の注に、

「荊」は「楚」なり。始皇、其の父の名を諱む。故に稱して曰く「荊」と。此の書、始皇の時の人の作なるを知る。

と指摘されている。つまり秦一5は、秦の始皇帝の時に、その父である莊襄王の諱「（子）楚」を「荊」字に避けて賦された、というのである。鮑注の「此の書」を額面通り、すなわち《戰國策》全体をもって「始皇の時の作」とするのは無理があるが、秦一5単独で論じるなら一考の余地がある。この秦一5だけが一貫して楚を「荊」と称して「楚」字をまったく用いていないためだ。また秦一5と同工異曲の《韓非子・初見秦》も「荊」字を用いており、荘襄王避諱説を後押ししている。さらに《漢志》にも秦賦を集めた、

秦時雜賦九篇。（詩賦略）

があり、秦で賦作が行われていたことも裏づけが得られる。あるいは、この統一前始皇帝期あたりが「合従連横賦」作時の上限に、そして呂不韋のサロンや統一後を含む秦の宮廷が作賦の場の候補に入ってくるのではないだろうか。その場合、作賦の動機に相当する敷陳対象は、秦が併呑・統一した七国の形勢・事物ということになるだろう。作時の下限については、可能性としては文帝期あたりまでを、やや長い目で見ているが、おそらく枚乗・賈誼（前二〇〇～前一六八）より降ることはないのではないか。

「國別者八篇」の中では、修辞・句型の精粗・有韻句の有無などから、より洗練度の高い合従賦の方が、連横賦よりも降る。逆に「合従連横賦」以外の「故事」については、「合従連横賦」よりもやや遡る。興味深いのは魏一18（「張儀欲以魏合於秦韓章」）が《韓非子・内儲説上》と互見し、《七術》に先行することである。《七術》は「合従連横賦」と較べて「誇張聲貌」という点で質実で、より漢賦に近い「合従連横賦」の方が《七術》より作時が降ると思われる。ゆえに《七術》に先行する「國別者八篇」の「故事」も「合従連横賦」に先行する、ということになる。なお、《七術》の作時や背景については、別途、

検討を要するだろう。

結語

劉向が《戰國策》三十三篇の藍本とした「國別者八篇」とは、蘇秦・張儀の合從連横賦を主軸とした、周・秦・齊・楚・趙・魏・韓・燕の八篇で構成される本であった。これら八篇の中の合從連横賦は、（統一前を含む）秦始皇帝期〜前漢文帝期の間のどこかで、連作として制作されたものと思われる9。（合從連横賦以外の諸章の作時は、むしろそれより遡る。）これは《戰國策》諸章の中では比較的遅れて出来たものであるが、馬王堆帛書《戰國縱横家書》の第一類が示唆しているように、蘇秦の合從賦、張儀の連横賦のみで早くから単行した別本が存在していた可能性は高い。もし、劉向がそうした合從賦・連横賦のみの単行本を入手していたとすれば、《漢志・諸子略・從横家者流》の「蘇子三十一篇」「張子十篇」に編入されているであろう。逆に言えば、そうした単行本とは異なる構成を持った本であるがゆえに、「國別者八篇」は《戰國策》の藍本となったと言える。なお、「國別者八篇」における相対的な作時は、古い方から順に、

［縱横家故事］→《七術》（《韓非子・内儲說上・經》）→［連横賦］→［合從賦］→《七發》

となる。

注

1　「國別者八篇」について、これまでのところ最も核心に迫っているのは、管見の限り南宋の葉適（一一五〇～一二二三）である。

《戰國策》の「國別」は、必ずや蘇（秦）・張（儀）縱横を列し、且つ（蘇）代・（蘇）厲の始末を載せん。意《おもへ》らく、其の蘇氏の學を宗とする者の次輯せし所ならむ。…劉向をして未だ校せしむる以前より已に此くの如くんば、則ち此の書 蚤に釐正を經たらむ。殘欽に非ざるなり。（《習學記言序目・巻十八・戰國策》）

「國別」と「蘇張縱横」「代厲始末」を結びつけている点など、誠に炯眼であるが、肝心の考証と詳目がないのが惜しまれる。近年では、藤田勝久氏（《史記戰國史料の研究》東京大學出版會、一九九七）が「いま『戰國策』の篇目をみると、宋衞策・中山策をのぞいて、すべての國策に蘇子あるいは張儀の戰國故事が収錄されている」事実に着目してはいるが、関心の焦点が《戰國策》の繫年にあるためか、「國別者八篇」との関連には論及していない。

また、齊思和「戰國策著作時代考」（《燕京學報》三四、一九四八）が、

所謂《國別》とは、蓋《けだ》し國ごとに一篇、周・秦・齊・楚・趙・魏・韓・燕を共にし、故に凡て八篇。

とし、「八篇」を「周・秦・齊・楚・趙・魏・韓・燕」にそれぞれ割り当てている。張正男《戰國策初探》（臺

灣商務印書館、一九八四）もほぼ同様の見解。その一方で、鄭良樹《戰國策研究》（臺灣學生書局、一九八三）は、東周＋西周・秦・齊・楚・趙・魏・韓・燕＋宋＋衞＋中山の「八篇」とするが、思うに「國別者八篇」一書で《戰國策》中の十二国すべてをカバーしていたとは考えにくいのに加え、さすがに燕・宋・衞・中山を一篇に括ってしまうのは強引すぎよう。その場合、少なくとも、なぜ劉向本が宋・衞を一策に集約しながら、別途、中山に一策を割き、かつ燕策を三分割したのかについて、説明がなされていなければなるまい。

2　魏一丙群については、さらに蘇秦・張儀の合從連横賦を収めた丙群aと、陳軫・張儀・公孫衍の故事をそれぞれ収録した丙群bとで区別できる。魏一丙群の章数が他の群と較べて突出していることから考えても、あるいは丙群bは「國別者八篇」には含まれない、別本であった可能性がある。

3　たとえば、後掲の鈴木虎雄・青木正兒・白川靜氏はいずれも区別すべきとの立場。両者が区別されうる要因のひとつとして、岡村繁氏は「楚辭文學の始祖といわれる屈原と、それを繼承した宋玉以下初期の辭賦作家との間に、不自然なほどの異質な作風の斷層があること」を指摘する。（「漢初における辭賦文學の動向」《鳥居久靖先生華甲記念論集――中国の言語と文学》、一九七二）。就中、その画期として宋玉の辞賦がしばしば問題にされるが本稿では論じない。

4　《漢書・地理志下》の壽春の項に、

始め楚の賢臣 屈原、讒を被りて放流せられ、《離騷》諸賦を作りて以て自ら傷悼す。後、宋玉・唐勒の屬有り、慕ひて之れを述べ、皆な以て名を顯せり。漢興りて、高祖の兄の子 濞を吳に王とし、天下の娛游子弟を招致し、枚乘・鄒陽・嚴夫子（莊夫子）の徒、文・景の際に興る。而して淮南王安も亦た壽春に都し、賓客を招きて書を著す。而して吳に嚴助・朱買臣有り、漢朝に貴顯たりて、文辭竝びに發《あら》はる。故に世々楚辭を傳ふ。

とあり、「楚辭」と（壽春を中心とする）楚地との関連の深さを述べている。また、

　宣帝の時、武帝の故事を修め、…能く楚辭を爲す九江の被公を徵《め》し、召見して誦讀せしむ。（《漢書・王褒傳》）

ともあって、楚辭（騷賦）には楚声固有の音声効果なり誦法があったことを思わせる。

　なお、岡村氏は「壽春」を「楚地」ではなく「吳地」とするが、楚の旧都郢は楚の頃襄王の時に秦に奪われ、累遷して考烈王の時に壽春に都している。頃襄王に仕えた屈原以前の楚辭についての情報が乏しい以上、《地理志》が「壽春」周囲を「楚地」と呼ぶのは必ずしも不自然なことではない。

5　戰國秦漢期の辞賦に関しては、青木正兒《支那文學概說》（弘文堂書房、一九三五）、鈴木虎雄《賦史大要》（冨山房、一九三六）、中嶋千秋《賦の成立と展開》（関洋紙店印刷所、一九六三）、白川靜《中國の古代文學》一・二（中公文庫、一九八〇・一九八一）などを主に参考にした。

6　枚乘以外にもう一例挙げるとすれば、賈誼《過秦論》がある。

　秦の孝公、肴函の固に據り、雍州の地を擁し、君臣固守して、以て周室を窺ふ。…孝公既に沒し、惠文・武・昭襄、故業を蒙り、遺策に因りて、南は漢中を取り、西は巴蜀を舉げ、東は膏腴の地を割き、北は要害の郡を收む。（《賈子新書・過秦論上》）

これまた、蘇秦の合従賦と浅からぬ関係を感じる。《過秦論》中において、蘇秦・蘇厲・陳軫らを名指しで挙げているのもさることながら、「二周」と「秦」を除く、「韓・魏・燕・趙・齊・楚・宋・衛・中山之眾」を「九國之師」と括《くく》っている点も興味深い。劉向が《戰國策》の枠組みを定める上で、少なからぬ影響を受けた可能性が窺われるが、これらの共通項が意味することを筆者はいまだ測りかねている。この場を借りて識者の注意を喚起し、示教を乞いたい。

7ただし、「枚皐は文章敏疾、長卿（司馬相如）は制作淹遲」（《西京雜記・巻三》）という評もあるように、司馬相如は、前漢当時としては特に遅筆な方だったようだ。逆に枚皐が極端に筆が早い代表的賦家であったことは「《枚皐賦》百二十篇」（《漢志・詩賦略》）の作数の多さからも窺い知れる（ちなみに《司馬相如賦》は二十九篇、《揚雄賦》で十二篇）。

ところで、賦は即興文学とは一見対極にあるが、題材のサイズを絞り込むことで時間的な制約を設け、賞与・罰杯を賭けて優劣を競うような催しが行われることもあったらしい。たとえば、漢初の梁園のサロンで、韓安國が《几賦》を作りきれずに鄒陽が代作し、両名に罰杯三升が課せられた事例が《西京雜記》残っている。

梁孝王、忘憂の館に遊び、諸遊士を集め、各々をして賦を爲《つく》らしむ。枚乘《柳賦》を爲り…路喬如《鶴賦》を爲り…公孫詭《文鹿賦》を爲り…鄒陽《酒賦》を爲り…公孫乘《月賦》を爲り…羊勝《屏風賦》を爲り…韓安國は《几賦》を作らんとすれども成らず、鄒陽代はりて作る…。鄒陽・安國もて罰酒三升とし、枚乘・路喬如に絹を賜ふに人ごとに五匹とせり。（《西京雜記・巻四》）

《漢志・詩賦略》にある諸侯王羣臣の賦や、事物が限定された「雜賦」は、上記のような小品が多かったのではないだろうか。「鶴」「文鹿」は「禽獸」、「柳」は「草木」、「屏風」「几」は「器械」にも相当する。宮廷やサロンでの創作を想定する場合には、一応、念頭に置いておきたい一側面である。

長沙王羣臣賦三篇。
淮南王羣臣賦四十四篇。
雜行出及頌德賦二十四篇。
雜四夷及兵賦二十篇。

雜中賢失意賦十二篇。
雜思慕悲哀死賦十六篇。
雜鼓琴劍戲賦十三篇。
雜山陵水泡雲氣雨旱賦十六篇。
雜禽獸六畜昆蟲賦十八篇。
雜器械草木賦三十三篇。
大雜賦三十四篇。（《漢志・詩賦略》）

なお、《漢志・詩賦略》の辞賦全体を概括した近年の論考に、嘉瀬達男「『漢書』藝文志・詩賦略と前漢の辭賦」（《日本中國學會報》六七、二〇一五）がある。

8 明の楊愼（一四八八～一五五九）はさらに賦から派生した「連珠」の起源も、この《韓非子・内外儲說》とする。

《北史・李先傳》にいう、「魏帝、（李）先を召して韓子の《連珠論》二十二篇を讀ましむ」と。「韓子」とは、韓非子なり。韓非の書中 連語有り、先づ其の目を列し、而る後、其の解を著《しる》す。之れを「連珠」と謂ふ。此れに據れば則ち連珠の體、韓非より兆す。任昉《文章緣起》の、連珠もて揚雄より始むと謂ふは非なり。（《丹鉛總錄・卷十二・史籍類・韓非子連珠論》）

この《連珠論》なる書物がいかなる内容かは分からない。ただ、《北史》で李先が「韓子《連珠論》」と共に讀んだとされるのが「《太公兵法》十一事」で、それらの内容が「皆な軍國の大事」だったというのだから、《連珠論》の内容は少なくとも文体論の類いではなかろう。存外、《韓非子》から内外儲說だけを取り出した単行本であったかもしれない。

9　前漢期の縱横家については、谷中信一「漢代縱横家考——齊地方の思想的特色として」(《東洋の思想と宗教》五、一九八八)が、蒯通・鄒陽・主父偃・徐樂・嚴安(莊安)・聊蒼六人の言動を一望した上で、縱横家と齊地との関わりの密接さを論じている。なお、このうちの蒯通・主父偃については、過去に《戰國策》の作者に比定する説もあった。羅根澤「戰國策作始蒯通考」(《古史辨》四、一九三二)は、《漢書・蒯通傳》に見える、蒯通の《雋永》八十一首が《戰國策》三十三篇の藍本であるとし、金德建「戰國策作者之推測」(《古史辨》六、[一九三二])は、《漢志・諸子略・縱横家者流》の「《蒯子》五篇」と「《主父偃》二十八篇」を合わせたものが《戰國策》三十三篇だと主張した。しかしながら、現存する劉向《戰國策序錄》に《雋永》《蒯子》《主父偃》に関する言及はなく、両氏の説を裏づける積極的な証拠も乏しいことから、張心徵《僞書通考》(商務印書館、一九三九)、潘辰「試論戰國策的作者問題」(《諸子考索》所収)、鄭良樹《戰國策研究》(臺灣學生書局、一九七五)などによって批判され、現在、《戰國策》蒯通作者説は、ほぼ否定されている。

結　論

清の章學誠や民國の羅根澤が指摘しているように、戰國時代は、「私家著述」すなわち「文献」が勃興した時代であった[1]。だがその一方で、前後の時代と比べて、極端に一次史料である「文書」が少なく、二次史料である「文献」の依存度が高いという制約を抱えている。近年報告が相次ぐ出土文献も、二次史料であるという本質自体は伝世文献と何ら変わらない。文書史料の増加を見ないうちは、文献史料を主体に戰國時代の暫定的な概観をつかみ、それを文書史料によって修正、あるいは裏づけていくほかかない。本書は《戰國策》が寓言を含む「説話」で構成されているとの基本スタンスに立つ。その上で、《戰國策》の真価は、劉向校書前の本の原貌を保存していることにあり、司馬遷がその所見本を再構築してしまっている《史記》戦国列伝と比べて、相対的に史料批判がしやすい点にあることを述べた。個別の説話（群）の史料批判は今後の課題であり、本書の問題領域を越える。

西山尚志氏は「疑古と釋古」の中で、王國維の「二重証拠法」や李學勤の「走出疑古時代」の問題点に言及し、①出土文献の記録に「偽」があることを想定していないことや、②出土文献と伝世文献の記載内容が不一致の場合、どちらが（もしくはどちらも）「偽」であることを知るすべがないことなどを指摘している[2]。もとより出土文献もまた、伝世文献と同等の史料批判を経なければならないのである。しかも、第一章で筆者は出土文献の不安定さに言及した。まだ見ぬ未発見の出土文献が将来出土し、その記述が既出の別の出土文献と齟齬するという可能性にも、我々は当然備えておかねばならない。本書が史料批判のしやすさという観点から、劉向本《戰國策》を分析対象として選んだのには、そうした背景もある。

かくして本書は、戰國〜前漢期の伝本の体裁を劉向校書本がその内部で保持していることに着目し、その劉向本の旧貌を保持している姚本《戰國策》から、劉向所見の先行本の分析・抽出を試みたものである。劉向に先行する書物は、第一章で明かにしたように、所蔵者の関心にもとづく一定の主題に沿って篇章が収集・綴合されている。そうした特徴を備えた群塊が、劉向の校定を経た伝世本中に見出せることを第三章で論じ、第四章では、その事実に基づいて実際に《戰國策》を先行本ごとに分割した。第二章では、一般に《漢志》著録書が二劉校書前の本を代表するかの如く扱われている現状を問題視し、実際は零細な諸本を「類を以て相從はしめ」た新定本であることを確認し、二劉校書本の編集基準を章學誠の「以人類書」「互著・別裁」「九流出於王官」「古時官師合一」説などからたどった。最後に第五章では、第四章の分析結果を基に、秦・齊・楚・趙・魏・韓・燕策に見られる蘇秦・張儀の合從連衡賦と、その合從連衡賦とよく似たレトリックを含む東周策の一部を合わせた八国八篇が、劉向が《戰國策序錄》において底本とした「國別者八篇」ではないかと考察し、具体的に対象となる章を比定した。

以上、《戰國策》をより文献批判しやすい形にするための下ごしらえを進めてきた。だが、二劉校書前の流布本と思しき群塊のうち、どれが二劉校書前から定本化し、どれが孤本であったかの区別や、個々の群塊の作者・作時・動機・S／N（史事／寓言）比につながる道筋はいまだ示せていない。文献批判の「下ごしらえ」としては、本書はまだその第一段階を踏み出したに過ぎない。行論の不備や遺漏もあろう。識者の批正を願ってやまない。本書が《戰國策》や二劉校書の議論のたたき台となれば、これに勝る喜びはない。

注

1　章學誠《文史通義・言公上》《校讐通義・原道》（拠　葉瑛《文史通義校注》中華書局、一九九四。王重民《校讐通義通解》上海古籍出版社、一九八七。※本書94頁を参照）、羅根澤「戰國前無私家著述説」（《諸子考索》、人民出版社、一九五八［一九三二］）。

2　西山尚志「疑古と釋古」（《中國史學の方法論》汲古書院、二〇一七）、王國維《古史新證――王國維最後的講義》（清華大學出版社、一九九四［一九二五］）、李學勤《走出疑古時代》（遼寧大學出版社、一九九七［一九九二］）。

あとがき

本書は、二〇〇三年度、立命館大学大学院文学研究科博士課程後期課程に提出した博士（文学）の学位請求論文「劉向本《戰國策》の文獻學的研究」（二〇〇四年三月三十一日学位授与）に基づき、これを大幅に修正・補筆したものである。学位申請論文の審査委員は、主査に立命館大学大学院文学研究科教授の松本英紀先生、副査に立命館大学大学院文学研究科教授の本田治先生、京都大学文学部教授の吉本道雅先生が当たってくださった（肩書きはいずれも二〇〇四年当時）。三先生からは試問に際して、大小さまざまな助言や示教を頂戴した。特に吉本先生には、本書第一章の基にもなっている修士論文「劉向序錄考――劉向圖書整理事業の文獻學的檢討」以来、終始懇切にご指導いただいた。旧稿を改訂するにあたり、ご示教に拠るところが大であったことを記すと共に、この場を借りて学恩に厚く御礼申し上げたい。このほか、さまざまな形で筆者に刺激を与えて下さった多くの諸先生方・諸先輩方・学友たち、日頃からお世話になっている書店関係の皆さま、療養中の筆者を支えてくれた父母や祖父母（特に祖母タケヨ）・親戚一同にも併せて感謝したい。筆者の文献学は、右に挙げた方々無くしては到底成り立たなかった。あわせて、筆者の病気療養のために、提出から公刊までに十年余の年月が過ぎてしまったことについて、深くお詫び申し上げねばならない。

中国上古の戦国時代は、青川秦牘（四川省青川郝家坪戰國秦墓出土）や鄂君啓節（安徽省壽縣邱家花園出土）に代表されるような、最も信を置くべき一次史料となる「文書」が前後の時代に比して著しく少ない。また、郭店楚簡（湖北省荊門市郭店一号楚墓出土）や清華大学蔵戦国簡（いわゆる「非発掘簡」）に代表される「出土文献」は、近年、報告数が増加中の同時代史料であり、《史記》や《戰國策》、先秦諸子といった「伝世文献」には残っていない古佚書も多く含む史料だが、「文書」と比べると二次史料である点に留意が必要であり（すなわち「伝世文献」と同様に史料批判を要する）、また戦国期を面で捉えられるだけの情報量にも達していない。一方、「伝世文献」では、前漢の司馬遷《史記》と劉向《戰國策》が、出土史料も含め、戦国史を俯瞰できるほとんど唯一の史料となっている。このうち《史記》は、共観年表と年代記を含む紀年史料や、系譜史料といった比較的信頼性の高い史料を含む点や、時系列的な整理が加えられている点などが評価される。その反面、本紀・表・世家・列伝間や、西晉期に出土した《竹書紀年》をはじめとする他文献との間で内容や年代上の齟齬を抱えるなど、戦国時代から年月を隔てた史料であるがゆえの欠点がある。こうした欠点は《戰國策》についても同様に言えることだが、加えて《戰國策》は「寓言」を含む「説話史料」のみで構成されている。このような事情から、《戰國策》は常に《史記》の影に隠れ、その史料批判の難しさゆえに、正面から全体の分析を試みた研究がこれまで乏しかった。しかし、説話史料は、その記述量の豊富さにおいて、他の史料の追随を許さず、その史料批判の方法に道筋をつけることさえできれば、一気に活用可能な戦国史料が増えるという魅力がある。そこで本書は、右の戦国史料をめぐる現状を踏まえ、あえて《戰國策》を取り上げ、劉向が彼の校書事業前に行われていた本の原貌を意識的に保持し、それ故に《戰國策》が《史記》に比して戦国説話の史料批判に有利な文献であることを論じた。今から思えば、慎重さに欠けた部分も多々あるが、その分、議論の外形は浮き彫りにできたように思う。

ようやく、ひと区切りつけることが出来た…というのが今の筆者の偽らざる本音である。正直に申し上げると、十年以上前に書いたものに手を加えること自体、容易なことではなかった。大学院時代と今とでは文章も考え方も変わってしまった点が少なくなく、その一部は、やむを得ず追記や注釈の形で反映した。まして院生時代、焦燥の三年間で筆を走らせた文章は今にも増して拙かった。査読して下さった先生方には、ただただ汗顔の至りで、お詫びの言葉もない。療養中の十年にしても、その間に相次いで刊行された出土資料や、出版コストの低廉化、Web 2.0 に代表されるインターネットを取り巻く環境の急速な進化などによって、数量的に内外の研究が大きく増加したことが、学位論文の出版を年を経るごとに難しくした。ただ、これは言うまでもなく、出版を先延ばしにしてきた筆者の責である。

難航した出版準備だったが、さまざまな人たちの協力や叱咤によって、どうにか出版に漕ぎ着けることができた。特に校正の労を買って出てくださった京都大學人文科学研究所の畏友 白須裕之さん、本書出版にあたってお世話になった朋友書店の土江洋宇さん、石坪満さんには、あらためて、この場を借りて謝意を表したい。今回、版下は筆者みずからが制作した（※制作には Adobe InDesign CS4 を使用した）。内容は言うに及ばず、版面もまた、お見苦しい点があるとすれば、それは全面的に筆者の責である。

最後に、各章の初出を掲げて、本書を締めくくりたいと思う。

序　論　博士学位申請論文の総序。初出。
第一章　修士学位申請論文「劉向序錄考——劉向校書事業の文獻學的檢討」の一部を改訂した「劉向校書事業以前における書物の通行形態」（第三六八回阪神中哲談話會口頭發表、二〇〇五年一一月、於關西大學）。
第二章　博士学位申請論文の第二章。初出。
第三章　「姚本戰國策考——劉向本舊態保存の是非と劉向以前本復元への展望」（《中國古代史論叢》所収、立命館東洋史學會、二〇〇四年）。
第四章　「劉向本戰國策が内包する先行説話群について」（《立命館史學》二五、二〇〇四年）。
第五章　「國別者八篇考——劉向新定本《戰國策》の藍本」（《中國古代史論叢》九、二〇一七年）。
結　論　書き下ろし。

参考文献

論文・著書

Èdouard Chavannes 著・岩村忍訳《史記著作考》（支那學飜譯叢書）文求堂書店、一九三九

Èdouard Chavannes 著・岩村忍訳《司馬遷と史記》新潮選書、新潮社、一九七四

J. I. Crump. Intrigues: Studies of the Chan-kuo Ts'e. The University of Michigan Press. 1964.

Lothar von Falkenhausen 著・穴澤咊光訳「中國考古學の文獻史學指向」（《古文化談叢》三五）一九九五

Lothar von Falkenhausen 著・吉本道雅訳《周代中國の社會考古學》京都大學學術出版會、二〇〇六

馬司帛洛 (Henri Maspero) 著・馮承鈞訳「蘇秦的小說」（《國立北平圖書館刊》七-六）一九三三

青木正兒《支那文學概說》弘文堂書房、一九三五

秋山陽一郎「『老子』傅奕本來源考——「項羽妾本」介在の檢證」（『漢字文獻情報處理研究』四）二〇〇二

秋山陽一郎「姚本戰國策考——劉向本舊態保存の是非と劉向以前本復元への展望」（《中國古代史論叢》一）二〇〇四

秋山陽一郎「劉向本戰國策が內包する先行說話群について」（《立命館史學》二五）二〇〇四

秋山陽一郎「劉向・劉歆校書における重修の痕跡（上）——《山海經》と『山海經序錄』の事例から」（《中國古代史論叢》八）二〇一五

秋山陽一郎「『國別者八篇』考——劉向新定本《戰國策》の藍本」（《中國古代史論叢》九）二〇一七

秋山陽一郎「敦煌唐鈔本《太公六韜》(P.ch.3454) 解題および釋文（上）」（《人文學論集》三六）二〇一八

淺野裕一「『六韜』の兵學思想——天人相關と天人分離」（《島大國文》一〇）一九八一

淺野裕一「帛書五行篇の思想史的位置」（《島根大學教育學部紀要》一九）一九八三

淺野裕一「『五行篇』の成立事情——郭店寫本と馬王堆寫本の比較」（《中國出土資料研究》七）二〇〇三

淺野裕一等「郭店楚簡各篇解題」（《中國研究集刊》三三）二〇〇三

淺野裕一・小澤賢二《出土文獻から見た古史と儒家經典》汲古書院、二〇一二

淺野裕一・小澤賢二《浙江大『左傳』眞僞考》汲古書院、二〇一三

阿辻哲次《漢字學——『說文解字』の世界》東海大學出版會、一九八五

池田秀三「劉向の學問と思想」（《東方學報 京都》）一九七八

池田秀三「《序在書後》說の再検討」(《東方學報(京都)》七三)二〇〇一
池田秀三「高誘覺書」(《東方學》一一〇)二〇〇五
池田四郎次郎《史記研究書目解題》明德出版社、一九七八
池田知久《馬王堆漢墓帛書五行篇研究》汲古書院、一九九三
池田知久《郭店楚簡老子研究》東京大學文學部中國思想文化學研究室、一九九九
池田知久「郭店楚簡『五行』の研究」(《郭店楚簡の思想史的研究》二)一九九九
池田知久「尚處形成段階的《老子》最古本——郭店楚簡《老子》」(《道家文化研究》一七)一九九九
池田英雄《史記學五〇年》明德出版社、一九九五
池田雄一「商鞅の縣制——商鞅の變法(一)」(《中央大學文學部紀要》二二)一九七七
池田雄一「銀雀山漢墓出土《守法等十三篇》について」(《東アジア古文書の史的研究》所收)一九九〇
石井眞美子「『孫子』の構造と錯簡」(《學林》三三)二〇〇一
石井眞美子「銀雀山漢簡殘簡について」(《立命館白川靜記念東洋文字研究所紀要》四)二〇一〇
石井眞美子「『銀雀山漢墓竹簡〔貳〕』と『銀雀山漢簡釋文』の相違」(《立命館白川靜記念東洋文字研究所紀要》五)二〇一一
石井眞美子「『六韜』諸テキストと銀雀山漢簡の關連について」(《立命館白川靜記念東洋文字文化研究所紀要》八)二〇一四
石井眞美子「銀雀山漢簡『論政論兵之類』諸篇の關係について」(《學林》六〇)二〇一五
石川岳彥《春秋戰國時代 燕國の考古學》雄山閣、二〇一七
石原遼平「中國簡牘學の現在」(《歴史學研究》九六四)二〇一七
市村瓚次郎「歴代典籍存亡聚散考」(《史學雜誌》一三—一・二)一九〇二
井上進《中國出版文化史》名古屋大學出版會、二〇〇二
内山直樹「序文、日付、署名——『呂氏春秋』序意篇について」、(《中國哲學研究》一三)一九九九
内山直樹「『淮南子』要略篇と書物」、(《二松》一四)二〇〇〇
内山直樹「漢代における序文の體例」(《日本中國學會報》五三)二〇〇一
内山直樹「序卦傳と雜卦傳——『周易』の二序目」(《中國》二二)二〇〇七

海老根量介「放馬灘秦簡之鈔寫年代蠡測」（《簡帛》七）二〇一二
江村治樹《春秋戰國時代出土文字資料の研究》汲古書院、二〇〇〇
袁珂「《山海經》寫作的時地及篇目考」（《中華文史論叢》所收）、一九七八
王輝・尹夏清・王宏「八年相邦薛君、丞相殳漆豆考」（《文物與考古》二〇一一―二）二〇一一
王輝《秦出土文獻編年訂補》三秦出版社、二〇一四
王國維《古史新證》清華大學出版社、一九九四［一九三五］
王素・李方《魏晉南北朝敦煌文獻編年》補資治通鑑史料長編稿系列、新文豐出版公司、一九九七
王蘇鳳「劉向《新序》著作性質考辨」（《河北師範大學學報（哲學社會科學版）》二三―三）二〇〇〇
王重民《敦煌古籍敍錄》中華書局、一九七九
王博「關於郭店楚墓竹簡《老子》的結構與性質」（《道家文化研究》一七）一九九九
王葆玹《今古文經學新論》中國社會科學出版社、一九九七
王明欽「王家臺秦墓竹簡概述」（《新出簡帛研究》文物出版社）二〇〇四
王利器「敦煌唐寫本《説苑・反質篇》殘卷校記跋尾」（《學林漫錄》七）一九八三
王利器「經典釋文考」（《曉傳書齋文史論集》所收）華東師範大學出版社、一九九七
大櫛敦弘「書簡と使人――『戰國縱横家書』より見た外交活動の一側面」（《人文科學研究》九）二〇〇二
大櫛敦弘「韓夤との密約――『戰國縱横家書』第一部分の理解に向けて」（《人文科學研究》一一）二〇〇四
大櫛敦弘「『機密』のゆくえ――『戰國縱横家書』に見る情報傳達と史料的性格」（《資料學の方法を探る――情報發信と受容の視點から》四所收）二〇〇五
大櫛敦弘「『第三章』からの風景――『戰國縱横家書』第一部分の理解のために」（《海南史學》四九）二〇一一
大西克也「浙江大學藏竹簡『左傳』は研究資料たり得るか」（《汲古》七二）二〇一七
大野圭介「劉歆《上山海經表》をめぐって」（《中國文學報》五一）一九九五
大野裕司《戰國秦漢出土術數文獻の基礎的研究》北海道大學出版會、二〇一四
大庭脩《木簡》學生社、一九七九
大庭脩《秦漢法制史の研究》創文社、一九八二
岡井愼吾《玉篇の研究》東洋文庫論叢、東洋文庫、一九三三

岡田脩「「説苑」考（影山教授・小嶋教授退休記念號）」（《大東文化大學漢學會誌》一四）一九七五

緒方暢夫「戰國策諸篇における紀年の問題」（《漢文學會會報》二三）一九六四

緒方暢夫「戰國策諸篇における紀年に就いて　特に『秦策』・『齊策』の紀年考定、竝びにその思想的意義」（《東方學》三一）一九六五

岡村繁「漢初における辭賦文學の動向」（《鳥居久靖先生華甲記念論集》所收）一九七二

小川琢治《支那歴史地理研究》弘文堂書房、一九二八

小澤賢二「文字學からみた浙江大『左傳』僞簡説の問題點」（《汲古》七二）二〇一七

小島祐馬《中國の社会思想》筑摩書房、一九六七

小尾宏一《文選李善注引書攷證》研文出版、一九九一

貝塚茂樹「國語に現れた説話の形式」（《東方學》一四）一九五七

何介鈞・張維明《馬王堆漢墓》文物出版社、一九八二

田村正敬・福宿孝夫訳《馬王堆漢墓のすべて》中國書店、一九九二

影山輝國「秦代避諱初探」（《楚地出土資料と中國古代文化》汲古書院）二〇〇二

何晉《〈戰國策〉研究》國學研究叢刊、北京大學出版社、二〇〇一

嘉瀬達男「《漢書》揚雄傳所收《揚雄自序》をめぐって」（《學林》二八・二九）一九九八

嘉瀬達男「序からみた秦漢期の著作」（《學林》三一）一九九九

嘉瀬達男「秦漢期の著作のあり方」（《樟蔭女子短期大学紀要・文化研究》一三）一九九九

嘉瀬達男「『漢書』藝文志・詩賦略と前漢の辭賦」（《日本中國學會報》六七）二〇一五

何直剛「《儒家者言》略説」（《文物》一九八一－八）一九八一

加藤實「劉向の詩經學——幽厲時代をめぐって」（《東洋の思想と宗教》一一）一九九四

金谷治「《荀子》の文獻學的研究」（《日本學士院紀要》九－一）一九五一

金谷治「『孟子』の研究」（《東北大學文學部研究年報》一）一九五一

金谷治「『漢書藝文志』の意味 —體系的な哲學的著述として」（《文化》二〇－六）一九五六

金谷治《秦漢思想史の研究》平樂寺書店、一九六〇

金谷治「古佚書『經法』等四篇について」（《加賀博士退官記

念中國文史哲學論集》所收）一九七九
金谷治《管子の研究》岩波書店、一九八七
狩野直喜《中國哲學史》岩波書店、一九五三
狩野直喜《支那學文藪》みすず書房、一九七九
河北省文物研究所等「河北定縣四〇號漢墓發掘簡報」（《文物》一九八一-八）一九八一
河北省文物研究所定州漢簡整理小組「定州西漢中山懷王墓竹簡《文子》的整理及其意義」（《文物》一九九五-一二）一九九五
河北省文物研究所定州漢墓竹簡整理小組「定州西漢中山懷王墓竹簡《六韜》的整理及其意義」（《文物》二〇〇一-五）二〇〇一
鎌田正「劉向に於ける古文學的性格について」（《漢文學會々報》一五）一九五四
何琳儀《戰國文字通論（訂補）》、上海古籍出版社、二〇一七
韓巍「西漢竹書《老子》簡背劃痕的初步分析」（《北京大學藏西漢竹書（貳）》上海古籍出版社）二〇一二
韓巍「西漢竹書《周馴》若干問題的探討」（《北京大學藏西漢竹書（參）》上海古籍出版社）二〇一五
神田喜一郎「汲冢書出土の始末に就て」（《支那學》一-一一・一二）一九二〇
神田喜一郎《神田喜一郎全集》同朋社、一九八三
韓碧琴《劉向學述》古典文獻研究輯刊、花木蘭文化出版社、二〇一〇
木島史雄「陸德明學術年譜」（《東方學報 京都》六八）一九九六
北村良和「劉向史學管見」（《東方學》六二）一九八一
木村英一《法家思想の研究》弘文堂書房、一九四四
裘錫圭・唐蘭等「座談長沙馬王堆漢墓帛書」（《文物》一九七四-九）一九七四
裘錫圭「馬王堆帛書『老子』乙本卷前古佚書併非『黄帝四經』」（《道家文化研究》三）一九九三
曉菡《長沙馬王堆漢墓帛書概述》（《文物》一九七四-九）一九七四
姜亮夫《歷代名人年里碑傳總表》中華書局、一九五九
姜亮夫《楚辭學論文集》上海古籍出版社、一九八四
姜亮夫編《楚辭書目五種》上海古籍出版社、一九九三
金德建「《戰國策》作者之推測」（《厦門圖書館聲》一-一一）一九三二
金德建《司馬遷所見書考》上海人民出版社、一九六三
金德建《經今古文字考》齊魯書社、一九八六
金秉駿著・小宮秀陵訳「張家山漢簡『二年律令』の出土位置

と編聯——書寫過程の復元を兼ねて」（藤田勝久《東アジアの資料學と情報傳達》汲古書院）二〇一三
工藤元男「馬王堆出土『戰國縦横家書』と『史記』」（《中國正史の基礎的研究》）一九八四
工藤元男「戰國の會盟と符——馬王堆漢墓帛書『戰國縦横家書』20章をめぐって」（《東洋史研究》五三―一）一九九四
倉石武四郎《目錄學》東洋學文献センター叢刊、汲古書院、一九七九
栗原朋信《秦漢史の研究》吉川弘文館、一九六〇
邢義田著・廣瀬薫雄訳「漢代『蒼頡篇』、『急就篇』、八體と「史書」の問題——秦漢時代の官吏はいかにして文字を學んだか」（藤田勝久・松原弘宣《東アジアの出土資料と情報傳達》汲古書院）二〇一一
邢文「浙大藏簡辨僞（上・下）」《光明日報》二〇一二年五月二八日・同六月一日
高雲海「關於《史記》所載蘇秦史料的眞僞」（《古籍整理研究學刊》四）一九九五
洪業「所謂《修文殿御覽》者」（《燕京學報》一二）一九三二
洪業《洪業論學集》中華書局、一九八一
高亨《諸子新箋》齊魯書社、一九八〇
黄錫全「燕破齊史料的重要發現——燕王職壺銘文的再研究」（《古文字研究》二四）二〇〇二
高正「帛書『十四經』正名」（《道家文化研究》三）一九九三
康世昌「《春秋後語》研究」（《敦煌學》一六）一九九〇
古勝隆一《中國中古の學術》研文出版、二〇〇六
古勝隆一「『隋書』經籍志史部と『史通』雜述篇」（《東方學報 京都》八五）二〇一〇
古賀登《漢長安城と阡陌・縣鄉亭里制度》雄山閣、一九八〇
胡吉宣「《玉篇》引書考異」（《語源文字研究專輯》（上））一九八三
顧頡剛・羅根澤等《古史辨》樸社、一九二六
顧頡剛《秦漢方士與儒生》上海古籍出版社、一九七八
顧實《莊子天下篇講疏》臺灣商務印書館、［一九二八］一九七六
吳承仕《經籍舊音序録・經籍舊音辨證》中華書局、一九八六
吳晶廉「戰國縦横家書與相關古籍之關係」（《文史學報一九）一九八九
胡適「諸子不出於王官論」（《胡適文存》所收）黄山書社、［一九一七］一九九六
胡適著・姚名達訂補《章實齋先生年譜》商務印書館、一九二二
胡道靜《中國古代的類書》中華書局、一九八二

胡道静《公孫龍子考》民國叢書選印、上海書店、一九九二
湖南省博物館等《長沙馬王堆一號漢墓發掘簡報》文物出版社、一九七二
湖南省博物館「長沙馬王堆二・三號漢墓發掘簡報」（《文物》一九七四—七）
湖南省文物考古研究所等「湖南慈利石板村三六號戰國墓發掘簡報」（《文物》一九九〇—一〇）一九九〇
胡平生・韓自強「《蒼頡篇》的初歩研究」（《文物》一九八三—二）一九八三
胡平生著・田中幸一訳「阜陽漢簡『年表』整理札記」（《史泉》七〇）一九八九
胡平生「阜陽雙古堆漢簡數術書簡論」（《出土文獻研究》四、中華書局）一九九八
胡平生《胡平生簡牘文物論稿》中西書局、二〇一二
小南一郎「語から説へ——中國における『小説』の起源をめぐって」（《中國文學報》五〇）一九九五
小南一郎《楚辭とその注釋者たち》朋友書店、二〇〇三
近藤則行「戰國より漢初に至る春秋說話傳承の一側面——讀馬王堆漢墓帛書『春秋事語』」（《中國哲學論集》十）一九八四
近藤浩之「王家臺秦墓竹簡『歸藏』の研究」（《楚地出土資料と中國古代文化》）二〇〇二
近藤浩之「『戰國縱横家書』に見える蘇秦活動に關する試論」（《中國哲學》三二）二〇〇四
近藤浩之「『戰國縱横家書』蘇秦紀事本末案」（《中國哲學》三五）二〇〇七
近藤光男「王念孫の學問——『讀書雜志』戰國策を讀んで」（《加賀博士退官記念中國文史哲學論集》所收）一九七九
齋木哲郎《五行・九主・明君・德聖——《老子》甲本卷後古佚書》馬王堆出土文獻譯注叢書所収、東方書店、二〇〇七
崔仁義《荊門郭店楚簡《老子》研究》科學出版社、一九九八
崔富章《楚辭書目五種續編》上海古籍出版社、一九九三
澤田多喜男《『老子』考索》汲古書院、二〇〇五
山東省博物館・臨沂文物組「山東臨沂西漢墓發現《孫子兵法》和《孫臏兵法》等竹簡的簡報」（《文物》一九七四—二）一九七四
茂澤方尚「『韓非子』「飭令」篇と『商君書』「靳令」篇——兩篇の前後關係について」（《駒澤史學》四三）一九九一
茂澤方尚《「韓非子」の思想史的研究》近代文藝社、一九九三
澁澤尚「《列子》における至人と『虚』の思想」（《學林》三一）一九九九

島田虔次「章學誠の位置」（《東方學報 京都》四一）一九七三
清水凱夫「隋書經籍志の位相と改訂復元法」（《日本中國學會報》五二）一九九八
下田誠《中國古代國家の形成と青銅兵器》汲古書院、二〇〇八
下見隆雄《劉向『列女傳』の研究》東海大學出版會、一九八九
謝巍《中國歷代人物年譜考錄》中華書局、一九九二
周亞「郾王職壺銘文初釋」（《上海博物館集刊》八）二〇〇〇
周鳳五「敦煌唐寫本太公六韜殘卷研究」（《幼獅學誌》一八－四）一九八五
周鳳五「太公六韜佚文輯存」（《毛子水先生九五壽慶論文集》幼獅文化事業公司）一九八七
朱國炤「上孫家寨木簡初探」（《文物》一九八一－二）一九八一
章太炎《諸子學略說》（《章太炎政論選集》所收）中華書局、[n.d.] 一九七七
鍾肇鵬《王充年譜》齊魯書社、一九八三
鍾鳳年「國策勘研」（《燕京學報》專號一一）一九三六
徐建委「劉向《說苑》版本源流考」（《文獻季刊》二〇〇八－二）二〇〇八
徐少華「郭店一號楚墓年代析論」（《江漢考古》九四）二〇〇五
諸祖耿「關於馬王堆帛書類似《戰國策》部分的名稱問題」（《南京師院學報》四）一九七八
徐中舒「論《戰國策》的編寫及有關蘇秦諸問題」（《歷史研究》一九六四－一）一九六四
白川靜《中國の古代文學》（一）（二）中公文庫、一九八〇・一九八一
鈴木達明「敍述形式から見た太公書『六韜』の成立について」（《中國文學報》八〇）二〇一一
鈴木虎雄《賦史大要》冨山房、一九三八
齊思和「孫子兵法著作時代考」（《燕京學報》二六）一九三九
齊思和「《戰國策》著作時代考」（《燕京學報》三四）一九四八
齊思和「《戰國策》注者高誘事蹟考」（《周叔弢先生六十生日紀年論文集》所收）一九五〇
齊思和《戰國策著作時代考》（《中國史探研》所收）中華書局、一九八一
齊思和《中國史探研》中華書局、一九八一
錢存訓《書於竹帛（新增訂本）》漢美圖書有限公司、[一九六二]

一九九六
錢存訓著・宇津木章・澤谷昭次等共訳《中國古代書籍史——竹帛に書す》法政大學出版局、一九八〇
錢穆《先秦諸子繫年》商務印書館、一九三六
錢穆「劉向歆父子年譜」（《兩漢經學今古文平議》所收）東大圖書公司、一九七一
錢穆《兩漢經學今古文平議》東大圖書公司、蒼海叢刊、一九七八
錢穆《史記地名考》商務印書館、二〇〇一
曹方向「戰國文字と傳世文獻に見える『文字異形』について——『百』字を例として」（《漢字學研究》四）二〇一六
曾鳴「關於帛書《戰國策》中蘇秦書信若干年代問題的商榷」（《文物》一九七五－八）一九七五
孫少華《桓譚年譜》中國社會科學院文學研究所學術文庫、社會科學文獻出版社、二〇一二
孫德謙《諸子通考》廣文書局、一九一〇
孫沛陽「簡冊背劃線初探」（《出土文獻與古文字研究》四）二〇一一
高田淳「章學誠の史學思想について」（《東洋學報》四七－三）一九六四
高橋均「《春秋事語》と戰國策士」（《中國文化》四一）一九八三
瀧川龜太郎「史記資源」（《史記會注考證》史記會注考證校補刊行會）一九五六
武内義雄《老子原始》弘文堂、一九二六
武内義雄《中國思想史》岩波全書、岩波書店、一九三六
武内義雄《支那學研究法》岩波書店、一九七九
竹田健二「銀雀山漢墓出土竹簡本『尉繚子』の成立時期」（《國語教育論叢》六）一九九七
竹田健二「郭店楚簡『性自命出』と上海博物館藏『性情論』との關係」（《日本中國學會報》五五）二〇〇三
竹田健二「清華簡『耆夜』の文獻的性格」（《中國研究集刊》五三）二〇一一
竹田健二「清華簡『楚居』の劃線・墨線と竹簡の配列」（《中國研究集刊》五六）二〇一三
竹田健二「劃線小考——北京簡『老子』と清華簡『繫年』とを中心に」（《中國研究集刊》五七）二〇一三
竹治貞夫《楚辭研究》風間書房、一九七八
田中淡「『墨子』城守諸篇の築城工程」（《中國古代科學史論》所收）京都大學人文科學研究所、一九八九
田中淡「『墨子』城守諸篇の築城工程　續編」（《中國古代科學史論　續編》所收）京都大學人文科學研究所、一九九一

張晏瑞《孫德謙及其校讎目錄學研究》（古典文獻研究輯刊　花木蘭文化出版社、二〇一一

張燕嬰「《漢書・藝文志》不錄大小戴《記》說」（《圖書館雜志》二〇〇六－一二）、二〇〇六

趙逵夫「《戰國策・楚策一》張儀相秦章發微」（《古籍整理與研究》六）一九九一

張顯成・周羣麗《尹灣漢墓簡牘校理》天津古籍出版社、二〇一一

張舜徽「太史公論六家要旨述義」（後掲《周秦道論發微》所收）

張舜徽《周秦道論發微》中華書局、一九八二

張舜徽《鄭學叢著》齊魯書社、一九八四

張震澤「揚雄年表」（《揚雄集校注》所収）中國古典文學叢書、上海古籍出版社、一九九三

趙生群「論《史記》與《戰國策》的關係」（《南京師大學報（社會科學）》六五）一九九〇

張成秋《莊子篇目考》臺灣中華書局、一九七一

張正男《戰國策初探》臺灣商務印書館、一九八四

張政烺「《春秋事語》解題」（《文物》一九七七－一）一九七七

陳偉著・湯淺邦弘監訳・草野友子・曹方向訳《竹簡學入門——楚簡冊を中心として》東方書店、二〇一六

陳久金《帛書及古典天文史料注析與研究》出土文獻譯注研析叢書、萬卷樓圖書有限公司、二〇〇一

陳啓天《商鞅評傳》國學小叢書、商務印書館、一九三六

陳子華《王伯厚及其玉海藝文部研究》臺灣商務印書館、一九九三

陳松長《馬王堆帛書〈刑德〉研究論稿》出土思想文物與文獻研究叢書、臺灣古籍出版有限公司、二〇〇一

陳直《摹盧叢著七種》齊魯書社、一九八一［一九七九］

陳夢家《六國紀年》上海人民出版社、一九五六

土口史記《先秦時代の領域支配》京都大學學術出版會、二〇一一

土屋紀義「章學誠の目錄學——その理論的側面から見た」（《中島敏先生古稀記念論集》所收）一九八一

程恩澤著・狄子奇箋《國策地名考》粵雅堂叢書所收清道光咸豐間南海伍崇曜刊本、[n.d.]

鄭鶴聲《漢班孟堅先生固年譜》（新編中國名人年譜集成）臺灣商務印書館、一九八〇

鄭杰文《戰國策文新論》山東人民出版社、一九九八

定縣漢墓竹簡整理組「定縣四〇號漢墓出土竹簡簡介」（《文物》一九八一－八）一九八一

程少軒「談談北大漢簡《周馴》的幾個問題」（《出土文獻與古文字研究》五）二〇一三

程百讓「《戰國策》的作者及其古、今本問題」（《鄭州大學學報（人文科學）》一九六三－四）一九六三
鄭良樹「姚寬注戰國策考」（《國立中央圖書館館刊》七－一）一九七四
鄭良樹「論姚宏校注本戰國策的優點及其流傳」（《國立中央圖書館館刊》七－二）一九七四
鄭良樹《戰國策研究》臺灣學生書局、一九七五
鄭良樹《竹簡帛書論文集》中華書局、一九八二
鄭良樹《商鞅及其學派》臺灣學生書局、一九八七
鄭良樹《韓非之著述及思想》臺灣學生書局、一九九三
鄭良樹《諸子著作年代考》北京圖書館出版社、二〇〇一
東京大學郭店楚簡研究會《郭店楚簡の思想史的研究》（一～四）東京大學文學部中國思想文化學研究室、一九九九～二〇〇〇
鄧駿捷《劉向校書考論》人民出版社、二〇一二
滕昭宗「尹灣漢墓簡牘概述」（《文物》一九九六－八）一九九六
唐蘭「蘇秦考」（《文史雜誌》一－一二）一九四一
唐蘭「黄帝四經初探」（《文物》一九七四－一〇）一九七四
唐蘭「馬王堆出土《老子》乙本卷前古佚書的研究」（《考古學報》一九七五－一）一九七五
唐蘭「司馬遷所沒有見過的珍貴史料——長沙馬王堆帛書《戰國縱横家書》」（《馬王堆漢墓帛書 戰國縱横家書》所收）文物出版社、一九七六
杜澤遜《文獻學概論（修訂本）》中華書局、二〇〇一
富永一登《文選李善注引書索引》研文出版、一九九六
冨谷至《秦漢刑罰制度の研究》東洋史研究叢刊、同朋社、一九九八
冨谷至《木簡・竹簡の語る中國古代》（増補新版）岩波書店、二〇一四
内藤湖南「章實齋先生年譜」（《支那學》一－三・四）一九二〇
内藤湖南「胡適之の新著章實齋年譜を讀む」（《支那學》二－九）一九二五
内藤湖南「章學誠の史學」（《支那史學史》所收）、弘文堂、[一九二八]一九四九
内藤湖南《支那史学史》東洋文庫、平凡社、一九九二[一九四九]
内藤湖南《支那目錄學》（《内藤湖南全集》筑摩書房）、一九七〇
長澤規矩也先生喜寿記念會《長澤規矩也著作集》汲古書院、一九八二
中嶋千秋《賦の成立と展開》關洋紙店印刷所、一九六三
中村未來《戰國秦漢簡牘の思想史的研究》大阪大學出版會、

二〇一五
西信康《郭店楚簡『五行』と傳世文獻》北海道大學出版會、二〇一四
西山尚志「疑古と釋古」（《中國史學の方法論》汲古書院）二〇一七
野間文史「新序・說苑攷――說話による思想表現の形式」（《廣島大學文學部紀要》三五）一九七六
野間文史「劉向春秋說攷」（《哲學》三一）一九七九
野間文史《春秋學――公羊傳と穀梁傳》研文出版、二〇〇一
裴雲「唐寫本說苑反質篇讀後記」（《文物》一九六一－三）一九六一
裴登峰《〈戰國策〉研究》社會科學文獻出版社、二〇一二
馬宗霍《說文解字引經攷》科學出版社、一九五八
馬宗霍《說文解字引羣書攷》科學出版社、一九五九
馬宗霍《說文解字引方言攷》科學出版社、一九五九
馬宗霍《說文解字引通人說攷》科學出版社、一九五九
濱久雄《公羊學の成立とその展開》國書刊行會、一九九二
林巳奈夫《漢代の文物》京都大學人文科學研究所、一九七六
林巳奈夫《戰國時代出土文物の研究》京都大學人文科學研究所、一九八五
林巳奈夫《春秋戰國時代青銅器の研究》吉川弘文館、一九八九
林巳奈夫《漢代の文物（新版）》朋友書店、一九九六
馬雍「帛書《別本戰國策》各篇的年代和歷史背景」（《文物》一九七五－四）一九七五
馬雍「帛書《戰國縱橫家書》各篇的年代和歷史背景」（《馬王堆漢墓帛書 戰國縱橫家書》所收）文物出版社、一九七六
原富男《補史記藝文志》春秋社、一九八〇
范祥雍「《戰國策》傳本源流考」（《中華文史論叢》三一）一九八四
潘辰「試論“戰國策”的作者問題」（《光明日報》一九五六年一二月一六日付）
潘百齊「評《戰國策》的寫人藝術及其影響」（《南京師範大學報（社會科學）》五二）一九八六
平澤步「『漢書』五行志と劉向『洪範五行伝論』」（《中國哲學研究》二五）二〇一一
平勢隆郎《新編史記東周年表》東京大學出版會、一九九五
平勢隆郎（書評）「藤田勝久 史記戰國史料の研究」（《歷史學研究》四一－四三）一九九九
廣瀨玲子「反復される語り――古代中國における『說』と『小說』」（《專修人文論集》七七）二〇〇五
馮友蘭《中國哲學史》商務印書館、一九三四

馮友蘭著・森下修一訳《新編中國哲學史》林書店、一九六六

馮友蘭《中國哲學史新編（修訂本）》河南人民出版社、一九九一

馮友蘭著・柿村峻・吾妻重二訳《中國哲學史 成立編》冨山房、一九九五

福田哲之《說文以前小學書の研究》東洋學叢書、創文社、二〇〇四

福田哲之「阜陽漢墓一號木牘章題と定州漢墓竹簡『儒家者言』――『新序』『說苑』『孔子家語』との關係」（《中國研究集刊》三九）二〇〇五

福田哲之「出土古文獻復原における字體分析の意義：上博楚簡の分篇および拼合・編聯を中心として」（《中國研究集刊》四一）二〇〇六

福田哲之「別筆と篇題――『上博（六）』所收楚王故事四章の編成」（《中國研究集刊》四七）二〇〇八

福田哲之「浙江大學藏戰國楚簡の眞僞問題」（《中國研究集刊》五五）二〇一二

福田哲之「『史蒥』小考――『史蒥問於夫子』の史蒥と『漢書』古今人表の史留」（《中國研究集刊》五七）二〇一三

福田哲之「簡帛『老子』諸本の系譜學的考察」（《中國研究集刊》六〇）二〇一五

福田哲之「戰國竹簡入門　戰國竹簡文字研究略說」（《漢字學研究》四）二〇一六

藤田勝久「《戰國策》の性格に關する一試論」（《史記戰國史料の研究》所收）、東京大學出版會、一九九七

藤田勝久《史記戰國史料の研究》東京大學出版會、一九九七

藤田勝久《史記戰國列傳の研究》汲古書院、二〇一一

阜陽漢簡整理組等「阜陽漢簡簡介」（《文物》一九八三―二）一九八三

北京衞戍區某部六連理論小組《晁錯及其著作》中華書局、一九七五

駢宇騫・段書安《本世紀以來出土簡帛概述》萬卷樓、一九九九

龐樸《竹帛《五行》篇校注及研究》萬卷樓、二〇〇〇

繆文遠《戰國策考辨》中華書局、一九八四

繆文遠《戰國史繫年輯證》巴蜀書社、一九九七

繆文遠《戰國制度通考》巴蜀書社、一九九八

町田三郎「『劉向』覺書」（《日本中國學會報》一八）一九七六

町田三郎《秦漢思想史の研究》創文社、一九八五

松崎つね子《睡虎地秦簡と墓葬からみた楚・秦・漢》汲古書院、二〇一七

松田稔「『山海經』郭璞注引書考」（《國學院短期大學紀要》一一）一九九三
松本幸男「『禮記』樂記篇の成立について」（《立命館文學》三〇〇）一九七〇
三田村泰助「章學誠の『史學』の立場」（《東洋史研究》一二－一）一九五二
三田村泰助「章學誠の史學」（《立命館史學》創刊號）一九八〇
宮宅潔「嶽麓書院所藏簡『亡律』解題」（《東方學報（京都）》九二）二〇一七
宮本一夫「七國武器考——戈・戟・矛を中心にして」（《古史春秋》二）一九八五
向井哲夫「『六韜』の基礎的研究」（《東方宗教》八三）一九九四
村田進「北京大學藏漢簡『周馴』について」（《學林》六二）二〇一六
籾山明・佐藤信《文獻と遺物の境界——中國出土簡牘史料の生態的研究》六一書房、二〇一一
籾山明《秦漢出土文字史料の研究》創文社、二〇一五
守屋美都雄《中國古代の家族と國家》東洋史研究會、一九六八
谷中信一「漢代縱横家考」（《東洋の思想と宗教》五）一九八八
谷中信一「太公望と『逸周書』」（《齊地の思想文化の展開と古代中國の形成》汲古書院所收）二〇〇八
谷中信一《齊地の思想文化の展開と古代中國の形成》汲古書院、二〇〇八
谷中信一《『老子』經典化過程の研究》汲古書院、二〇一五
山口久和《章學誠の知識論》創文社、一九九八
山田統「竹書紀年と六國魏表」（《山田統著作集》第一卷所收）一九六〇
湯淺邦弘《中國古代軍事思想史の研究》研文出版、一九九九
湯淺邦弘《竹簡學——中國古代思想の探究》大阪大學出版會、二〇一四
熊憲光「《戰國策》寓言論」（《北京師範大學學報（社會科學）》八〇）一九八七
楊寛《商鞅變法》上海人民出版社、一九五五
楊寛「馬王堆帛書《戰國縱横家書》的史料價值」（《馬王堆漢墓帛書 戰國縱横家書》所收）文物出版社、一九七六
楊寛《戰國史料編年輯證》臺灣商務印書館、二〇〇二
楊寛《戰國史》上海人民出版社／臺灣商務印書館、［一九五五］［一九八〇］［一九九七］二〇〇三

楊樹達《積微居小學金石論叢》商務印書館、一九三七
楊肇祖《韓非子考證》上海商務印書館、一九三六
姚福申「對劉向編校工作的再認識——《戰國策》與《戰國縱横家書》比較研究」(《復旦學報(社會科學版)》一九八七–六)一九八七
姚名達《中國目錄學年表》國學小叢書、商務印書館、一九四〇
姚名達《中國目錄學史》中國文化史叢書、臺灣商務印書館、一九七七
余嘉錫《余嘉錫論學雜著》中華書局、一九六三
余嘉錫《古書通例》上海古籍出版社、一九八五
古勝隆一・嘉瀨達男・內山直樹《古書通例——中國文獻學入門》東洋文庫、平凡社、二〇〇八
古勝隆一・嘉瀨達男・內山直樹《目錄學發微——中國文獻分類法》東洋文庫、平凡社、二〇一三
余嘉錫《目錄學發微》藝文印書館、一九八七
吉川忠夫「汲冢書發見前後」(《東方學報 京都》七一)一九九九
吉田照子「『韓詩外傳』にみる韓嬰の儒家思想の特色」《福岡女子短大紀要》二六、一九八三
吉田照子「樂論篇から樂記篇へ:樂と性の形而上學化」《福岡女子短大紀要》三一、一九八六
吉田照子「『韓詩外傳』の詩と禮と學」《福岡女子短大紀要》五三、一九九七
吉田照子「『韓詩外傳』と『說苑』」《福岡女子短大紀要》五七、一九九九
吉田照子「『韓詩外傳』と『列女傳』」《福岡女子短大紀要》五九、二〇〇一
吉田照子「『韓詩外傳』と『孔子家語』」《福岡女子短大紀要》六〇、二〇〇二
吉田照子「『韓詩外傳』と『荀子』:引詩の特色」《福岡女子短大紀要》六一、二〇〇三
吉田照子「『韓詩外傳』と『孟子』」《福岡女子短大紀要》六三、二〇〇四
吉本道雅「春秋事語考」(《泉屋博古館紀要》六)一九九〇
吉本道雅「史記原始——戰國期」(《立命館文學》五四七)一九九六
吉本道雅《史記を探る——その成り立ちと中國史學の確立》東方選書、東方書店、一九九六
吉本道雅「孟子小考——戰國中期の國家と社會」(《立命館文學》五五一)一九九七
吉本道雅(書評)「藤田勝久著 史記戰國史料の研究」(《東洋

史研究》五七―三）一九九八
吉本道雅「史記戰國紀年考」（《立命館文學》五五六）一九九八
吉本道雅「秦趙始祖傳說考」（《立命館東洋史學》二一）一九九八
吉本道雅「先秦王侯系譜考」（《立命館文學》五六五）二〇〇〇
吉本道雅「商君變法研究序說」（《史林》八三―四）二〇〇〇
吉本道雅「墨子小考」（《立命館文學》五七七）二〇〇二
吉本道雅「左傳成書考」（《立命館東洋史學》二五）二〇〇二
吉本道雅「墨子兵技巧諸篇小考」（《東洋史研究》六二―二）二〇〇三
吉本道雅《中國先秦史の研究》京都大學學術出版會、二〇〇五
吉本道雅「山海經研究序說」（《京都大學文學部研究紀要》四六）二〇〇七
吉本道雅「睡虎地秦簡年代考――日本における中國古代史研究の現状に寄せて」（《中國古代史論叢》九）二〇一七
來新夏・柯平《目錄學讀本》上海古籍出版社、二〇一四
說文會編・賴惟勤監修《說文入門》大修館書店、一九八三
羅香林《唐顏師古先生籒年譜》（新編中國名人年譜集成）臺灣商務印書館、一九八二
羅根澤「新序・說苑・列女傳不作始於劉向考」（《諸子考索》所收）一九三〇
羅根澤「戰國策作於蒯通考」（《古史辨》四）一九三一
羅根澤「戰國前無私家著作說」（《諸子考索》所收）一九三二
羅根澤「戰國策作於蒯通考補證」（《諸子考索》所收）一九三三
羅根澤「跋金德建先生戰國策作者之推測」（《古史辨》六）一九三六
羅根澤「潘辰先生試論“戰國策”的作者問題商榷」（《諸子考索》所收）一九五七
羅根澤《諸子考索》人民出版社、一九五八
羅福頤「臨沂漢簡概述」（《文物》一九七四―二）一九七四
藍開祥「略論《戰國策》寓言」（《西北師院學報（社會科學）》四五）一九八五
李永寧「敦煌文物研究所藏《說苑・反質篇》殘卷校勘」（《一九八三年全國敦煌學術討論會文集（文史・遺書下）》甘肅人民出版社、一九八七
李永寧「敦煌文物研究所藏《說苑・反質篇》殘卷校勘」（《一九八三年全國敦煌學術討論會文集（文史・遺書下）》一九八七

凌襄（李學勤）「試論馬王堆漢墓帛書《伊尹・九主》」（《文物》一九七四―一一）一九七四
李學勤「《春秋事語》與《左傳》的流傳」（《古籍整理研究學刊》一九八九―四）一九八九
李學勤著・五井直弘訳《春秋戰國時代の歴史と文物》研文選書、研文出版、一九九一
李學勤《走出疑古時代》遼寧大學出版社、一九九四
李學勤「《孫子》篇題木牘與佚文」（《簡帛佚籍與學術史》時報文化出版企業有限公司）一九九四
李學勤「試論八角廊簡《文子》」（《文物》一九九六―一）一九九六
李叔毅「試論《戰國策》之爲書」（《信陽師範學院學報（哲學社會科學版）》三）一九八二
李松孺《戰國簡帛字迹研究――以上博簡爲中心》上海古籍出版社、二〇一五
李瑞良《中國古代圖書流通史》上海人民出版社、二〇〇〇
劉起釪《尚書學史》（訂補本）中華書局、一九八九
劉洪石「遣冊初探」（《尹灣漢墓簡牘綜論》科學出版社）一九九九
劉汝霖《周秦諸子考》文化學社、一九二九
劉汝霖《漢晉學術編年》中華書局、一九八七
劉汝霖《東晉南北朝學術編年》中華書局、一九八七
廖吉郎《兩漢史籍研究》古典文獻研究輯刊、花木蘭文化出版社、二〇〇八
梁啓超《諸子考釋》臺灣中華書局、一九三六
梁靜《出土〈蒼頡篇〉研究》武漢大學簡帛叢書、科學出版社、二〇一五
李零《〈孫子〉古本研究》北京大學出版社、一九九五
林春溥《戰國紀年》中國學術名著、世界書局、一九六二
林清源《簡牘帛書標題格式研究》藝文印書館、二〇〇四
林燿潾《西漢三家詩學研究》儒林選萃、文津出版社、一九九六
連雲港市博物館連雲港市博物館「江蘇東海縣尹灣漢墓群發掘簡報」（《文物》一九九六―八）一九九六
魯迅《中國小說史略》人民文學出版社、一九五八［一九二三］
和田恭人「『漢書』五行志中の劉向説について：『洪範五行傳論』との乖離について」（《人文科學》七）二〇〇二
渡邊昭夫「公孫龍子謝希深注試探」（《東洋大學大學院紀要》二四）一九八七
渡邊卓《中國古代思想の研究》創文社、一九五六

テキスト・訳注書・工具書類

■戰國策・戰國縱横家書関係

（後漢）高誘注《戰國策》上海古籍出版社、一九七八
（南宋）姚宏校《剡川姚氏本戰國策》國家圖書館藏南宋紹興十六年剡川姚宏校本、國家圖書館出版社、［一一四六］二〇一七
（南宋）姚宏校《剡川姚氏本戰國策》清嘉慶八年黄丕烈士禮居叢書所收、南宋紹興十六年剡川姚宏校本影刊、藝文印書館［一一四六］［一八〇三］
（南宋）鮑彪注《鮑氏國策》明嘉靖七年吳門龔氏覆宋本／國立公文書館藏昌平黌舊藏明嘉靖三十一年刊本、［一一四五］一五二八 一五五二
（南宋）鮑彪注・（元）吳師道校注《戰國策校注》四部叢刊所收元至正二十五年刊本、臺灣商務印書館、［一三六五］一九一九
諸祖耿《戰國策集注彙校》江蘇古籍出版社、一九八五
繆文遠《戰國策新校注》巴蜀書社、一九八七
郭人民《戰國策校注繫年》中州古籍出版社、一九八八
何建章《戰國策注釋》中華書局、一九九〇
范祥雍《戰國策箋證》中華要籍集釋叢書、上海古籍出版社、二〇〇六
近藤光男《戰國策》全釋漢文大系、集英社、一九七五
馬王堆漢墓帛書整理小組《馬王堆漢墓帛書　戰國縱横家書》文物出版社、一九七六
馬王堆漢墓帛書整理小組《馬王堆漢墓帛書〔參〕》文物出版社、一九七八
佐藤武敏・早苗良雄・藤田勝久《戰國縱横家書》朋友書店、一九九三
大西克也・大櫛敦弘《戰國縱横家書》馬王堆出土文獻譯注叢書所收、東方書店、二〇一五

■劉向校書・目録学関係

（清）顧觀光輯《劉向別錄》《劉歆七畧》小勤有堂雜鈔所收余嘉錫鈔本
（清）馬國翰《七略別錄輯本》（後掲、《玉函山房輯佚書》所收）
（清）姚振宗《七略別錄輯本》（《師石山房叢書》所收）開明書店、一九三六
（清）姚振宗《七略輯本》（《師石山房叢書》所收）開明書店、一九三六
（清）章學誠・（近人）葉瑛《文史通義校注》中華書局、一九九四
（清）章學誠・（近人）王重民《校讐通義通解》上海古籍出版社、一九八七

（南宋）王應麟《漢藝文志考證》二十五史補編所收排印本、開明書店、一九三六
（清）姚振宗《漢書藝文志拾補》二十五史補編所收排印本、開明書店、一九三六
（清）姚振宗《漢書藝文志條理》二十五史補編所收排印本、開明書店、一九三六
（清）孫德謙《漢書藝文志舉例》二十五史補編所收排印本、開明書店、一九三六
（近人）顧實《漢書藝文志講疏》臺灣商務印書館、〔一九二二〕一九七六
陳國慶《漢書藝文志注釋彙編》二十四史研究資料叢刊、中華書局、一九八三
張舜徽《漢書藝文志通釋》湖北教育出版社、一九九〇
余嘉錫「《漢書藝文志索隱稿》選刊（序・六藝）」（《中國經學》二・三）、二〇〇七・二〇〇八
李零《蘭臺萬卷　讀〈漢書・藝文志〉》三聯書店、二〇一一
（清）孫德謙《劉向校讐學纂微》孫隘堪所著書所收、民國十二年元和孫氏四益宧刊本〔一九二三〕
秋山陽一郎「孫德謙　劉向校讐學纂微譯注〔一〕」（《立命館東洋史學》二六）二〇〇三
秋山陽一郎「孫德謙　劉向校讐學纂微譯注〔二〕」（《立命館東洋史學》二七）二〇〇四
黃慶萱《史記漢書儒林列傳疏證》嘉新水泥公司、一九六六
（清）唐晏《兩漢三國學案》中華書局、一九八六
（清）黃宗羲・（清）全祖望《宋元學案》中華書局、一九八六
（清）黃宗羲《明儒學案》中華書局、一九八五
（清）徐世昌《清儒學案》海王邨古籍叢刊、中國書店、一九九〇
（梁）阮孝緒《七錄・序》（下記《廣弘明集》所引）
（唐）道宣《廣弘明集》明汪道昆本、新文豐出版公司、一九七六
任莉莉《七錄輯本》上海古籍出版社、二〇一一
（陳）陸德明・（近人）吳承仕《經典釋文序錄疏證》中華書局、一九八四
（清）章宗源《隋書經籍志考證》二十五史補編所收排印本、開明書店、一九三六
（清）姚振宗《隋書經籍志考證》二十五史補編所收排印本、開明書店、一九三六
興膳宏・川合康三《隋書經籍志詳攷》汲古書院、一九九五
（唐）劉知幾・（清）浦起龍《史通通釋》上海古籍出版社、一九七八

張振珮《史通箋注》貴州人民出版社、一九八五
（平安）藤原佐世《日本國見在書目録》古逸叢書所收縮印影舊鈔本、江蘇廣陵古籍刻印社、一九九〇
（江戸）狩谷棭斎《日本國見在書目録證注稿》日本古典全集、現代思潮社、一九二八
矢島玄亮《日本國見在書目録―集證と研究―》汲古書院、一九八四
孫猛《日本國見在書目録詳考》上海古籍出版社、二〇一五
（南宋）歐陽脩等《崇文總目》國學基本叢書、臺灣商務印書館、一九六七
（南宋）陳騤等撰・趙士煒輯《中興館閣書目輯考》（《中國歴代書目叢刊》所收）民國二十二年北平圖書館中華圖書館協會合刊本、現代出版社、一九八七
（南宋）鄭樵《通志二十略》中華書局、一九九五
（南宋）高似孫《史略》古逸叢書所收清光緒十年影宋刊本、江蘇廣陵古籍刻印社、一九九〇
周天游《史略校箋》書目文獻出版社、一九八七
（南宋）高似孫《子略》民國四明叢書本、廣文書局、一九六八
（南宋）尤袤《遂初堂書目》（《中國歴代書目叢刊》所收）海山仙館叢書所收清道光二十九年潘仕成刊本、現代出版社、一九八七
（南宋）晁公武・（近人）孫猛《郡齋讀書志校證》上海古籍出版社、一九九〇
（南宋）陳振孫《直齋書録解題》上海古籍出版社、一九八七
（南宋）馬端臨《文獻通考經籍考》華東師範大學出版社、一九八五
（南宋）王應麟《玉海》京都建仁寺兩足院藏元後至元六年慶元路儒學刊本幷五種補完本、中文出版社、一九七七
武秀成・趙庶洋《玉海藝文校證》鳳凰出版社、二〇一三
（清）紀昀等《四庫全書總目》上海圖書館版縮印斷句本、中華書局、一九六五
（清）紀昀等《文淵閣四庫全書》臺灣商務印書館（※書前提要）、一九八六
（清）王太嶽等《欽定四庫全書考證》（清乾隆四十八年武英殿聚珍本）書目文獻出版社、一九九一
余嘉錫《四庫提要辯證》科學出版社、一九五八
（清）阮元《四庫未收書目提要》國學基本叢書、上海商務印書館、一九三五
（清）張之洞等撰・范希曾補正《書目答問補正》上海古籍出版社、一九八三
（清）張之洞《輶軒語　附勸學篇鈔》彙文堂書店、一九一五

楊守敬《日本訪書志》（清光緒二十三年刊本）書目叢編、廣文書局、一九六七

森立之錄・海保漁村朱批《經籍訪古志》（島田翰舊藏初稿本）書目叢編、廣文書局、一九六七

島田翰《古文舊書考》（明治三十七年民友社刊本）書目叢編、廣文書局、［一九〇四］一九六七

（清）皮錫瑞著・（近人）周予同增注《經學歷史》中華書局、一九五九

（清）皮錫瑞《經學通論》中華書局、一九五四

■その他

《景刊唐開成石經》中華書局、一九九七

阮元《重栞宋本十三經注疏附校勘記》清嘉慶南昌學堂重栞宋本、藝文印書館、一九五五

王弼注・孔穎達疏《周易正義》

孔安國傳・孔穎達疏《尚書正義》

鄭玄箋・孔穎達疏《毛詩正義》

鄭玄注・賈公彥疏《周禮注疏》

鄭玄注・賈公彥疏《儀禮注疏》

鄭玄注・孔穎達疏《禮記正義》

杜預集解・孔穎達疏《春秋左氏傳正義》

何休注・徐彥疏《春秋公羊傳注疏》

范甯注・楊士勛疏《春秋穀梁傳注疏》

何晏注・邢昺疏《論語注疏》

玄宗御注・邢昺疏《孝經注疏》

郭璞注・邢昺疏《爾雅注疏》

趙岐注・孫奭疏《孟子注疏》

（唐）李鼎祚集解・（清）李道平纂疏《周易集解纂疏》十三經清人注疏、中華書局、一九九四

（前漢）伏勝傳・（清）陳壽祺輯《尚書大傳》（四部叢刊所收左海文集本）臺灣商務印書館、一九七五

（後漢）鄭玄注・（清）孔廣林輯《尚書大傳注》（後掲、《通德遺書所見錄》所收）

（清）孫星衍《尚書今古文疏證》十三經清人注疏、中華書局、一九八六

（清）皮錫瑞《今文尚書考證》十三經清人注疏、中華書局、一九八九

吉川幸次郎訳《尚書正義》岩波書店、一九四三

（清）閻若璩《尚書古文疏證》清乾隆眷西堂刊本、上海古籍出版社、一九八七

（清）段玉裁《古文尚書撰異》清道光九年學海堂刊皇清經解所收、漢京文化事業有限公司、一九九〇

（清）陳奐《詩毛氏傳疏》國學要籍選刊、臺灣學生書局、一九六八
（清）馬瑞辰《毛詩傳箋通釋》十三經清人注疏、中華書局、一九八九
（清）王先謙《詩三家義集疏》（十三經清人注疏）中華書局、一九八七
屈守元《韓詩外傳箋疏》巴蜀書社、一九九六
（清）孔廣森《大戴禮記補注》孔子文化大全、山東友誼書社、一九九一
（清）王聘珍《大戴禮記解詁》十三經清人注疏、中華書局、一九八三
（清）孫詒讓《大戴禮記斠補》齊魯書社、一九八八
（清）孫詒讓《周禮正義》十三經清人注疏、中華書局、一九八七
（清）胡培翬《儀禮正義》江蘇古籍出版社、一九九三
（清）朱彬《禮記訓纂》十三經清人注疏、中華書局、一九九六
（清）孫希旦《禮記集解》十三經清人注疏、中華書局、一九八九
（後漢）鄭玄撰・（清）袁鈞輯《三禮目錄》清光緒浙江書局刊鄭氏佚書本、一八八八
（清）孔廣林輯《三禮目錄》（《通德遺書所見錄》所收）、一九七三
（清）胡匡衷《鄭氏儀禮目錄校證》清清光緒十四年南菁書院刊皇清經解續編所收、漢京文化事業有限公司、一九九〇
任銘善《禮記目錄後案》齊魯書社、一九八二
（清）洪亮吉《春秋左傳詁》十三經清人注疏、中華書局、一九八七
（清）劉文淇《春秋左氏傳舊注疏證》科學出版社、一九五九
楊伯峻《春秋左傳注》中國古典名著訳註叢書、中華書局、一九九〇
（清）顧棟高《春秋大事表》中華書局、一九九三
陳槃《春秋大事表列國爵姓及存滅表譔異》中央研究院歷史語言研究所、一九六九
（清）陳立《公羊義疏》臺灣商務印書館、一九八二
（清）鍾文烝《春秋穀梁經傳補注》十三經清人注疏、中華書局、一九九六
定州漢墓竹簡整理小組《定州漢墓竹簡論語》文物出版社、一九九七
（清）劉寶楠《論語正義》十三經清人注疏、中華書局、一九九〇
金谷治《唐抄本・鄭氏注論語集成》平凡社、一九七八

王素《唐寫本論語鄭氏注及其研究》文物出版社、一九九一

李方《敦煌〈論語集解〉校證》敦煌文獻分類錄校叢刊、江蘇古籍出版社、一九九八

（後漢）班固・（清）陳立《白虎通疏證》新編諸子集成、中華書局、一九九四

（清）陳壽祺輯・（清）皮錫瑞疏證《五經異義疏證・駁五經異義疏證》中國思想史資料叢刊、中華書局、二〇一四

（清）王引之《經義述聞》高郵王氏四種、江蘇古籍出版社、一九八五

（清）朱彝尊撰《點校補正經義考》古籍整理叢刊、中央研究院中國文哲研究所籌備處、一九九九

（清）皮錫瑞《經學通論》中華書局、一九五九

（清）廖平《今古學攷》（《廖平選集》所收）巴蜀書社、一九九八

（清）康有爲《新學僞經考》中國近代學術著作選、三聯書店、一九九八

（陳）陸德明《經典釋文》清康熙十九年刊通志堂經解本、臺灣大通書局、一九六九

（陳）陸德明《經典釋文》北京圖書館藏宋刻宋元遞修本、上海古籍出版社、一九八五

（清）盧文弨《經典釋文考證》清抱經堂校刊本、漢京文化事業有限公司、一九八〇

黃焯《經典釋文彙校》手稿本、中華書局、一九八〇

（清）郝懿行《爾雅義疏》清同治四年郝氏家刻本、上海古籍出版社、一九八三

（前漢）揚雄撰・（清）錢繹《爾雅疏證》清光緒十六年紅蝠山房刊本、上海古籍出版社、一九八四

（後漢）劉熙撰・（清）畢沅疏證・（清）王先謙補注《釋名疏證補》清光緒二十二年思賢書局刊本、上海古籍出版社、一九八四

（魏）張揖撰・（清）王念孫《廣雅疏證》高郵王氏四種、江蘇古籍出版社、一九八四

（清）錢繹《方言箋疏》清光緒十六年紅蝠山房刊本、上海古籍出版社、一九八四

（清）錢繹《方言箋疏》訓詁學叢書、中華書局、一九九一

張傳官《急就篇校理》中華書局、二〇一七

（後漢）許愼撰・（清）莫友芝箋異《唐寫本說文解字木部箋異》中華書局、一九八七

（南唐）徐鍇繫傳《說文解字繫傳》清道光年間祁嶲藻刻本、中華書局、一九八七

（北宋）徐鉉等校《說文解字》清同治十二年陳昌治一篆一行本、中華書局、一九六三

（清）段玉裁《說文解字注》清嘉慶二十年經韵樓刊本、藝文印書館、一九五五

馮桂芬《説文解字段注攷正》民國十六年手稿本、中文出版社、一九七四
（清）桂馥《説文解字義證》清同治九年湖北崇文書局刊本、中華書局、一九八六
（梁）顧野王撰《原本玉篇殘卷》中華書局、一九八五
（北宋）陳彭年等重修《大廣益會玉篇》清康熙四十三年吳郡張士俊澤存堂刊本、中華書局、二〇〇三
呂浩《篆隸萬象名義校釋》學林出版社、二〇〇七
徐時儀《一切經音義三種校本合刊（修訂版）》上海古籍出版社、二〇一二
（唐）顏師古撰・（近人）劉曉東平議《匡謬正俗平議》山東大學出版社、一九九九
黃征《敦煌俗字典》上海教育出版社、二〇〇五
（清）江有誥《音學十書》（音韻學叢書）中華書局、一九九三
高亨《古字通假會典》齊魯書社、一九八九
王輝《古文字通假字典》中華書局、二〇〇八
郭錫良《漢字古音手冊（增訂本）》商務印書館、二〇一〇
（清）周廣業《經史避名彙考》上海古籍出版社、二〇一五
陳垣《史諱舉例》上海書店、一九九七
（前漢）司馬遷撰・（劉宋）裴駰集解・（唐）司馬貞索隱・（唐）張守節正義《史記》標點本二十四史、中華書局、一九五九
（清）崔適《史記探源》二十四史研究資料叢刊、中華書局、一九八六
（清）梁玉繩《史記志疑》二十四史研究資料叢刊、中華書局、一九八一
瀧川龜太郎《史記會注考證》史記會注考證校補刊行會、一九五六
水澤利忠《史記會注考證校補》史記會注考證校補刊行會、一九五七
陳直《史記新證》天津人民出版社、一九五九
程金造《史記索隱引書考實》二十四史研究資料叢刊、中華書局、一九九八
張衍田《史記正義佚文輯校》北京大學出版社、一九八五
袁傳璋《宋人著作五種徵引〈史記正義〉佚文考索》二十四史研究資料叢刊、中華書局、二〇一六
（後漢）班固・（唐）顏師古《漢書》標點本二十四史、中華書局、一九六二
《漢書疏證》漢書補注未收書之一、內外出版印刷、一九三九
（清）王先謙補注《漢書補注》（清光緒二十六年虛受堂刊本）中華書局、一九八三
楊樹達《漢書窺管》科學出版社、一九五五

陳直《漢書新證》天津人民出版社、一九五九
《史記漢書諸表訂補十種》（二十四史研究資料叢刊）中華書局、一九八二
王利器・王貞珉《漢書古今人表疏證》齊魯書社、一九八八
（劉宋）范曄撰・（唐）李賢注／（西晉）司馬彪撰・（梁）劉昭注《後漢書》標點本二十四史、中華書局、一九六五
（清）王先謙《後漢書集解》民國四年虚受堂刊本、中華書局、［一九一五］、一九八四
周天游《八家後漢書輯注》上海古籍出版社、一九八六
（南宋）熊方等撰《後漢書三國志補表三十種》二十四史研究資料叢刊、中華書局、一九八四
（西晉）陳壽撰・（劉宋）裴松之注《三國志》標點本二十四史、中華書局、一九五九
盧弼《三國志集解》中華書局、一九八二
《晉書》標點本二十四史、中華書局、一九七四
陸心國《晉書刑法志注釋》群衆出版社、一九八六
（清）湯球輯《九家舊晉書輯本》中州古籍出版社、一九九一
《宋書》標點本二十四史、中華書局、一九七四
《南齊書》標點本二十四史、中華書局、一九七二
《梁書》標點本二十四史、中華書局、一九七三
《陳書》標點本二十四史、中華書局、一九七二
《南史》標點本二十四史、中華書局、一九七五
《北史》標點本二十四史、中華書局、一九七四
李清《南北史合注》（影鈔本）中國文獻珍本叢書、全國圖書館文獻縮微複制中心、一九九三
《隋書》標點本二十四史、中華書局、一九七三
《舊唐書》標點本二十四史、中華書局、一九七五
《新唐書》標點本二十四史、中華書局、一九七五
（清）王鳴盛《十七史商榷》大化書局、一九七七
（清）錢大昕《廿二史考異》上海古籍出版社、二〇〇四
（清）趙翼・王樹民《廿二史箚記校證》中華書局、一九八四
（後漢）荀悦・（晉）袁宏《兩漢紀》中華書局、二〇〇二
周天游《後漢紀校注》天津古籍出版社、一九八七
方詩銘・王修齡《古本竹書紀年輯證》上海古籍出版社、一九八一
康世昌「《春秋後語》輯校（上・下）」（《敦煌學》一四・一五）一九八九
王恆傑《春秋後語輯考》齊魯書社、一九九三
黃懷信等《逸周書彙校集注（修訂本）》上海古籍出版社、一九九五
（吳）韋昭注《國語》上海古籍出版社、一九七八
徐元誥《國語集解》中華書局、二〇〇二

《世本八種》西南書局、一九七四
（西晉）郭璞《山海經傳》古逸叢書三編所收南宋淳熙七年池陽郡齋尤袤刻本、中華書局、一九八四
（清）畢沅《山海經新校正》（附《山海經古今篇目考》）清光緒浙江書局二十二子本、上海古籍出版社、一九六二
（清）郝懿行《山海經箋疏》清嘉慶十四年儀徵阮元琅環僊館刻本、藝文印書館、一九六七
袁珂《山海經校注》上海古籍出版社、一九八〇
撰人不詳・陳直校證《三輔黃圖校證》陝西人民出版社、一九八〇
何清谷《三輔黃圖校釋》中國古代都城資料選刊、中華書局、一九八〇
（後漢）趙岐撰・（晉）摯虞注・（清）張澍輯・（近人）陳曉捷注《三輔決錄・三輔故事・三輔舊事》長安史籍叢刊、三秦出版社、二〇〇六
（晉）常璩撰・（近人）劉琳《華陽國志校注》巴蜀書社、一九八四
任乃強《華陽國志校補圖注》上海古籍出版社、一九八七
撰人不詳・（後魏）酈道元注・（近人）楊守敬疏《水經注疏》江蘇古籍出版社、一九八九
（蕭梁）顧野王撰・顧恆一等輯注《輿地志輯注》上海古籍出版社、二〇一一
（唐）魏王泰撰・賀次君輯《括地志輯校》中國古代地理總志叢刊、中華書局、一九八〇
（唐）李吉甫撰《元和郡縣圖志》中華書局、一九八三
（北宋）樂史《宋本太平寰宇記》宮內廳書陵部藏宋本、中華書局、二〇〇〇
（清）孫星衍輯《漢官六種》中國史學基本典籍叢刊、中華書局、一九九〇
程樹德《九朝律考》中華書局、一九六三
沈家本《歷代刑法考》中華書局、一九八五
《燕丹子・西京雜記》中華書局、一九八五
向新陽・劉克任《西京雜記校注》上海古籍出版社、一九九一
福井重雅《譯注西京雜記・獨斷》東方書店、二〇〇〇
（後漢）劉珍等・（近人）吳樹平《東觀漢記校注》中州古籍出版社、一九八七
（後漢）應劭撰・（近人）吳樹平校釋《風俗通義校釋》天津人民出版社、一九八〇
王利器《風俗通義校注》中華書局、一九八一
（唐）杜佑《通典》中華書局、一九八八
張舜徽《史學三書平議》中華書局、一九八三
（清）董說《七國考訂補》上海古籍出版社、一九八七

楊寛等《戰國會要》歴代會要叢書、上海古籍出版社、二〇〇五
（清）孫楷《秦會要》歴代會要叢書、上海古籍出版社、二〇〇四
（南宋）徐天麟《西漢會要》歴代會要叢書、上海古籍出版社、二〇〇六
（南宋）徐天麟《東漢會要》歴代會要叢書、上海古籍出版社、二〇〇六
（北宋）王溥《唐會要》歴代會要叢書、上海古籍出版社、一九九一
嚴靈峯《周秦漢魏諸子知見書目》中華書局、一九九三
《晏子春秋》四部叢刊所收明活字本、臺灣商務印書館、一九六五
（清）孫星衍《晏子春秋音義》清光緒浙江書局刊二十二子本、上海古籍出版社、一九八七
呉則虞集釋《晏子春秋集釋》新編諸子集成、中華書局、一九六二
（後漢）趙岐注・（清）焦循《孟子正義》新編諸子集成、中華書局、一九八七
（唐）楊倞注《荀子》古逸叢書影刊宋台州本、江蘇広陵古籍刻印社、一九九〇
（清）謝墉校《荀子》清光緒浙江書局刊二十二子本、上海古籍出版社、一九八七
（清）王先謙《荀子集解》新編諸子集成、中華書局、一九八八
（前漢）賈誼撰・（近人）祁玉章校釋《賈子新書校釋》（手稿本）中國文化雜誌社、一九七四
閻振益《新書校注》新編諸子集成、中華書局、二〇〇〇
（前漢）桓寛撰・（近人）王利器校注《鹽鐵論校注》新編諸子集成、中華書局、一九九二
（前漢）揚雄撰・（近人）汪榮寶義疏《法言義疏》新編諸子集成、中華書局、一九八七
朱謙之輯《新輯本桓譚新論》新編諸子集成、中華書局、二〇一一
（後漢）王充撰・（近人）黄暉校釋《論衡校釋》新編諸子集成、中華書局、一九九〇
楊朝明《孔子家語通解》萬卷樓圖書股份有限公司、二〇〇五
（北魏）顔之推撰・（近人）周法高彙注《顔氏家訓彙注》中央研究院歴史語言研究所專刊、中文出版社、一九六〇
王利器《顔氏家訓集解（増補本）》新編諸子集成、中華書局、一九九三

陳直《顏氏家訓注補正》（《摹盧叢著七種》齊魯書社）一九八一
（唐）傅奕校《道德經古本篇》明正統道藏慕字號本、藝文印書館、一九六五
馬敍倫《老子校詁》香港太平書局、一九六五
張舜徽《老子疏證》（《周秦道論發微》中華書局）、一九八二
高明《帛書老子校注》新編諸子集成、中華書局、一九九六
（後漢）王弼注《老子道德經》江戸明和七年宇佐美灊水校定本、一七七〇
樓宇烈注《王弼集校釋》中華書局、一九八〇
武内義雄《老子》武内義雄校定本、岩波文庫、一九三八
朱謙之《老子校釋》新編諸子集成、中華書局、一九八四
《關尹子》明萬暦子彙本、臺灣商務印書館、一九六九
（晉）郭象注・（陳）陸德明音義《南華眞經》續古逸叢書所收北宋刊本南宋刊本合璧本、江蘇広陵古籍刻印社、一九九四
（晉）郭象注・（唐）成玄英疏《南華眞經注疏》古逸叢書所收、江蘇広陵古籍刻印社、一九九〇
（晉）郭象注・（唐）成玄英疏《南華眞經注疏》道教典籍叢刊、中華書局、一九九八
（清）郭慶藩《莊子集釋》新編諸子集成、中華書局、一九六一
（清）王先謙集解・（近人）劉武補正《莊子集解・莊子集解內篇補正》新編諸子集成、中華書局、一九八七
（晉）張湛注《列子冲虛至德眞經》明正統道藏尅字號本、藝文印書館、一九六五
（唐）殷敬順釋文《列子冲虛至德眞經釋文》明正統道藏德字號本、藝文印書館、一九六五
楊伯峻《列子集釋》新編諸子集成、中華書局、一九七九
（唐）尹知章注《管子》四部叢刊所收常熟瞿氏鐵琴銅劍樓藏南宋紹興楊忱刊本、臺灣商務印書館、一九六五
郭沫若等校《管子集校》科學出版社、一九五六
顏昌嶢《管子校釋》嶽麓書社、二〇〇〇
黎翔鳳《管子校注》新編諸子集成、中華書局、二〇〇四
張舜徽《管子四篇疏證》（《周秦道論發微》中華書局）一九八二
馬非百《管子輕重篇新詮》新編諸子集成、中華書局、一九七九
（清）嚴萬里校《商君書》清光緒二年浙江書局刊本、一八七六
（清）孫詒讓《商子校本・温州古甓記（外二種）》孫詒讓全集、中華書局、二〇一四
朱師轍《商君書解詁定本》鼎文書局、［一九一六］一九七九

陳啓天《商君書校釋》上海商務印書館、一九三五

高亨《商君書注譯》中華書局、一九七四

蔣禮鴻《商君書錐指》新編諸子集成、中華書局、一九八六

好竝隆司《商君書研究》溪水社、一九九二

《韓非子》四部叢刊所收清黄丕烈影鈔南宋乾道刊本、臺灣商務印書館、一九六五

（清）王先愼《韓非子集解》新編諸子集成、中華書局、一九九八

陳奇猷《韓非子新校注》中華要籍集釋叢書、上海古籍出版社、二〇〇〇

（清）孫詒讓《墨子間詁》新編諸子集成、中華書局、一九八六

吳毓江《墨子校注》西南師範大學出版社、一九九二

岑仲勉《墨子城守諸篇》新編諸子集成、中華書局、一九五八

譚戒甫《公孫龍子形名發微》新編諸子集成、中華書局、一九六三

王琯《公孫龍子懸解》新編諸子集成、中華書局、一九九二

《鄧析子五種合帙》中國哲學思想要籍叢編、廣文書局、一九七五

河北省文物研究所定州漢墓竹簡整理小組「定州西漢中山懷王墓竹簡《六韜》釋文及校注」（《文物》二〇〇一－五、文物出版社）二〇〇一

敦煌唐鈔本《太公六韜》残卷。［BnF Gallica P. ch. 3454. http://gallica.bnf.fr/ark:/12148/btv1b8303219j

王繼光「敦煌唐寫本《六韜》殘卷校釋」（《敦煌學輯刊》一九八四－二）一九八四

周鳳五「敦煌唐寫本太公六韜殘卷校勘記」（《第一屆國際唐代學術會議論文集》所收）一九八八

盛冬鈴《六韜譯注》中國兵家經典譯注叢書、河北人民出版社、一九九二

《六韜》續古逸叢書所收靜嘉堂文庫藏宋刊武經七書本、江蘇廣陵古籍刻印社、一九九四

（魏）武帝注《孫子》續古逸叢書所收靜嘉堂文庫藏宋刊武經七書本、江蘇廣陵古籍刻印社、一九九四

楊丙安《十一家注孫子校理》新編諸子集成、中華書局、一九九九

李零《〈孫子〉古本研究》北京大學出版社、一九九五

《吳子》續古逸叢書所收靜嘉堂文庫藏宋刊武經七書本、江蘇廣陵古籍刻印社、一九九四

張震澤《孫臏兵法校理》中華書局、一九八四

《尉繚子》續古逸叢書所收靜嘉堂文庫藏宋刊武經七書本、江蘇廣陵古籍刻印社、一九九四

上海師範學院古籍整理研究室《尉繚子注釋》上海古籍出版社、一九七八
鍾兆華《尉繚子校注》中州書畫社、一九八二
（秦）呂不韋編・（後漢）高誘注・（清）畢沅校《呂氏春秋新校正》、上海古籍出版社、一九八六
陳奇猷《呂氏春秋新校釋》中華要籍集釋叢書、上海古籍出版社、二〇〇二
（前漢）劉安編・（後漢）許愼注・（後漢）高誘注《淮南子》、上海古籍出版社、一九八六
劉文典《淮南鴻烈集解》新編諸子集成、中華書局、一九八九
吳承仕《淮南舊注校理》北京師範大學出版社、一九八五
房中立《鬼谷子全書》書目文獻出版社、一九九三
（梁）陶弘景注・（近人）許富宏《鬼谷子集校集注》新編諸子集成、中華書局、二〇〇八
《燕丹子・西京雜記》古小說叢刊、中華書局、一九八五
（唐）魏徵等撰《群書治要》金澤文庫舊藏古鈔本、汲古書院、一九八九
（唐）馬總撰・（近人）王天海校注《意林校注》貴州教育出版社、一九九八
（南宋）高似孫《高似孫〈緯略〉校注》浙江大學出版社、二〇一二
（唐）虞世南・（清）孔廣陶校注《北堂書鈔》清光緒三十三年萬卷堂刊本、文海出版社、一九六六
（唐）歐陽詢《藝文類聚》上海古籍出版社、一九六五
（唐）徐堅《初學記》中華書局、二〇〇四
（唐）白居易・（宋）孔傳《白孔六帖》明嘉靖覆宋本、上海古籍出版社、一九九二
（平安）源順・（江戸）狩谷棭齋《箋注倭名類聚抄》全國書房、［一八八三］一九四三
（宋）李昉等《太平御覽》涵芬樓藏南宋蜀刊槧本（補完以靜嘉堂藏宋槧本）縮印、中華書局、一九六〇
（宋）李昉等《太平廣記》中華書局、一九六一
（宋）王欽若等《宋本册府元龜》南宋蜀刊本、中華書局、一九八九
（前漢）劉向校《新序》古逸叢書三編所收南宋刊本、中華書局、一九九一
（前漢）劉向校《新序》四部叢刊所收江南圖書館藏明嘉靖覆宋本、臺灣商務印書館、一九七五
（江戸）武井驥《劉向新序纂註》江戸文政五年岡田屋嘉七尚古堂刊本、一八二三
趙善詒《新序疏證》華東師範大學出版社、一九八九
趙仲邑《新序詳注》中華書局、一九九七

石光英《新序校釋》中華書局、二〇〇一
公田連太郎《劉向新序》東明書院、一九三二
（北宋）曾鞏校《校正劉向説苑》中華再造善本所收、上海圖書館藏元大德七年雲謙刻本、北京圖書館出版社、二〇〇五
（前漢）劉向校《説苑》四部叢刊所收平湖葛氏傳樸堂藏明鈔本、臺灣商務印書館、一九七五
（江戸）關嘉《劉向説苑纂註》江戸寬政六年永樂屋東四郎刊本、一七九四
向宗魯《説苑校證》古典文學基本叢書、中華書局、［一九三二］［一九四四］一九八七
左松超《説苑集證》民國六十二年手稿本、臺灣文史哲出版社、一九七三
趙善詒《説苑疏證》華島師範大学出版社、一九八五
公田連太郎《劉向説苑》東明書院、一九三五
池田秀三《説苑　知惠の花園》講談社、一九九一
（後漢）王逸章句・（南宋）洪興祖補注《楚辭補注》中國古典文學基本叢書、中華書局、一九八三
費振剛等《全漢賦》北京大學出版社、一九九三
逯欽立《先秦漢魏晉南北朝詩》中華書局、一九八三
（北宋）郭茂倩《樂府詩集》中國古典文學基本叢書、中華書局、二〇一七
中津濱涉《樂府詩集の研究》汲古書院、一九七〇
（梁）昭明太子・（唐）李善注・（清）胡克家考異《文選》清嘉慶胡克家覆宋本、藝文印書館、一九六七
高步瀛《文選李注義疏》中華書局、一九八五
（宋）李昉等《文苑英華》中華書局、一九六六
（宋）章樵注《古文苑》（《龍溪精舍叢書》所收本）
（南宋）左圭《百川學海》海王邨古籍叢刊、中國書店、一九九〇
（清）阮元《皇清經解》清道光九年學海堂刊咸豐十一年補刊本、漢京文化事業有限公司、一九九〇
（清）王先謙《皇清經解續編》清光緒十四年南菁書院刊本、漢京文化事業有限公司、一九九〇
（清）孔廣林輯《通德遺書所見錄》清嘉慶刊本、中文出版社、一九七三
（清）黄奭《黄氏逸書考》藝文印書館、一九七二
（清）馬國翰《玉函山房輯佚書》清同治濟南皇華館書局補刻本、文海出版社、一九七四
（清）王仁俊《玉函山房輯佚書續編》上海古籍出版社、一九八九
（清）王謨《漢魏遺書鈔》清嘉慶三年金谿王氏刊本、藝文印書館、

一九七〇

（清）嚴可均《全上古三代秦漢三國六朝文》清光緒黄岡王氏刊本、中華書局、一九五八

（清）董誥《全唐文》縮印本、上海古籍出版社、一九九〇

（清）陸心源《唐文拾遺》（上掲《全唐文》所收）

陝西省古籍整理辨公室《全唐文補遺》三秦出版社、一九九四

鄭堯臣《龍溪精舍叢書》海王邨古籍叢刊、中國書店、一九九一

孫啓治・陳建華《古佚書輯本目録》中華書局、一九九七

新見寛・鈴木隆一《本邦残存典籍による輯佚資料集成・正》京都大學人文科學研究所、一九六八

新見寛・鈴木隆一《本邦残存典籍による輯佚資料集成・續》京都大學人文科學研究所、一九六八

《賈誼集校注》新注古代文學名家集、人民文學出版社、一九九六

《司馬相如集校注》新注古代文學名家集、人民文學出版社、一九九六

尹占華・韓文奇《柳宗元集校注》中國古典文學基本叢書、中華書局、二〇一三

《曾鞏集》中國古典文學基本叢書、中華書局、一九八四

（南宋）黄震《黄氏日抄》立命館大學圖書館藏清乾隆三十二年新安汪氏刊本、中文出版社、一九七九

（南宋）葉適《習學記言序目》學術筆記叢刊、中華書局、一九七七

（南宋）洪邁《容齋随筆》歴代史料筆記叢刊、中華書局、二〇〇五

（南宋）王應麟・（清）翁元圻注《困學紀聞（全校本）》上海古籍出版社、二〇〇八

（明）焦竑《焦氏筆乘》明清筆記叢書、上海古籍出版社、一九八六

（明）胡應麟《少室山房筆叢》明清筆記叢刊、中華書局、一九五八

（清）顧炎武・黄汝成《日知録集釋》中國學術名著、世界書局、一九九一

（清）趙翼《陔餘叢考》中文出版社、一九七九

（清）錢大昕《十駕齋養新録》上海書店出版社、二〇一一

（清）桂馥《札樸》學術筆記叢刊、中華書局、一九九二

（清）朱一新《無邪堂答問》學術筆記叢刊、中華書局、二〇〇〇

（清）何焯《義門讀書記》學術筆記叢刊、中華書局、一九八七

（清）王念孫《讀書雜志》上海古籍出版社、二〇一五

（清）王引之《經義述聞》高郵王氏四種、江蘇古籍出版社、一九八五
（清）嚴可均《鐵橋漫稿》中國學術名著、世界書局、一九六四
（清）兪樾《群經平議》清代學術筆記叢刊、學苑出版社、二〇〇五
（清）兪樾《諸子平議》中華書局、一九五四
（清）孫詒讓《札迻》學術筆記叢刊、中華書局、一九八九
（清）孫詒讓《籒廎遺著輯存》齊魯書社、一九八七
（清）王國維《觀堂集林》中華書局、一九七三
張西堂《唐人辨僞集語》香港太平書局、一九六三
（明）宋濂《諸子辨》顧頡剛點校本、樸社、［一三五八］一九二六
（清）姚際恆・黃雲眉《古今僞書考補證》文海出版社、一九七二
（清）崔述《崔東壁遺書》上海古籍出版社、一九八三
張心澂《僞書通考》臺灣商務印書館、一九三九
鄭良樹《續僞書通考》臺灣學生書局、一九八四
（清）兪樾等撰《古書疑義舉例五種》中華書局、［一八六八］［一九五六］二〇〇五
（清）孫德謙《古書讀法略例》商務印書館、一九三六
（齊）劉勰・（近人）詹鍈《文心雕龍義證》中國古典文學叢書、上海古籍出版社、一九八九
華東師範大學中國文字研究與應用中心他編《金文引得（春秋戰國卷）》廣西教育出版社、二〇〇二
李學勤主編《清華大學藏戰國竹簡（壹）〜（柒）》中西書局、二〇一〇〜二〇一七
馬承源主編《上海博物館藏　戰國楚竹書》（一〜九）、上海古籍出版社、二〇〇一〜二〇一二
荊門市博物館《郭店楚墓竹簡》文物出版社、一九九八
龐樸《竹帛〈五行〉篇校注及研究》出土文獻譯注研析叢書、萬卷樓圖書有限公司、二〇〇〇
湖南省文物考古研究所《里耶秦簡（壹）・（貳）》文物出版社、二〇一二〜二〇一七
里耶秦簡博物館《里耶秦簡博物館藏秦簡》中西書局、二〇一六
陳偉《里耶秦簡牘校釋（一）・（二）》武漢大學出版社、二〇一二〜二〇一五
甘肅省文物考古研究所《天水放馬灘秦簡》中華書局、二〇〇九
劉信芳・梁柱《雲夢龍崗秦簡》科學出版社、一九九七

湖北省文物考古研究所《龍崗秦簡》中華書局、二〇〇一

睡虎地秦墓竹簡整理小組《睡虎地秦墓竹簡》文物出版社、一九九〇

張家山二四七號漢墓竹簡整理小組《張家山漢墓竹簡》文物出版社、二〇〇一

彭浩《張家山漢簡《算數書》註釋》科學出版社、二〇〇一

張家山漢簡算數書研究會編《漢簡『算數書』中國最古の數學書》朋友書店、二〇〇六

文物局古文獻研究室・安徽省阜陽地區博物館・阜陽漢簡整理組「阜陽漢簡《蒼頡篇》」（《文物》一九八三－二）一九八三

文物局古文獻研究室・安徽省阜陽地區博物館・阜陽漢簡整理組「阜陽漢簡《萬物》」（《文物》一九八八－四）一九八八

胡平生・韓自强《阜陽漢簡詩經研究》上海古籍出版社、一九八八

韓自强《阜陽漢簡《周易》研究》上海古籍出版社、二〇〇四

裘錫圭主編《長沙馬王堆漢墓帛書集成（一～七）》中華書局、二〇一四

馬王堆漢墓帛書整理小組《馬王堆漢墓帛書（壹）》文物出版社、一九七四

馬王堆漢墓帛書整理小組《馬王堆漢墓帛書（參）》文物出版社、一九七八

馬王堆漢墓帛書整理小組《馬王堆漢墓帛書（肆）》文物出版社、一九八五

馬王堆漢墓帛書整理小組「《五星占》附表釋文」（《文物》一九七四－一一）一九七四

馬王堆漢墓帛書整理小組《馬王堆帛書　古地圖》文物出版社、一九七七

陳鼓應《黃帝四經今註今譯》（臺灣商務印書館、一九九五）

澤田多喜男《黃帝四經　馬王堆漢墓帛書老子乙本卷前古佚書》知泉書院、二〇〇六

張政烺《馬王堆帛書周易經傳校讀》中華書局、二〇〇八

馬繼興《馬王堆古醫書考釋》湖南科學技術出版社、一九九二

北京大學出土文獻研究所《北京大學藏西漢竹書〔壹～伍〕》（上海古籍出版社、二〇一二～二〇一五

銀雀山漢墓整理小組「臨沂銀雀山漢墓出土《王兵》篇釋文」（《文物》一九七六－一二）一九七六

銀雀山漢墓整理小組「銀雀山簡本《尉繚子》釋文」（《文物》一九七七－二）一九七七

張震澤《孫臏兵法校理》中華書局、一九八四

銀雀山漢墓整理小組「銀雀山竹書《守法》《守令》等十三篇」（《文物》一九八五－四）一九八五

吳九龍《銀雀山漢簡釋文》文物出版社、一九八五

銀雀山漢墓竹簡整理小組《銀雀山漢墓竹簡(壹)》文物出版社、一九八五

銀雀山漢墓竹簡整理小組《銀雀山漢墓竹簡(貳)》文物出版社、二〇一〇

大通上孫家寨漢簡整理小組「大通上孫家寨漢簡釋文」(《文物》一九八一―二) 一九八一

青海省文物考古研究所《上孫家寨漢晉墓》文物出版社、一九九三

河北省文物研究所等「《儒家者言》釋文」(《文物》一九八一―八) 一九八一

河北省文物研究所定州漢簡整理小組「定州西漢中山懷王墓竹簡《文子》釋文」(《文物》一九九五―一二) 一九九五

定州漢墓竹簡整理小組《定州漢墓竹簡　論語》文物出版社、一九九七

河北省文物研究所定州漢墓竹簡整理小組「定州西漢中山懷王墓竹簡《六韜》釋文及校注」(《文物》二〇〇一―五) 二〇〇一

連雲港市博物館《尹灣漢墓簡牘》(中華書局、一九九七)

甘肅省博物館・中國科學院考古研究所《武威漢簡》(文物出版社、一九六四)

甘肅省文物考古研究所《敦煌漢簡》中華書局、一九九一

勞榦《敦煌漢簡校文》中央研究院歷史語言研究所

大庭脩《大英圖書館藏　敦煌漢簡》同朋社、一九九〇

林梅村《樓蘭尼雅出土文書》文物出版社、一九八五

(清)王先謙・(近人)呂蘇生補釋《鮮虞中山國事表・疆域圖說補釋》上海古籍出版社、一九九三

徐州博物館《徐州文物考古文集》科學出版社、二〇一一

著者略歴
秋山陽一郎（あきやま・よういちろう）
1975年生まれ。2004年、立命館大学大学院文学研究科東洋史学専修博士後期課程修了。博士（文学）。現在、大阪府立大学客員研究員。立命館大学授業担当講師。専門は劉向・劉歆父子校書事業を軸とした中国古代文献学。
「敦煌唐鈔本《太公六韜》（P.ch.3454）解題および釈文（上）」（『人文學論集』36、2018）、「劉向・劉歆校書事業における重修の痕跡（上）—『山海經』と「山海經序錄」の事例から」（『中國古代史論叢』8、2015）、「孫徳謙　劉向校讐學纂微訳注」〔一〕〔二〕（『立命館東洋史學』26・27、2003・2004）、「『老子』傅奕本来源考—「項羽妾本」介在の検証」（『漢字文獻情報處理研究』4、2003）など。

劉向本戰國策の文献学的研究　二劉校書研究序説
二〇一八年七月二十五日　第一刷発行
定価四、〇〇〇円（税別）
著　者　秋山陽一郎
発行者　土江洋宇
発行所　朋友書店
〒六〇六—八三一一　京都市左京区吉田神楽岡町八
電　話（〇七五）七六一—一二八五
FAX（〇七五）七六一—八一五〇
E-mail:hoyu@hoyubook.co.jp
印刷所　亜細亜印刷株式会社

ISBN978-4-89281-172-2 C3010 ¥4000E

索　　引

C

M

あ

い

う

え

お

か

き

く

け

こ

さ

し

す

せ

そ

た

ち

て

と

な

に

ね

は

ひ

ふ

へ

ほ

ま

み

む

め

も

や

ゆ

よ

ら

り

ろ

わ

A Philological Studies of the *Zhanguoce* 戰國策 and the Liu Xiang's 劉向 Textual Criticism

Introduction

Chapter 1. Features of typical book forms before the Liu Xiang's textual criticism

Chapter 2. Features of Liu Xiang's new texts and its basis of classification

Chapter 3. The Yao Hong's 姚宏 edition of the *Zhanguoce*

Chapter 4. Classification of the *Zhanguoce* to pre-Liu Xiang's group of works

Chapter 5. The identification of "8 bundles divided by states" in Yao Hong's edition of the *Zhanguoce*